国家社会科学基金一般项目“汉语感知类心理动词词族及其认知机制研究”（立项号：18BYY167）成果
湖北省社会科学基金一般项目“汉语‘感’‘觉’词族及其认知机制研究”（立项号：202038）成果
本书的出版由中南民族大学资助

汉语“感”“觉”词族
及其认知思维研究

夏 耕 / 著

華中師範大學出版社

新出图证（鄂）字 10 号
图书在版编目（CIP）数据

汉语“感”“觉”词族及其认知思维研究/夏耕著．—武汉：华中师范大学出版社，2023.12
ISBN 978-7-5769-0369-0

Ⅰ．①汉…　Ⅱ．①夏…　Ⅲ．①汉语—词族—研究　Ⅳ．①H13

中国国家版本馆 CIP 数据核字（2023）第 244503 号

汉语“感”“觉”词族及其认知思维研究
©夏　耕　著

责任编辑：鲁　丽　　**责任校对**：王　胜　　**封面设计**：胡　灿
编辑室：高等教育分社　　**电话**：027-67867364
出版发行：华中师范大学出版社有限责任公司
社址：湖北省武汉市洪山区珞喻路 152 号　　**邮编**：430079
电话：027-67861549（发行部）　　**传真**：027-67863291
网址：http://press.ccnu.edu.cn　　**电子邮箱**：press@mail.ccnu.edu.cn
印刷：武汉邮科印务有限公司　　**督印**：刘　敏
字数：240 千字
开本：710mm×1000mm　1/16　　**印张**：14
版次：2023 年 12 月第 1 版　　**印次**：2023 年 12 月第 1 次印刷
定价：68.00 元
欢迎上网查询、购书

文化通古今　认知释心智

（代序）

中南民族大学文学与新闻传播学院教师夏耕2003年考取华中师范大学语言学及应用语言学专业硕士研究生，我是他的指导老师。他硕士毕业之后作为公派汉语教师赴埃及教了几年对外汉语，2012年考取华中师范大学语言学及应用语言学专业博士研究生，我还做他的指导老师。记得当初博士学位论文需要确定选题，夏耕问我有没有值得研究的课题。我当时是无意中对汉语词汇“感”和“觉”以及二者的组词有一点特别的感觉，就是在不翻阅词典的情况下，用“感”和“觉”来组词，差别比较有意思。比如，“感”可以组词“手感、口感、光感、脚感（足球运动员常用）、动感、痛感、平衡感、失落感、满足感、代入感、幸福感、使命感”，而相应的，“觉”的组词是“触觉、味觉、视觉、动觉、知觉、直觉”，好像很少组成三字词的。另外，“感”还可以组词“感到、感动、感想、感触、感激、感恩、感慨、感情、感知、感悟、感觉”，相应的，“觉”可以组词“觉得、觉察、觉醒、觉悟”，构词能力上好像不及“感”。我跟夏耕说，目前我就这样的一点感觉，作为博士学位论文的选题，开口是小了一点，但是如果从古代汉语追溯词源，从现代汉语整理词族，联系认知思维作出解释，应该可做文章。说者有意，听者有心，夏耕当时就很感兴趣，说就定这个内容。随后就是拟写开题报告，确定以《汉语“感”“觉”词族与汉民族认知思维研究》作为论文题目。

2014年，他主持一般项目“汉语‘感’‘觉’词族研究”获得中央高校基本科研业务费专项资金资助。从此开始，夏耕孜孜矻矻，只争朝夕，历经四年辛苦，于2017年完成了博士学位论文。目前，在博士学位论文的基础上，夏耕完成此专著，其突出优点有三。

一、讲究运用理论支撑，求新务实

其研究选择认知语言学和文化语言学作为理论支撑，从发生学和认知—文化语言学角度展开探索，用感知心理动词探索汉民族认知思维，归纳单音感知义同类词词族的构形、取象、合成及其民族思维，“感”“觉”词族词义范畴延伸与蕴含思维，“感到”“觉得”组配思维，探索隐藏其中的人类对感知情境的认知方式，继而概括民族认知思维特征及观察人们如何感知世界和自我。本书对于相关专题研究范围具有深化和开拓的创新意义。

二、注重研究角度层次，方法得当

针对传统举例式的说明和对个别引申义的系联带来的零散性和体系性较弱的问题，本书采取“语义场—词群—词”的封闭性批量三级比较模式，以感知心理动词词族这种聚类的方式考察人类认知世界的方法，多角度运用汉字构形学、词汇学构词法、词汇化、语义演化与语义地图蕴含等不同维度对感知义心理动词词族进行分析，多层次分析感知义心理动词的单音同类词、同源词、多音同素词等不同层次语料。

三、注重分析演变历程，描写充分

为了对“感”“觉”同素词进行历时—共时描写与族属源流探索，本书参考心理动词研究成果，以 14 部相关词典、词表为语料，按朝代对北大语料库中语素“感”“觉”的词语搭配及搭配的语义范畴、语义结构、词类、构词能力进行历时统计归纳，然后概括其词族演化历程，继而运用概念空间和语义地图表明其蕴涵关系，比如从微观的角度，讨论了“感”“觉”“得”“到”四词的词义特征与组配思维，颇具新意。

同时，本书理论色彩浓厚，使用方法得当。作者运用现代语言学、认知语言学、文化语言学、词源学、词族学等理论方法，以汉语“感”“觉”词族为观察对象，探讨汉语与汉民族认知思维的关系问题，既有宏观的观察分析，又有微观的统计描写；既有对语言展现出的表层事实现象的说明，又有对隐藏在深层的人类思维原因的挖掘和探索。

本书语料充实，解释充分。作者借助语料库、大型权威字词典，历时、系统地分段分期统计了“感知”类词语的数量、结构、范畴等具体情况。在此基础上，多角度阐释了汉语“感知”类词语发展演化的深层机制，做到了材料、论证与结论的有机统一。因此，得出的结论，较之过去更为可信。

本书运用定量和定性相结合、历时和共时相结合以及宏观、中观和微观相结合等方法，对感知心理动词“感”“觉”词族进行了多角度、多层次的统计、描写和分析，揭示了它们的发展、演变规律和认知动因，并在一定程度上发掘了它们的语义文化内涵，梳理了词族发展演变和文化认同思维、民族认知思维间的关系。“词源义和词义系统性是语义组合具有规律性的根本原因，词族是词源义管控的词义系统性支配语义结合规律在构词层面的具体表现。”“词义范畴的延伸是认知深化的结果。”“‘感到’‘觉得’组配既是句法层面的表意需要，也是词法层面聚类构词搭配使然。”这些看法对深化读者关于“感”“觉”词族的认识有启发、借鉴意义。

本书以历时为线索探讨“外部语言”感知义心理动词“感”“觉”词族与

“内部语言”汉民族的心智、认知思维的关系，选题新颖，富有创新意义。所研究的问题和取得的成果不仅有益于认知汉语言与汉民族思维、认知的关系，而且对了解中外语言文化、认知及思维方式差异也有理论和实践意义。作者熟悉该领域的研究前沿，文献丰富，资料翔实，专业功底扎实，始终抓住问题的核心，材料、论证、分析都很有说服力。

现在，夏耕将博士学位论文整理出版，值得祝贺；更应该祝贺的是，博士研究生毕业之后，夏耕再接再厉，一鼓作气，继“汉语‘感’‘觉’词族与汉民族认知思维研究”2018年获得中央高校基本科研业务费一般项目专项资金资助之后，2018年申报国家社科基金一般项目“汉语感知类心理动词词族及其认知机制研究”，获得“语言学”立项（18BYY167）。

“苟日新，又日新，日日新。”（《礼记·大学》）夏耕正值年富力强之人生，正是学问厚积薄发之阶段，愿他坚守初心，春秋冬夏，躬耕教坛，勉力不怠，行稳致远。

李向农

2023年夏于华大家园

目　录

绪　论 ………………………………………………………………………… 1

第一节　研究现状 ……………………………………………………………… 1

第二节　研究意义和内容………………………………………………………… 13

第三节　研究思路和方法………………………………………………………… 16

第四节　研究特色与创新………………………………………………………… 18

第五节　研究框架与设计………………………………………………………… 19

第六节　研究语料………………………………………………………………… 20

第一章　汉语词族及其研究概况 …………………………………………… 22

第一节　汉语词族的构词发生学分类和系统性………………………………… 22

第二节　当代汉语词族的界定及相关术语……………………………………… 27

第三节　当代汉语词族研究概述………………………………………………… 30

第四节　当代汉语词族的研究范式、认知趋势和汉化倾向…………………… 35

第二章　感知义词族的构形、取象、合成与认知机制 ……………………… 40

第一节　感知义心理动词词族的构形…………………………………………… 41

第二节　感知义心理动词词族的取象—表词模式……………………………… 49

第三节　感知义心理动词词族的概念合成和非范畴化………………………… 52

第四节　感知义心理动词词族的概念合成的认知机制——识解与压制
…………………………………………………………………………………… 56

第五节　感知义心理动词词族与汉民族认知思维……………………………… 59

第三章　“感”“觉”同素词词族系统性与认知思维 ………………………… 62

第一节　“感”“觉”二词本义探源与原始语义类别 ………………………… 63

第二节　“感”“觉”同素词词族语言学分布 ………………………………… 67

第三节　“感”“觉”同素词词族语义范畴规律 ……………………………… 74

第四章　“感”“觉”词族演化的历时分析 …… 89
第一节　“感”族词的词族演化历程 …… 91
第二节　“觉”族词的词族演化历程 …… 117
第三节　“感”“觉”词族形态语素化认知动因 …… 143
第五章　“感”“觉”词族词义范畴延伸与蕴涵思维 …… 148
第一节　“感”词族内外系统词义演化、词义范畴延伸历程 …… 149
第二节　“觉”词族内外系统词义演化、词义范畴延伸历程 …… 159
第三节　“感”“觉”词族词义范畴延伸蕴涵思维分析 …… 170
第六章　“感到”“觉得”的词义特征与组配思维 …… 186
第一节　“感到”“觉得”“感觉”的词义分布与词义特征差异 …… 187
第二节　“感”“觉”“得”“到”词义凸显特征与组配思维 …… 189
结语：心智・思维・词族 …… 200
参考文献 …… 205
后　记 …… 214

绪　论

人类对自身和客观世界的认识源于自身经历的感觉经验，而感觉经验通常包括各种感官体验以及我们能够感受到的各种身体感觉和内心情感。相应地，语言中存在着大量指称或描述这些感觉经验及其对象的词汇，学界一般称之为感知词汇（或认知词汇）。

认知科学的发展使人类的感知问题成为研究的重点和热点。每个民族都存在着大量的感知词汇，这些词汇凝结着感知事件的语义框架，隐藏着各民族对感知情境的不同认知方式。语言是范畴化、概念化的产物，而概念来源于感知，它不仅左右着科学研究的思维，而且还左右着日常生活的一般思维。感知动词是感知行为在语言层面的最佳表达手段，对其进行多维度的研究，不仅有助于揭示该语言群体的感知方式和语言表征特点，还有助于探索人类的普遍感知规律，更好地探索人类心智问题。

作为人类文化和思维认知的物质载体，汉语“感”“觉”词族是汉民族对自身和客观世界感知的心理动作、心理状态和心理结果的集中描述，是对自身和客观世界进行认知重组后词汇化的产物，凝结着整个感知事件的语义框架，隐含着汉民族对感知情境的认知方式，其概念化过程反映汉民族范畴化认知思维个性。因此，笔者认为，汉语“感”“觉”词族研究是观察汉民族如何具体感知自身和客观世界的最佳切入口，也是探索汉语言与汉民族认知同一性的最佳切入口。

第一节　研究现状

一、认知思维与语言研究概况

“人类对客观世界和自身的认识与探索从人类诞生的那一刻起便从未停止过，对认知和语言的研究是人类探索客观世界和主观世界的应有之义和必然结果。”① 心理学研究表明，思维是认知的核心。当前与语言相关的思维研究

① 卢植. 认知与语言：认知语言学引论［M］. 上海：上海外语教育出版社，2006：1.

主要集中在三个方面：对思维、思维与语言关系的认识，对语言思维和语言心智属性的探索，汉民族认知思维研究范式。

（一）对思维、思维与语言关系的认识

古今中外，众多学者、专家对思维、思维与语言的关系进行了深入的探讨。对思维的探讨主要集中在定义和分类上。

尹德谟（2005）认为，所谓思维，“是人类大脑特有的、借助言语（或肢体语言，如手势语）、表象或行为对客观的感知、联想所形成的高级认知心理活动。这里的高级认知心理活动实际上是对客观事物本质特性（概括性和间接性）及其内在和外在联系的心理反映过程”①。

孙维张（1985）认为：“思维的类型，就其与语言的关系来看，可以分为两类：语言思维和非语言思维。……同是使用语言做工具来思维……语言思维内部是有差异的，即有抽象思维与形象思维之分。”②

丁力（2015）提出，人类思维分显性思维和隐性思维两种不同类型。显性思维是能够意识到的思维，隐性思维是不能够意识到的思维。这两种思维相互联系，相互制约，构成人类思维的对立统一体。从语言视角来观察，隐性思维对显性思维具有概括性和支撑性，而显性思维对隐性思维则具有支配性。母语所有语法规律，都是隐性思维对显性思维进行概括的结果③。

范晓（2003）指出：“思维是在表象或概念的基础上进行的认识客观事物、现象或事件的一种行为活动。……我们认为人类的思维实际上有两种，即形象思维和抽象思维，这两种思维既可在显意识状态下进行，也可在潜意识状态下进行，非灵感思维是在显意识状态下进行的思维，灵感思维是在潜意识状态下进行的思维。”④

思维与语言的关系，历史上主要有两种学说：一种是语言与思维同一的“等同说”，另一种是语言与思维各自独立的“分离说”。

“等同说”源自古希腊的柏拉图、亚里士多德，他们认为，语言是思想的符号，两者不可分离。后美国行为主义心理学家华生认为，思维与语言是同

① 尹德谟. 论语言与思维的关系［J］. 西华大学学报（哲学社会科学版），2005（4）：47-50.

② 孙维张. 词义三角与语言思维的类型［J］. 吉林大学社会科学学报，1985（6）：42-48.

③ 丁力. 从语言看显性思维与隐性思维的相互关系［J］. 汉语学报，2015（3）：8-12.

④ 范晓. 关于语言与思维的关系及其相关问题［J］. 语言科学，2003（6）：73-85.

一事物，语言是出声的思维，思维是无声的语言。德国语言学家洪堡特认为，思维和语言构成不可分离的整体，语言用不同的方式对现实进行范畴划分，这些迥异的方式限定了我们大脑组织知识的方式①。洪堡特提出的语言世界观影响了美国人类语言学家博厄斯、萨丕尔、沃尔夫等人。萨丕尔、沃尔夫认为，语言影响甚至决定思维，思维模式随着语言的不同而不同。他们提出的“语言决定论”和“语言相对论”，至今影响深远。德国哲学家海德在《论语言的起源》一文中提出，语言与思维是不可分割的，语言是思维的工具、内容和形式。马克思也曾经说过，语言是思想的直接现实，观念是不能离开语言而存在的。

“分离说”源自瑞士心理学家皮亚杰，按照皮亚杰、格莱斯、福多、赛尔的主张，思维可以独立于语言之外，语言的功能就是帮助人们交流思想，语言并非思维所不可缺少的东西，它无非是移植在认知上面而已。当前国内有很多学者也持这种观点，主要原因在于：首先，语言是多义的、含糊的、模棱两可的，而思维是确定的、清晰的、没有歧义的；其次，思维是具有逻辑性的。“逻辑形式的特点是准确性、单义性、确定性和完整性，而丰富多彩的自然语言则带有模糊性、多义性、灵活性和简略性的特点；逻辑是严密的，而语言有时缺乏严密性和逻辑性。”② 语言不是思维，同样，思维亦不是语言。Jackendoff 提出，思维是一项心理功能，完全独立于语言。语言是有意识的，而思维是无意识的③。语言帮助人类思维，体现在能帮助人类交际，能使得概念结构引起人类的注意，能帮助人类判断有意识的知觉对象的价值。思维独立于语言，但语言对思维具有能动性，即有意识的语言能将无意识的思维表达出来，并能凸显人类所需关注的对象。

现在，国内外更多的学者、学派如维果斯基（1997），桂诗春（2000），王小潞、李恒威、唐孝威（2006），尹德谟（2005），赵艳芳（2001）等均放弃语言与思维“等同说”和“分离说”两种极端的观点，从思维和语言的发生学（genetic）角度、种系（phylogeny）和个体发生（ontogeny）角度认为，语言的发展与思维的发展并不是同步的，思维早于语言，而思维的发展是以大脑的成熟为生物基础，语言又是以思维的发展为基础的，语言同思维

---

① 顾嘉祖，陆昇．语言与文化［M］．上海：上海外语教育出版社，2002：107．

② 王小潞，李恒威，唐孝威．语言思维和非语言思维［J］．浙江大学学报（人文社会科学版），2006（3）：29-36．

③ 徐静．语言·思维·语义［J］．贵州民族学院学报（哲学社会科学版），2010（5）：113-116．

一样，是在对客观世界的认识经验基础上产生的，两者一经产生却又常常相互作用、相互影响，两者关系密切但又相互独立。语言是思维过程中一个有机组成部分，并非全部；思维先于语言、大于语言、快于语言。同时，人存在思维是因为在心理操作运行过程中需要理解和解读语言。也即，语言和思维互相依存，互相支撑，思维影响着我们的语言，语言反过来影响着我们的思维。魏博辉（2013）甚至提出：“语言不是决定思维，而是对思维及思维方式起着导向作用，不同的民族语言给予不同民族思维方式以引领或导向。故而，语言可以作为把握思维方式和哲学思维方式的一个途径。”①

思维与语言的关系，是语言学、人类学、心理学、哲学等众多领域共同关注的一个经典问题，现今涉及人工智能、人机对话、机器翻译等高科技领域，更成为受到关注的热点和焦点。但人们对这一问题的探索，尚在起步阶段，并没有穷尽该问题所蕴含的全部意义。

（二）对语言思维和语言心智属性的探索

国内学者孙维张（1985），范晓（2003），王小潞、李恒威、唐孝威（2006），杨敏（2004）等在对“语言思维”概念进行讨论的基础上，进一步讨论语言与心智的关系。

王小潞、李恒威、唐孝威指出，语言思维是人类借助语言这种工具进行思维的一种心理现象。语言思维是思维中最成熟的思维，其不仅指自然语言（形、音、义结合的语言符号）思维，而且还涵盖手语和盲文这两种特殊语言思维……且区别于非语言思维②。

孙维张认为：“（2）语义是复杂的，它是人们的头脑对客观事物或现象的认识被固化在声音里的。由于头脑在反映或认识客观事物时方式不同，因而形成不同类型的语义：形象意义和理性意义。（3）由于思维过程中，声音信号（语音词）通过不同类型语义的中介同思维的对象和内容进行联系，因而形成不同类型的语言思维：语言形象思维和语言抽象思维。”③

范晓认为：“形象思维是直观地对客观事物、现象或事件进行思考，它是

---

① 魏博辉. 论语言对于思维方式的影响力：兼论语言对于哲学思维方式的导向作用[J]. 河南大学学报（社会科学版），2013（4）：14-20.

② 王小潞，李恒威，唐孝威. 语言思维和非语言思维 [J]. 浙江大学学报（人文社会科学版），2006（3）：29-36.

③ 孙维张. 词义三角与语言思维的类型 [J]. 吉林大学社会科学学报，1985（6）：42-48.

在感觉、知觉、表象基础上进行的思维行为活动。……形象思维的认识方式是感知、体验，是人脑直接感知客观世界的感性认识，所以也称‘感性思维’或‘直感思维’（或‘直观思维’）。……抽象思维是在词语和词语所表达的概念的基础上进行分析、综合、判断、推理等的一种思维。……与直感的形象思维不同，抽象思维是在感性思维的基础上概括地间接地反映客观事物，反映事物之间的内在联系和规律性。人们在进行抽象思维时，总是利用自己所掌握的语言和跟语言相联系的逻辑来进行思维的，所以抽象思维中词语是不可缺少的……抽象思维离不开语言，所以也称‘语言思维’。"①

杨敏认为语言思维有两种含义，一是凭借语言进行思维，如平常所说的"汉语思维""英语思维"；二是语言思维好比语言符号的运行系统，在人的大脑中始终处于自主的运行状态，使语符的音、形、义三者之间，以及语符与语符之间产生关联，组成字、词语、语段和语篇。因此，大脑生成语符并由此生成词语、语句、语段乃至语篇的过程好像是一个"会思""会想"的过程，在这个"思""想"过程中语言形成了独特的运行特性，即语言思维特性②。

由此可见，语言思维至少有四个特性。一是贯通性，即使语言单位之间产生联系，从而将其联结成有意义的话语。二是构设性及重构性，就是说，它可以将多种信息合理化地加以处理，将背景信息、文化信息、常识信息等非即时信息隐含化，同时构建语言结构，将即时信息表达出来。三是记忆反射性。记忆是过去的经验在人脑中的反映，如果说语言思维是语言包括词汇以语义系统和句法系统的形式在人脑中运行，那么，其运行过程与记忆则是相互映照的，语言的表达几乎可以反映记忆的全部内容。四是序列性。如英汉句式研究表明，英汉句法最突出的相似之处在于英汉语言的基本序列都是 SVO 型。

杨敏（2004）进一步指出，语言思维的存在，意味着语言的交际功能是语言要素与心智因素集体运作的结果，语言要素是相对固定的，但语言思维却是活跃的、处于千变万化之中的，它把语言组织成话语或言语，使语言有了自创性。认识语言思维的存在还意味着强调语言的习得过程是一个语言感知、体验、积累的长期过程，是学习者感性不断积累并由语言知识内化成语言思维的长期过程，是与学习者的社会化程度、认知能力、文化背景、交际意图不断融合、相互作用的过程。总之，语言学习的过程应当是使语言知识

---

① 范晓. 关于语言与思维的关系及其相关问题［J］. 语言科学，2003（6）：73-85.

② 杨敏. 试论语言思维［J］. 外语学刊，2004（6）：97-101.

内化、建构语言思维的过程，而不仅仅是收集语言知识或撇开心智因素进行技能操练的过程①。

从语言思维的特性可以看出，语言思维是语言心智属性的必然反映，语言是一种心智行为。外国学者赛尔和乔姆斯基都认为语言源于心智，并创立了自己的心智语言观。赛尔将言语行为理论与人类的意向性理论结合起来，主张人类的言语行为受心智活动支配，言语行为表征事态的能力是具有生物基础的心智能力的延伸。不是心智依赖语言，而是语言依赖心智。针对语言心智属性探讨得最为深刻的当属乔姆斯基。乔姆斯基认为，语言在本质上是一种心智行为，并且是一个独立于其他知识与技能的自治系统，普遍语法和语言能力是其重要的两个方面。20 世纪 70 年代兴起的认知语言学认为，存在于语言与客观现实之间的大脑预存概念结构决定了主体对认知对象的意义建构，认知语言学还包括对语言认知模式所作的探讨，如概念的空间合成与隐喻映射等理论。虽然认知语言学对人脑语言的技能的某些唯心主义的假设遭到许多质疑，但更多的研究毕竟从人脑的物质基础角度出发深化了对语言心智属性的认识，将语言视为人脑认知的一部分。

国内学者如徐盛桓、杨敏都表述了类似的语言心智观。徐盛桓（2011）认为：“基于心智是语言最基本的性质。”② 杨敏（2009）在总结语言思维特性的基础上提出“语言心智体系假说”。他提出，语言是由其内部心智体系与外部语言知识构成的形式体系共同形成的一个整体，掌握语言的过程不仅是一个掌握外部语言形式体系的过程，还是一个由人脑构建语言内部体系的过程。由于语言本质上是一种心智行为，语言内部体系亦可称为语言心智体系。语言体系在人脑中构建之日，才是语言习得实现之时③。语言的本质属性是其心智属性，语言形式不过是其外部的表征而已。假定语言形式只是语言的外部表征，那么语言作为一种心智行为在人脑中可能还存在一个内部运行机制。这个内部运行机制可称为语言的心智体系。

李恬（2013），赵文慧、黄新、李永民（2017）均从心智哲学角度对指类句的生成进行了研究；徐盛桓（2016）则从心智角度研究了含义思维；张媛（2012）认为现代汉语动量词是人们心智活动的反映，心智哲学和认知语言学

① 杨敏. 试论语言思维 [J]. 外语学刊，2004（6）：97-101.

② 徐盛桓. 语言研究的心智哲学视角：“心智哲学与语言研究”之五 [J]. 河南大学学报（社会科学版），2011（4）：1-12.

③ 杨敏. 语言心智体系假说 [J]. 外语与外语教学，2009（1）：22-25.

为现代汉语动量词层现的认知模式假说提供解释；孟霞（2012）讨论了句子符号生成机制中的心智运算过程。

（三）汉民族认知思维研究范式

卢梭指出："言语（speech）区分了人与动物；语言（language）区分了不同的民族；人只要一开口，就会显示出他来自何处。"① 洪堡特认为："民族的语言即民族的精神，民族的精神即民族的语言。"② 徐通锵（2008）认为："思维能力指的是认识现实规律的能力，具有全人类性；而思维方式是实现思维能力的一种方法，具有民族性。"③ 具有族群性和区域性的思维方式在长期的使用过程中固化为思维定式，即使出现语言变异，也是表里性的集体思维，而绝不会出现单独变化。不同的民族形成不同的思维类型，而民族思维方式差异则会形成不同的语言类型和语言个体。

20 世纪 90 年代初以来，随着认知语言学的发展，特别是一批基于语言类型学的研究为语言相对论提供了新的证据，使其重新焕发生机，出现了所谓的"新沃尔夫主义"，这标志着语言、思维和文化关系的研究进入新的历史时期。当代语言类型学不再以给语言分类为目标，而主要是通过跨语言比较来发掘人类语言共性，同时探索人类语言变异的边界，对语言外部特征的深层动因给予解释。例如，斯洛宾借鉴塔尔米的语言类型学研究，选择说不同语言的多国儿童为实验对象，考察不同类型语言在相同场景中时间关系和空间关系表达方式的异同，结果显示，不同类型语言的描述存在很多差异。对此，斯洛宾富于创建性地提出，这些差异反映出了不同语言类型背后说话者的认知差异，从而把语言相对论和语言类型学联系起来。在此基础上，他提出"为言而思"（thinking for speaking）的观点，即说话者在说话过程中调动起来一种特别的即时（on-line）思维，这样，人们的经验经过语言的过滤而成为语言化事件。语言类型本身即蕴含着特定的文化模式和思维方式，这一认识给我们带来了重要启示。

当前，国内探索民族认知思维个性与语言的关系研究主要有两种范式，一是通过语言对比来分析中外民族认知思维差异，如郝丽丽、杨晓峰

① 卢梭. 论语言的起源：兼论旋律与音乐的摹仿［M］. 洪涛，译. 上海：上海人民出版社，2003：1.

② 洪堡特. 论人类语言结构的差异及其对人类精神发展的影响［M］. 姚小平，译. 北京：商务印书馆，1999：52.

③ 徐通锵. 汉语字本位语法导论［M］. 济南：山东教育出版社，2008：内容提要 1.

（2006），曾素英、陈妮（2004）等比较指出，中西方思维差异主要体现为整体性思维与分析性思维差异，具象性思维与抽象性思维差异，圆周式思维与直线式思维差异等多个方面。再如汪德华（2003）讨论了英汉思维方式对语言、文字的影响等。二是通过分析语言要素来概括汉民族认知思维特征，分析的要素主要为汉字和词汇。孙雍长（1994）认为，汉字体系是中国文化史上第一项伟大的民族心智系统工程①。语言是现实编码的体系，语言音义关联的理据性形成不同的语法结构类型。申小龙等人（2014）深入地探讨了汉字的字形、字义、字音思维和汉字的叙事思维、汉字的文学思维等，指出："汉字字形有丰富的古代文明内涵，汉字构形体现了汉民族的文化心理……汉字是汉民族思维和交际最重要的书面符号系统。"② 赵维森（2001）甚至提出，应确立文字思维在思维研究中的应有地位，因为“文字是人类继语言之后发明的另一套与语言并列的‘为事物命名的符号系统’，从而文字思维不仅是与语言思维并列的具有同等重要地位的高级思维形态，而且在思维的清晰性、准确性、深刻性、严密性等方面具有超越语言思维的功能”③。郦全民（2015）基于当代认知语言学和认知科学中关于外在表征研究的理论和经验成果，着重分析汉字的表征效应，认为“汉字使用者在心智活动中更倾向于类比表征以及与经验相勾连的命题表征，并与直觉、联想和实质推理模式相适配”④。

对词汇所表现出的民族认知思维主要是通过分析词族来概括的。汉语词族是具有汉语历时特征的语义场。汉语词音节、构词法的发展共同影响着汉语词汇系统词义演变及其形态的发展，产生一词多义、同族词（同源词）、同素词、同类词共现现象。我们同样认为，具有系统特征的汉语词族也是伟大的民族心智系统工程。

汉语词族的民族认知思维研究是随着认知语言学、文化语言学的引入而兴起的。陈建初（1992）、周光庆（2005）提出语源研究的认知视角，认为词族研究归属于语源学，而语源本质上是一种文化心理，词源结构是一种认知结构。因此，词族研究应由原来外在的、音近义通的形式化方式，变为内外相结合的、基于词源结构和词源系统的民族认知思维心理和民族文化内涵探索。同源词方面，陈建初（1998）认为，（汉民族）原始人类以具体形象为特

① 孙雍长. 汉字构形的心智特征：上［J］. 古汉语研究，1994（2）：80-85；59.

② 申小龙，等. 汉字思维［M］. 济南：山东教育出版社，2014：前言 1.

③ 赵维森. 确立文字思维在思维研究中的应有地位：兼论文字思维与语言思维的不同特点［J］. 南京社会科学，2001（12）：82-86.

④ 郦全民. 论汉字的表征效应［J］. 中国社会科学，2015（2）：139-160.

征的表象思维、形象思维和以相似性为基础的隐喻思维模式，产生了同源词①。袁健惠（2009）认为，“同源词之间相同的词源结构是先民对不同事物作类化思维的结果。同源词的形成是先民认知思维的产物”②。学界先后有张仁立（1988，1995）、陈建初（1998，1999）、雷缙碚（2004）、滕华英（2008）、袁健惠（2009）等学者用认知语言学讨论民族认知心理；有周光庆（2005，2007），周光庆、王一军（2001）等学者探索民族文化内涵。同素词方面，学者们分别对外源词汉化进行认知心理探索和对自源词进行民族文化内涵探索。前者主要表现在对体现民族思维方式的认知机制形成多元解读：一是认为其是一种对模槽、模标语词的选择及汉化认知优先心理现象，如“黑客”（熊湘华，2013）。二是认为其是认知模型、语义框架的凝固和词语模的形成，即对构式抽象化形成的解释。三是认为其是一种认知方式，有基于邻近原则和相似原则思维的转喻和隐喻及内涵外延传承说（王中祥，2011；刘世理、燕芳，2008）。四是认为其是一种构式和概念整合压制认知过程（周培树，2012），包括语形压制和语义压制，双音节语音压制与认知优先，语义种属压制与认知优先，两者配对整合形成构式。五是认为其是一种生成机制——凝固而词化，形成能产的词语模（李宇明，2005；杨文全，2011）。六是认为其是类推机制。如此等等。

二、心理动词与词族研究概况

本书研究的“感”“觉”词族属于感知类心理动词。目前心理动词研究取得了不少成绩，主要集中在以下两个方面：

（1）对心理动词的界定、分类。有的主张从语义角度来划分，如张志公（1958）、邢福义（1991）等；有的主张按分布特征来划分，如周有斌、邵敬敏（1993），杨华（1994），王红斌（2002）等；有的认为应采取语义、语法相结合的方式来划分，如范晓、杜高印、陈光磊（1987）等。

（2）描述、归纳各类心理动词的具体语法、语义特征，如陈克炯（2000）、陈练文（2008）、武振玉（2009）、苗守艳（2010）、张家和（2010）、于正安（2002）、孙利萍（2008）等。

总体来看，古代汉语心理动词研究重点集中在心理动词的判定与分类、

① 陈建初. 试论汉语颜色词（赤义类）的同源分化［J］. 古汉语研究，1998（3）：16-22.

② 袁健惠. 认知隐喻学视野下的同源词词源结构阐释［J］. 贵州大学学报（社会科学版），2009（1）：122-124.

语义特征分析、句法功能和组合功能分析等方面。现代汉语心理动词研究更加精细化、多元化，分别从不同的角度来分析心理动词，力求能更全面、完善地解释心理动词。研究目的在于力求更精细地描写心理动词的下位分类，研究它们有规律性的语法功能和特殊的语义特点。详情参看前贤如王云（2012）、王红长（2004）、文雅丽（2007）、丁薇（2008）等学者对心理动词做过的综述研究。

“词族”（word families）作为语言术语是随瑞典汉学家高本汉（B. Karlgren）的《汉语词族》（*Word Families in Chinese*，1934）一书进入我国的，它的引入为汉语词汇的形式与意义的关联和类聚关系研究提供了新的视角。目前学界取得的成绩有：

（1）对“词族”概念的界定。国内众多学者都定义过“词族”概念，其后逐渐形成广义和狭义两类内涵的见解。葛本仪（1992）指出：“广义的词族指在语音、语义、结构、来源和构词材料等方面有某种联系的一系列词的聚合。……狭义的词族专指包含有同一词素的一系列词的聚合。”① 众多学者中，王力、杨绪明代表“广义派”，何金松、常敬宇、万世雄、董绍克、刘又辛、张博、胡超等代表“狭义派”。

（2）结合自身汉语研究实际，对“词族”提出了各自不同的术语和研究范围。如孙常叙、徐通锵、张博、张相平提出与传统训诂学、词源学在汉语语源学范围内使用的“同源词”相对应的“同族词”概念②；刘叔新提出“同语素词语族”概念③；常敬宇提出“同缀词”概念④；彭宣维提出新术语——“词串”（word chain）⑤；符淮青提出“词群”这一术语⑥；杨绪明提出“当代汉语新词族”概念⑦。

① 葛本仪. 实用中国语言学词典［Z］. 青岛：青岛出版社，1992：84.

② 相关研究主要有：孙常叙. 汉语词汇［M］. 北京：商务印书馆，1956：249；徐通锵. 历史语言学［M］. 北京：商务印书馆，1991：68；张博. 同源词·同族词·词族［J］. 固原师专学报，1991（3）：9-12；张相平. 关于词族及同族词问题的思考［J］. 宁夏大学学报（人文社会科学版），2001（3）：15-19.

③ 刘叔新. 汉语描写词汇学［M］. 北京：商务印书馆，1990：359.

④ 常敬宇. 同素词简论［J］. 语言教学与研究，1985（2）：50-58.

⑤ 彭宣维. 认知发展、隐喻映射与词义范畴的延伸：现代汉语词汇系统形成的认知机制［J］. 北京师范大学学报（社会科学版），2004（3）：46-52.

⑥ 符淮青. 词义的分析和描写［M］. 北京：外语教学与研究出版社，2006：198.

⑦ 杨绪明. 新词语的族聚特征及其社会文化心理［J］. 语言教学与研究，2014（1）：105-112.

（3）形成完整的词族研究体系。虽然学界对“词族”的界定、所用术语和研究范围很不统一，但大致形成以共同意义关联类聚的同源词、同族词、同类词研究和以共同形式（成分）类聚的同素词、同缀词、当代汉语新词族研究。

（4）同源词研究，包括亲属同源词研究和同族词研究。汉语同族词的探索源远流长，历史表明，它由先秦两汉的“声训”范式，发展为中、近古的“右文”范式，又演进为清代的“语转”范式，至近代成为系统的词源学。现当代同族词研究是一门秉承传统训诂学并吸收西方历史语言学的词源学理论和方法的新课题。秉承传统训诂学，即“从汉语书面文献出发，用汉字为线索，以古音音系研究的既有成果为工具，采取系联的办法，立足汉语内部词的同源关系，来探讨汉语词的构词理据”①，如黄侃、杨树达、王力、沈兼士等人的研究；借鉴西方词源学，即在方法上重视活的语言材料的研究范式，采用方言、亲属语言的比较，探讨词的语音演变轨迹，以寻求词的早期语音形式和音义结合的理据，如蓝庆元、黄树先等人的研究。

刘又辛、李茂康（1990），滕华英（2007）对同源词、同族词研究概况作了梳理后认为，当代汉语同源词研究一是继续同源词、词族的考证及系联工作，二是对以往语源研究理论及方法的总结、反思，三是借鉴文化学和认知语言学对汉语同源词进行文化解释和认知研究。

（5）同类词研究。这是汉语词源学与社会语言学、文化语言学、认知语言学结合产生的词族研究分类。其研究对象包括汉民族特有的文化符号，如“气”“葫芦”“年”“和谐”等；汉民族特有的文化行为，如“孝”（袁媛，2014）等；汉民族特有的文化内涵，如颜色词等。研究内容涵盖：①语词的源流与语义演变分析。②文化蕴涵和社会、心理原因探索。③词义、构词、概念结构的差异所反映的不同民族思维差异性对比研究。④认知分析，包括两种分析范式，一是先梳理反映认知过程的历时语义演变，然后探索影响着语义演变路径的民族认知思维；二是考证并具体描写其同源关系，然后探索孳生链和语源义，最后挖掘背后的认知文化机制。

（6）同素词研究。现当代同素词研究非常丰富，具体包括以下几个主要方面：①同素词各自不同的来源、语义演变与词汇化研究。②模标的语法化研究，包括类词缀的定义、原则、标准（王洪君、富丽，2005；沈光浩，2011）、性质分类（朱亚军，2001）、定量定性（曾立英，2008），类词缀的发

① 王宁．关于汉语词源研究的几个问题［J］．古籍整理研究学刊，2001（1）：30-34.

展及趋势和影响（于秒，2009；王雪梅，2007），类词缀、词缀中文信息识别（曾立英，2008；尹海良，2010），类词缀语义虚化研究（杨爱姣，2007；宋培杰，2002）等。③词缀化现象研究，如沈孟璎（1986）、徐世璇（1999）、汤志祥（2001）、马庆株（1995）等学者的研究。④词族发展、流行的动因。语言内因有语义上的表达空位论（范干良，1989；肖灵，2008）或者潜显理论（王希杰，1996）；语言外因有社会发展与语言共变论、新事物出现与指称表达需要、语言传播的模因论（何自然，2005）、语言文化心理的推动（杨绪明，2014）、复合词的从众心理（苏新春，1995）、言语修辞活动影响（杨文全，2003）等。⑤词族语法研究，如张谊生（2002，2003，2008）等学者的研究。

（7）词族研究的认知趋向。历史比较语言学、词源学使传统训诂学从主要研究古代汉语的词源及词汇意义的历史演变走向亲属语言系联，社会语言学、文化语言学、认知语言学使词族研究由静态描述走向动态解释，由表层语言现实走向深层概念结构，词族研究呈现认知趋向。对此，陈建初（1992）、周光庆（2005）提出语源研究的认知视角，张仁立（1988，1995）、陈建初（1998，1999）、雷缙碚（2004）、滕华英（2008）、袁健惠（2009）等学者用认知语言学讨论民族认知心理，周光庆、王一军（2001）等学者则用“文化认同观”探索民族文化内涵。

过往的研究还有不足之处。认知思维与语言关系方面，语言理论探讨多，本体实证少；汉字实证多，词汇实证少；个案举例多，词族聚合证明少。心理动词的研究主要集中在语言表层、共时聚合形态的静态语言学结构分析上，没有深入里层对动态的历时演化和组合形态进行概括，也没有对概念结构及认知机制、民族思维等深层次内涵进行探讨，对某专类词族的系统演化、词族化、词化、语义演化等多角度研究很少。词族方面，个案研究多，专类词汇研究少，这样的研究零散、缺乏系统性；共时研究多，历时与共时结合研究少，这样的研究缺乏过程性；通过内省方式研究多，通过语料库与内省相结合方式研究少，这样的研究缺乏心理现实性。

当代汉语词汇语义研究有两个趋势，一是从古代扩展到现在，研究重心从释义转到研究词义关系、词义发展；二是宏观、微观相结合，由表层的语言现实走向深层的概念范畴。具体表现在词义系统演变研究和词义演变解释性研究等方面。

第一，词义系统演变研究。系统词义演变的描写与语义文化内涵的揭示、解释是语义学的重要课题，尤其是词义演变过程与文化思维认同关系，更是当今研究热点。张志毅、张庆云（2005）指出："词义演变研究的新趋势是：从原子观推进到整体观，从个体、孤立、分散的研究推进到系统研究。"①

传统词义演变的"扩大""缩小""转移"是词义演变的结果，不是对演变规律的总结。词义和词义之间相互联系与制约的关系要由词义的规律性演变来维持和发展，而演变规律本身就是词义系统性的体现。词族正是由词义演变规律制约的、从发生学和亲缘关系角度得到的词汇的组织形式。以词族为单位进行研究，可以深化对词义系统性的理解和认识。

第二，词义演变解释性研究。语言研究趋向是从描写型研究向解释型研究转向，突出的表现就是重视对语义的研究，通过语义分析来探索某语言单位的形式和功能的由来。就汉语词族而言，同族词中的音近义通以及同素词、同缀词中的词素是词族的外在形式化标记，而某一核心类化义，既是词源义，又是同族词、同类词、同素词、同缀词深层次的理据意义和系联聚合的根源。汉语词族的语表形式受到深层概念范畴的制约，而更深层次的动因则需要文化思维认同来解释。

旨在揭示影响词义变化的深层原因的"感""觉"词族研究，既能解释一词多义、词族等语言现象，加深人们对词义系统的认识，又能归纳民族认知思维模式，解释人类符号化行为，符合当前系统研究和语义解释研究大趋势。

第二节 研究意义和内容

一、研究意义

本研究的意义是多方面的，主要包括：

（1）深化心理动词的研究。动词是句子的中心、重心、核心，它系联着名词和形容词。心理动词是关于心理活动的动词，而人的心理活动具有隐蔽性、抽象性、模糊性等特征。"感""觉"等感知义心理动词词族虽然直观地反映人的心理状态和心理活动，但比较抽象、内化，没有可见的行为轨迹，因为它不像行为动词那样显之于外，有客观表征意义，而是带有隐性意味的行为活动的动词群体。研究这类具有抽象性、隐蔽性的抽象动词的产生、发展以及语义和语法都有别于其他动词的特征，可以深化我们对心理动词的认识。

① 张志毅，张庆云. 词汇语义学［M］. 北京：商务印书馆，2005：232.

（2）拓展对词族形成和发展的认识。汉语词族的整理和研究是在汉语同源词、同素词、同缀词、同类词研究的基础之上进行的，主要聚焦于汉语词汇发展史和规律研究。“感”“觉”词族研究可以构拟相关原始汉语词汇的状况，探索汉语构词法，考察同一词族系统内外部、词与词之间的相互影响和制约关系，揭示汉语词汇孳生和消亡的原因，发现汉语词汇更为复杂的语音形式和意义内容的变化轨迹，探索汉语词汇的形式与意义的关联和类聚关系等。

（3）丰富对语言认知机制的探索。不同的历史时期，“感”“觉”词的词族形态是不尽相同的，这与汉语的音节和构词法息息相关，最根本的原因应是与构形思维、语言类型特征、民族思维个性相关。认知语言学认为，深层的概念范畴是人类认知能力在语言层面上的投射，是民族认知思维的集中体现，而思维方式是心智的集中体现。民族文化心理制约语言的吸收同化，是语言生成和发展的机制。汉语构词发展历史表明，汉语的构词结果——词族与汉民族思维密切相关。从发生学和“认知—文化”语言学角度探索“感”“觉”词族的深层意义，把分散的词语系统化、规范化，可以总结语言背后的民族文化内涵和民族认知思维个性。

（4）加强对词汇学的认识。从发生学角度考虑，“感”“觉”词族都是双音化和构词法共同作用产生的语言现象，从词汇化的角度观察，它们各自的词汇化路径、历程、程度均不相同。双音化使得“感”词族多为双音句法构词的词汇词，“觉”词族则多为双音节词法词。“感”“觉”词族研究有助于了解双音化、语义透明度及词汇化中语义词化和结构词化之间的关系。

（5）有助于辞书编纂实践。词族研究有助于编写系统性强、概括性强的辞书。由于对词义内在联系缺乏关注，没有从本义出发，按照词义引申演变的线索说解词义，使人看不到各义项之间的内在联系，也由于对词义的概括性与具体性、确定性与灵活性的关系缺乏认识，不少辞书编写只是词义的简单罗列解说，系统性和概括性较弱。词族研究，既可溯本求源，从本义出发解说词义，防止孤立说解、挂一漏万，又可加强聚合、组合联系，在同类词类比、反义词对比、同源词联系中理解词义，在词语搭配、词语构式中理解词义。如果字词典编纂者明白同族词、同素词、同类词，且能明确其源流族属关系，就能区分本义和引申义、原始义和孳生义、常用义和非常用义；如果他们能明确这些族属关系的思维网络，就能使编出的字典或词典更为理想，这将对汉语作为第二语言习得起到很好的作用。

二、研究内容

人类的历史，就是认识与探索客观世界和自身的历史。但由于感知世界和自身的行为、方式、结果的不同，形成众多的、不同的感知义心理动词。而语言类型和语言文字特征上的差异，则形成不同的语表形式。

本研究拟对汉语感知义心理动词“感”“觉”词族进行多层次、多角度描写，并归纳其汉字构形、词族化、词义范畴的发展演化规律和认知动因，继而进行语义文化内涵的揭示、解释，旨在探讨“感”“觉”词族发展、演化过程与语言类型、文化思维认同关系以及民族认知思维特征。本研究的内容包括以下方面：

（1）归纳出12个单音感知义心理动词构形思维的规整性，进而探讨汉语语言类型特征及认知思维。

（2）对14部词典、词表中的同素“感”“觉”心理动词进行语言学分析。分析的内容包括统计和归纳语素“感”“觉”的词语搭配及搭配的语义范畴、语义结构、词类、构词能力等。

（3）归纳北大语料库中的“感”“觉”心理动词词族化历程的规整性，进而探索音节、构词法与汉语语言类型学关系及民族思维特征。

（4）描述北大语料库中的“感”“觉”心理动词词汇化规律，进而探索词汇化所反映的民族思维个性。

（5）概括北大语料库中心理动词语素“感”“觉”内部、外部词义系统范畴演化规律，进而探索词义地图蕴涵特征。

（6）概括北大语料库中语素“感”“觉”与语素“到”“得”的搭配历程以及词语“感到”“觉得”的异同，继而探索其词汇化规律与认知规律。

（7）通过汉语“感”“觉”词族探索汉民族心理认知特征。思维方式是相对定型化的、显现出来的社会理性活动的思维样式、思维结构。对词族展开多角度的认识和解释，可以揭示词族背后的民族心理认知特点。汉民族关注直观整体特征、长于辩证、注重辩证逻辑等思维特点是词族特征化的前提，另外联想与思维方向性关系可能是汉民族心理认知的操作机制。

（8）深入探索人类符号化行为。汉语“感”“觉”词族都是汉民族思维的产物，在思维方式上应该有同一性。本研究横跨古代汉语和现代汉语，为同素词、当代新词族形成的认知机制和民族心理认知提供系联比较的平台，在词源、同素词研究的基础上，透过词族现象，研究人的符号化行为，探讨人是怎样把握存在世界的。

第三节　研究思路和方法

语言是多元的，只有整合更多的研究方法和研究数据才能更好地对语言现象作客观的分析、归纳和解释。本研究采用的方法如下：

（1）定量和定性相结合的方法。传统语言学研究以定性分析为主，定量分析方法使用不够，本研究则采取定性与定量相结合的方法。“定性研究是对所研究的对象进行‘质’的分析，即对所研究的现象的本质、特征及其联系进行概括。定量研究通过量化，即利用数量、频率、比例的统计等来说明各种事实。”① 定性方法是综合，定量方法是分析，分析是为综合服务的，定量研究的最终目的是定性。本研究选取的语料，一是来源于北京大学中文系汉语语言学研究中心 CCL 语料库，共抽取 15000 个例句；二是来源于词典，分析的词典、词表共 14 部，简要划分为古代 3 部、近代 3 部、现代 8 部。本研究在确定同素词的词汇化、构词能力、语义范畴历时演化时，将定性和定量方法相结合，旨在揭示相关语言现象的潜在规律。

（2）词义系统的研究方法。归纳词义演变的规律及其制约因素是解释词义现象、揭示系统特征的必由之路。词义系统的表现之一就是词义的类聚关系。中国传统训诂学和西方语义学都重视词义的聚类研究。词义类分，同类而纂集，这就是一种聚合，因而，在早期训诂材料的纂集里，就已经存在着西方语义学所说的“语义场”观念。语义场对词汇意义的研究，既有探讨数量的作用，又有整理词汇系统与词义系统的作用②。封闭性批量词族研究模式可以克服传统举例式的说明和对个别引申义的系联带来的零散性和体系性较弱的问题。

（3）共时、历时相结合的方法。王宁一再强调，由于汉语的几千年的不间断、延续性传统，不共时共域的材料太多，所以体现着强烈的泛时性特点。“从整个词汇语义系统来讲，几千年来积累下来的历史词形、词义会仍然在共时语言系统中使用，共时词汇系统中的基本词汇、一般词汇中的古语词、方言词等大多具有历史传承性，缺少历时传承性的主要体现在部分行业语、新词语、外来词等方面，这些都是汉语词义泛时性的表现。具体到词语个体上也能体现泛时性原则，例如：一个多义词的多个义项的使用可能主要在现代

---

① 于根元. 应用语言学概论［M］. 北京：商务印书馆，2003：69.

② 王宁. 训诂学原理［M］. 北京：中国国际广播出版社，1996：211-212.

汉语的层面，但其形成和演变往往是历时、历史的，特别是在引申义列明显的义项排列中，历时、共时这两个因素有机地融合在义项的描写中，体现着一定程度的泛时化特点。”① 汉语本体的历史传承性和泛时性特点决定汉语“感”“觉”词族研究必须要有历时与共时、现代与历史相结合的两维视角，这样才能将词汇研究得更透彻，更符合汉语本体特征。

（4）语料库提取与内省相结合的方法。词汇系统因其内部的异质性和变化性使其在语言诸系统研究中成为最薄弱的环节。目前词汇研究著作多是对汉语词汇进行抽样、定性描写，研究对象多是规范型词典中收录的词。而词典似乎只能反映词汇共时变化的结果，不能反映词汇历时变化的过程，它似乎是语言学家头脑里的直觉存在，不能很好地反映语言使用者的真实使用情况。认知语言学认为，语言的产生与习得来源于使用。语料库，其容量是相对完全包括性的，而不是像词典那样是选择性的；反映的是相对全民性的心理共性，而不是收录者个人语感和心理定义，更能真实反映词汇使用的实际面貌。因此，本研究采用语料库分析和内省相结合的方法，保证语料的客观性。

（5）宏观、中观、微观三级历时比较法。从语言学的角度来看，不同时代的“汉语”各有特点。研究语言历史演变、探究词源一般采用比较的方法。目前主要有以邢公畹、周法高为代表的语义学比较法，以严学窘、董为光、曹广衢为代表的词族比较法，以及以黄树先为代表的词族三级比较法。黄树先（2010）提出“比较词义”法，主张在类型学视野下通过多种语言词义比较，来研讨汉语词义发展。“比较词义”就是看语言中某个核心概念，会有哪些共同演变。“比较词义”要解决的问题是：探讨汉语内部词义的发展、系联同族词，为一种语言内部词义的引申发展寻找语言学依据。具体做法是依据被比较的语言的语义，建立一个语义场；在这个语义场之下，再系联同族词；同族词里，再拿单个的字词进行比较。这种研究思路，简单来说就是“语义场—词群—词”的三级比较模式。拿一个语义场以及同族词和亲属语言进行比较，观察某些核心词的共同演变，确定其发生学上的关系，这样可以使得语言之间的比较更为科学。

本研究从比较语言学角度，以语义场理论为指导，借鉴宏观、中观、微观“语义场—词群—词”三级比较模式研究汉语“感”“觉”类词族，

① 王东海，张志毅．现代汉语词汇语义共时研究的历时、历史视角［J］．江苏大学学报（社会科学版），2007（5）：33-39.

即依据被比较语言的词义，建立一个心理动词感知类语义场进行研究，在这个语义场下，再系联出"感""觉"同素词词群进行研究，最后，从"感""觉"同素词词群中再拿单个的字词"感到""觉得"进行比较。

第四节　研究特色与创新

本研究用感知义心理动词探索汉民族认知思维，集中对"感""觉"认知心理动词进行多角度、多层次描写与分析，从词族的角度观察"感""觉"词发展演变过程，旨在以更为新颖的视角探讨汉语"感""觉"词族及其认知思维。

(1) 用感知义心理动词探索汉民族认知思维。"人类文化发源于人类的思维，同时又与人类思维在互相推动的状况中获得发展。语言既是文化的重要形式，又是思维的外化形式，语言结构类型上的特点必然具有这样的双重性：一方面，它是民族文化思维方式的体现，受民族文化思维方式的制约；另一方面又构成一种思维框架，规范着民族文化思维的运作和发展。"① 感知世界是人类认识自我和外部世界的主要途径，感知义心理动词词族，指表达与人们感官相关的存在、行为或发生等的那部分词类，是对人们感知（感官感知和心理感知）世界的结果、动作和状态的集体描述。归纳感知类心理动词词族的词义演化过程、探索隐藏背后的人类对感知情境的认知方式，继而概括民族认知思维特征及观察人类如何感知世界和自我，尚属首次。

(2) 集中对"感""觉"认知心理动词进行多角度、多层次描写与分析。多角度，指运用了汉字构形学、词汇学构词法、词汇化、语义演化与语义地图蕴涵等不同维度对其进行分析，主要涉及认知语言学和文化语言学。多层次，是指分析的对象是单音同类词、同源词、多音同素词等不同层次语料。

(3) 从词族的角度观察"感""觉"词发展演变过程。词族是从发生学和亲缘关系角度得到的词汇的组织形式，封闭性批量词族研究模式可以克服传统举例式的说明和对个别引申义的系联带来的零散性和体系性较弱的问题，也是探求词义演变的规律及其制约因素、解释词义现象、揭示系统特征的必由之路。在词义研究中，词的个体分析很难体现全局发展趋势，只有通过聚类的考察才能发现意义变化的总体趋势和深层规律。聚类考察的理想对象是

---

① 陈昌来. 应用语言学导论［M］. 北京：商务印书馆，2007：372.

词族，尤其是人类认知世界的“元概念”。因此，从认知的角度，以词族这种聚类的方式考察人类认知世界的方法，更能看到深层的概念范畴对词汇系统的驱动，更利于发现其意义变化的总体趋势和深层规律，总结民族认知思维。

当前语言学研究中有些不足的方面，如人类共性思维研究多，民族个性思维研究少；语法化研究多，词汇化研究少；共时研究多，历时研究少；内省方法研究多，基于使用的语料库研究少；聚合词族分析多，组合（搭配）词族分析少。本研究正是为克服上述弊端而设。

第五节　研究框架与设计

本研究拟对感知义心理动词“感”“觉”词族进行多角度、多层次的统计、描写与分析，并归纳其发展、演变的规律和认知动因，继而揭示、解释其语义文化内涵，旨在探讨词族发展、演变过程与文化思维认同关系和民族认知思维特征。

本书总体框架拟分八个部分，具体内容设计如下：绪论，拟说明本研究的研究现状、研究意义和内容、研究思路和方法、研究特色与创新、研究框架与设计、研究语料。第一章汉语词族及其研究概况，拟概述当代汉语心理动词和词族研究现状，并评析其研究认知趋向。具体包括：第一节，汉语词族的构词发生学分类和系统性；第二节，当代汉语词族的界定及相关术语；第三节，当代汉语词族研究概述；第四节，当代汉语词族的研究范式、认知趋势和汉化趋向。第二章讨论感知义词族的构形、取象、合成与认知机制。拟从字形结构入手，分析“感”“觉”“解”“知”等 12 个感知义同类词族的指称信息和语义取象，并归纳其汉字构形思维。具体包括：第一节，感知义心理动词词族的构形；第二节，感知义心理动词词族的取象—表词模式；第三节，感知义心理动词词族的概念合成和非范畴化；第四节，感知义心理动词词族的概念合成的认知机制——识解与压制；第五节，感知义心理动词词族与汉民族认知思维。第三章讨论“感”“觉”同素词词族系统性与认知思维。本章拟以 14 部相关词典、词表为语料，参考心理动词研究成果，对“感”“觉”同素词进行历时—共时描写与族属源流探索。在此基础上，对“感”“觉”同素词族语义特征和语义分布的对应性及成因进行分析。具体包括：第一节，“感”“觉”二词本义探源与原始语义类别；第二节，“感”“觉”同素词词族语言学分布；第三节，“感”“觉”同素词词族语义范畴规律。第四章为“感”“觉”词族演化的历时分析，拟按朝代对北大语料库中语素

“感”“觉”的词语搭配及搭配的语义范畴、语义结构、词类、构词能力进行历时统计归纳，然后概括其词族演化历程。具体包括：第一节，“感”族词的词族演化历程；第二节，“觉”族词的词族演化历程；第三节，“感”“觉”词族形态语素化认知动因。第五章拟讨论“感”“觉”词族词义范畴延伸与蕴涵思维，拟先按朝代对北大语料库中语素“感”“觉”词族的词汇化过程进行统计分析，然后探讨其认知动因。具体包括：第一节，“感”词族内外系统词义演化、词义范畴延伸历程；第二节，“觉”词族内外系统词义演化、词义范畴延伸历程；第三节，“感”“觉”词族词义范畴延伸蕴涵思维分析。第六章拟从微观角度讨论“感到”与“觉得”的词义特征与组配思维。第一节，探讨“感到”“觉得”“感觉”的词义分布与词义特征差异；第二节，探讨“感”“觉”“得”“到”词义凸显特征与组配思维。最后一部分是结语，拟全面概括“感”“觉”词族语言发展规律与认知深化、民族思维的关系；拟全面总结语言、思维与心智之间的关系。

第六节　研究语料

一、语料库

北京大学中文系汉语语言学研究中心 CCL 语料库。

二、字词典

（一）古代汉语字典/词典

（1）王力，岑麒祥，林焘，等. 古汉语常用字字典［Z］. 蒋绍愚，唐作藩，张万起，等增订. 4 版. 北京：商务印书馆，2013.

（2）李国祥，杨合鸣. 古代汉语词典［Z］. 武汉：崇文书局，2010.

（3）《古代汉语词典》编写组. 古代汉语词典［Z］. 北京：商务印书馆，1989.

（二）近代汉语词典

（1）徐少峰. 近代汉语词典［Z］. 北京：团结出版社，1997.

（2）江蓝生，黄广顺. 近代汉语断代语言词典系列［Z］. 上海：上海教育出版社，1997.

（3）白维国. 白话小说语言词典［Z］. 北京：商务印书馆，2011.

（三）现代汉语词典

（1）中国社会科学院语言研究所词典编辑室. 倒序现代汉语词典［Z］.

北京：商务印书馆，1987.

（2）李菁民．现代汉语逆序词典［Z］．北京：华语教学出版社，2011.

（3）董大年．现代汉语分类大词典［Z］．上海：上海辞书出版社，2007.

（4）田小琳．香港社区词词典［Z］．北京：商务印书馆，2009.

（5）张立茂，陆福庆．动词逆序词典［Z］．福州：福建人民出版社，1986.

（6）中国社会科学院语言研究所词典编辑室．现代汉语词典［Z］．6 版．北京：商务印书馆，2012.

三、其他

（1）任德山，李伯钦．康熙字典［Z］．北京：九州出版社，2014.

（2）谷衍奎．汉字源流字典［Z］．北京：语文出版社，2008.

（3）张桁，许梦麟．通假大字典［Z］．哈尔滨：黑龙江人民出版社，1993.

（4）贺国伟．现代汉语同义词典［Z］．上海：上海辞书出版社，2009.

（5）夏征农．辞海［Z］．北京：中华书局，1987.

（6）《现代汉语常用词表》课题组．现代汉语常用词表［M］．北京：商务印书馆，2008.

第一章　汉语词族及其研究概况

本研究的对象是感知义心理动词，研究的单位是词族。那么，什么是词族？它是如何产生的？有哪些特点？有哪些研究成果？当代汉语词族的研究范式、倾向性如何？这是本章要讨论的问题。我们取“词族”的概念而不用“语义场”的概念，一是因为语义场是一种静态的共时平面聚合，不能反映语言历时平面的动态发展；二是语义场是一种因研究关系产生的关系聚合，不是从语言发生学角度概括的聚合；三是汉语的历时传承性和自身系统性的事实使得汉语具有强烈的泛时性①。因此，汉语词族是具有汉语历时特征的语义场。汉语泛时性特征使得汉语研究尤其是词汇研究应有共时、历时双视角。

第一节　汉语词族的构词发生学分类和系统性

一、汉语词族的构词发生学分类

汉语词族是如何形成的？学界多从构词发生学角度来证说。郭锡良（2000）指出，词义构词形成同音同源词，音变构词形成异音同源词，结构构词只能形成同素词②。张博（2003）认为，上古汉语同族词的生成与构词途径有关，而不同的构词途径是由不同的语言类型特征和语言符号特征决定的③。上古汉语因单音节——单语素语言类型特征使词的长度缺乏弹性，新词产生于词自身的内部音义变异，结果是：新音新义脱离原词，同族词现象出现；新音新义未脱离原词，多音词和多义词现象出现。汉语表意文字特征决定新词产生于假借和形声，继承音转构词和义衍构词的形声字因源流关系形成同族词现象。王宁（1995）认为，汉语词汇的积累大约经历过三个阶段，

---

①　王东海，张志毅．现代汉语词汇语义共时研究的历时、历史视角［J］．江苏大学学报（社会科学版），2007（5）：33-39．

②　郭锡良．汉语的同源词和构词法［J］．湖北大学学报（哲学社会科学版），2000（5）：62-65．

③　张博．汉语同族词的系统性与验证方法［M］．北京：商务印书馆，2003：1-5．

即原生阶段、派生阶段、合成阶段。这三个阶段之间没有截然分清的界限，只是在不同的阶段，各以一种造词方式为主要方式①。

借鉴王宁“汉语词汇积累构词阶段说”，本研究认为，汉语词族的形成是其词汇音节发展和构词法共同产生的语言现象，其词汇积累经历了原生、合成、派生、再合成、再派生五个阶段。

殷商或更早原生阶段的上古汉语依“立象尽意”和约定俗成造字生词，因而单音语符即象形字、指事字占据这段时期的主体。随后进入合成构词阶段，词降格为字素，进行意义合成或形意合成，产生单音语符的会意字或形声字。殷商时代语言的词汇系统本质上是单音节的，少数复音结构应该是词组而不是词。社会的发展，需要大量的新词，但上古汉语词汇的单语素—单音节性语言类型特征限制了词的外部增生，只能通过词义构词和音变构词的内部变异方式衍生新词②。周秦时期，出现大量汉字字族，是“汉字通过内部孳乳以适应汉语词汇的‘同源派生’而形成的”③，这是派生构词阶段。从西周开始，汉语词汇由单音走向复音，构词方式也由单音构词向复音构词转变。复音化构词法有两大类：多种形式的双音节音变构词和多种形式的结构构词。双音节音变构词能产性不强，汉代以后，结构复合构词成了汉语构词的主要方式，派生复合构词成为次要方式。结果是同族词日益稀少，复音化和大量双音节同素词产生，系联成词族。因此从西周直至现代，都是漫长的再合成阶段。从这个意义上讲，长期以来汉语构词主要采取以合成模式为主、派生模式为辅的构建方法。合成模式的词语由“词根＋词根”构成，派生模式的词语由“词根＋词缀”构成，均以双音节语素为主。当代“词媒体”时代，词音节进一步发展，三音节词语占绝对优势，5 年来三音节词语占所有新词语的 46.1％④，汉语概念复杂化与语法结构的简约化矛盾使多音节词语模成为构词心理基础，很多新词因广泛使用类化为词缀并孳生出附加词缀派生法，使新词语呈现族群化特征，再系联成当代汉语同缀词

---

① 王宁．汉语词源的探求与阐释［J］．中国社会科学，1995（2）：167-178.

② 郭锡良．汉语的同源词和构词法［J］．湖北大学学报（哲学社会科学版），2000（5）：62-65.

③ 蔡永贵．试论汉字字族的时代特征［J］．宁夏大学学报（人文社会科学版），2010（1）：1-5.

④ 刘楚群．近年新词语的三音节倾向及其理据分析［J］．汉语学报，2012（3）：50-56；96.

新词族。新词族是具有某一共同特征的一群词的聚合，通常有一个相同的构词成分，词的聚合过程实际上是一个类推的过程，其结果是通过类推产生一批具有共同语义特征的词。具体的方式就是以这个共同的语义特征为框架，通过替换现有词语中的不同部分的构词成分来创造新词。这类派生词无论在词性上还是在词义上都具有类化性或在某种程度上呈现类化性，显示出共同的语义内涵。这是再派生构词阶段。上述讨论可概括见表 1-1。

表 1-1　汉语词汇阶段词族形态

词汇阶段	原生阶段	合成阶段	派生阶段	再合成阶段	再派生阶段
时期	殷商或更早	殷商	西周—先秦	两汉以后	现当代
音节发展	单音节	单音节	单音节	双音节	多音节
造词方式	立象尽意	意义合成	词义构词	词义构词	词义构词
	约定俗成	形意合成	复合结构构词	附加构词	
语言现象	象形、指事	会意、形声	一词多义	一词多义	一词多义
			同源词	同素词	同缀词

可见，历时动态的汉语语词音节、构词法的发展共同影响着词汇系统语义演变及其形态的发展，产生一词多义、同族词、同素词和同缀词等语言共现现象。

当然，词族的产生应该是多方面动因共同作用下促成的。包括汉语的传承性、汉语语素类型特征、人类语符行为的经济性等。我们认为，人类语符行为的经济性是词族形成的根本内因之一。"人的大脑不是无限容量的数据库，而是具有创造力的，其创造力就在于它能借助于已知的事物和已有的语言形式认知和命名新的事物，这种能力不仅是靠学习得来的，而是认知能力发展的结果。"① 就词族而言，表现在以下方面：

（1）词形选择的经济性。无论是同源词还是同素词、同缀词，都是通过对已知的词形改造和链接形成；无论是新外来词语的吸收、旧词语的复活还是旧词语的新义新用和方言词语的吸收，其实质都是用已知的词形表达新义。

（2）语义范畴化的经济性。词语模形成后，由该已知的语义为范畴原型，不断泛化扩大认知范围。共同语素语义虚化与泛化、感情色彩统摄为中性趋

① 赵艳芳. 认知语言学概论［M］. 上海：上海外语教育出版社，2001：96.

势，使指称范围进一步扩大，在认知新事物的范畴化过程中，使用经济性类推形成词族。

（3）形式、意义相互作用。模标发挥了构词上的语法作用，使构词产生类化，显示词性；大量的类推造词又使模标的义素受到其他义位的语义干涉而不断脱落，导致模标的意义越来越虚，走向泛化，成为一个义类代表的标志，所指范围进一步扩大。因此，语言形式和意义组成一个整体，形成一个抽象化的构式，对认知对象通过相似性进行标签化语符行为。

二、汉语词族的系统性及其聚合理据

词族具有系统性。张博（2003）指出，"'系统性'是汉语同族词的本体特征"①。本研究认为，不仅同族词，同素词、同类词、同缀词也都有系统性，具体表现为历时对应性演化动态系统性和共时联想聚合静态系统性。

从演变过程来说，语音、语义因发生历时对应性演化关系产生系统性。就汉语同族词来说，上古汉语中具有聚合关系的语音成分受到语音阴阳对转和佳部歌部相通演变规律制约，产生的音变构词就不是随机的，而是相对有序的，由音变构词形成的音转同族词也就不是零散的、孤立的，而是批量的、有系统的。同样，汉语词义衍化因受某种规律制约，产生方向一致的对应性引申、对应性分化和对应性虚化。这些都是同族词系统性的具体体现。张博（2003）解释："语言是一个具有很强的自组织性的系统，在语言系统内部，语音、语义和语法等各个结构层面的发展变化都是有规律的。这种规律性的主要表现是，具有聚合关系的某种语言成分或要素，会在一定的条件下、在一定的时空范围内发生方向一致的有序变化，从而形成新的聚合关系或改变原有的聚合关系。"② 从发生学角度来说，汉语同族词是汉语义衍音转构词的产物。由于语音和词义发展变化是有规律的，因此，不论是音转同族词还是义衍同族词都有显著的系统性。

从演变结果而言，词族因语言的聚合关系产生系统性。这是共时联想聚合关系形成的系统性。

（1）同族词的系统性是因共同的义类产生的联想聚合。侯占虎（2002）认为，"义类是维系同源词的纽带，是一个词族的内部形式，也即具有共同特

---

① 张博. 汉语同族词的系统性与验证方法［M］. 北京：商务印书馆，2003：29.

② 张博. 汉语同族词的系统性与验证方法［M］. 北京：商务印书馆，2003：7.

征的一系列的‘基因’。因此，义类便成为判定词同源的最主要的标准”①。联想的根源在于汉字的表意性与某组词在发生学上有着源流或同出一源的族属关系，因共同的义类而产生联想聚合，表现为同一语言内部字族的系联和同源词系联，再进一步扩大至同一语系的核心词系联。

（2）同素词的系统性是汉语自身特点和历时词汇生成与演化的表意语素化聚合产生的。远古汉语原生词都是以单音为主的表词文字，体现汉语的字、音节、语素、词一致之特点，即一个汉字记录一个音节，一个音节表示一个语素，一个语素就是一个词。从上古至今，在音节发展与构词法共同作用下，复音词大量增加，成为主要的语词形式，而复音词中的单音汉字却由单音节词降格为单音构词语素（少数降格为词缀），仍体现为字、音节、语素的一致性，汉语也就成为“语素—音节”类型的表意文字了。这种类型特征对构词的影响具体表现在语素化制约上：结构构词产生的双音节词，原单音汉字词降格为单音汉字语素；汉音译外复音词在语用中逐渐音节语素化（单音节单语素化，赋之以复音词之整体意义，或独立成为一个单音节词，或与其他汉语语素构成一个多音复合词）；附加构词使原汉语词（类）词缀化（半自由语素）。因此，由这些能产性很高的构词法产生的词汇族群因具有同一核心语素而类聚系联。

（3）同类词是指若干个有着某共同的核心语义类型但语形不同的词语所形成的聚合。同源词大多或音近义通或声符显源，有可见的相同、相近的语表形式，同素词因同一语素而语形相同，同类词则受词源学、社会语言学、文化语言学、认知语言学影响，不考虑语形，只考证并具体描写具有核心类义的聚合词族内的同源关系，然后探索孳生链和语源义，最后挖掘背后的社会心理、文化蕴涵、民族认知思维、认知文化机制等。

总之，同族词（同源词）、同素词和同类词都是因共同的核心义类形成的词族。词族研究归属是语源学，而语源（主要是词源）在本质上是属于文化心理的一种认知结构，词族是有着同一词源结构和词源系统的词群聚合。因此，词源结构在同族词（同源词）中具体表现为词源义，是同族词（同源词）深层次的理据意义，它是同族词（同源词）发生系联聚合的根源。词源结构在同类词和同素词、同缀词中具体表现为某一核心类化义，是同类、同素、同缀词族深层次的理据意义和系联聚合的根源。而同族词

① 侯占虎．对“音近义通”说的反思：近年来汉语词源学研究趋势管窥［J］．古籍整理研究学刊，2002（4）：45-48.

（同源词）中的音近义通以及同素词族、同缀词族中的词素则是词族外在形式化的标记。

语言因其系统性而聚合，又因聚合而增加其系统性。汉语词汇的发生与积累历史表明，语义不断引申发展而语形不变的词义构词，与语义不断引申发展而语音、语形也不断相应变化的复合、派生构词相伴而生。词义构词的结果是由词的本义引申派生出的诸多引申义项，这些引申义与本义一同构成了词义的内部系统。复合、派生构词的结果是由一个词衍生出的一个同源、同素词族，词族中的诸词和根词就构成了词义的外部系统。汉语词源学的研究对象是汉语词义系统中词与词之间由发生学关系形成的一种纵向的系统，即研究词语由此及彼的衍生关系，若干个有共同来源的词组成一个词群，若干个有共同来源的词群又组成词族，这若干个词族就构成了汉语词义的外部系统。因此，词族属于词义的外部系统。对于单个词语来说，应把握其词义内部系统，即把握一个多义词由本义到引申义以及诸引申义之间辗转变化的轨迹；对于整个词汇来说，应把握词汇的外部系统，即把握同出一源的由此词到彼词以及诸同族词之间繁衍派生的轨迹。只要掌握了一个词语的词义内部系统，也就把握了这个词语运用的大势；只要掌握了词汇的外部系统，也就把握了整个词汇的经脉。把握住这两大系统，也就把握了汉语词汇的“纲”和“领”。

第二节　当代汉语词族的界定及相关术语

基于系统论和语言符号组合、聚合关系的认识，学界将以某种共同关系为纽带聚合成族群的词汇称为“词族”。经过发展，逐渐形成词族内涵广义和狭义两类见解。

王力、杨绪明代表“广义派”。王力（1980）认为，“词族”是语言中的词汇在发展过程中积累起若干与语音和意义具有一定联系的有着同源关系的词群。杨绪明（2009）指出：“词族应指同一语言系统内具有某一共同特征的一群词语，是包括同素词语、同缀词语及谐音同字词语等在内的词语聚合体。”①

何金松、常敬宇、万世雄、董绍克、刘又辛、张博、胡超等代表“狭义

---

① 杨绪明．“词簇”与“词族”考辨［J］．西南民族大学学报（人文社科版），2009（5）：184．

派”。何金松（1979）指出，所谓词族，就是某一概念的同义词的总和①。常敬宇（1985）是把某种意义上有关系的一组词称为某某词族②。万世雄（1992）认为，词族——其含义是指直接或间接由同一语根派生的全部同源词③。董绍克（1996）认为，词族——只包含相同词根的词构成的集合。张博（2003）概括“词族”的概念，“指汉语内部某一根词（或词源形式）及其直接或间接孳生出来的所有词的总和”④。胡超（2009）从 Fillmore 的框架语义学角度定义词族：是一些共享某一词的起始概念而凸显不同的概念元素的词的组合⑤。

比较发现，“狭义派”立足意义，认为词族是同根词及派生关系的词群聚合；“广义派”则无论意义、形式，只要以某种共同关系为纽带聚合成族群的词汇总和都称为词族。

此外，不少学者结合自身汉语研究实际，对“词族”也提出了各自不同的术语和研究范围。孙常叙（1956）提出“同族词”概念：“既指同一个词根滋生出来的各个派生词之间的亲族关系，如‘良心、耐心、雄心、野心、热心……’，也指从同一个词根派生出来的词语，如认为‘幕’和‘膜’是同族词。”⑥ 徐通锵（1991）认为：“同族词是一个语言内部的构词法问题，主要是根据语音交替的方式去追溯某一族词的形成过程及其所从出的原始形式……”⑦ 张博（2003）将“同族词”定义为“新词与所由孳生的原词以及新词与新词之间具有源流族属关系”⑧。张相平（2001）认为：“一种语言内部有着同一来源、在同一个意义层次上的词语，这些词语同出一源，因此在声音和意义上多相同或相关。”⑨ 显然，上述“同族词”内涵与传统训诂学、词源学在汉语语源学范围内使用的“同源词”概念相对应。

实际上，“同源词”属于历史比较语言学的范畴，指同一语系中具有亲

① 何金松. 复音虚词的结构和词族［J］. 语文教学与研究，1979（3）：52-57.

② 常敬宇. 同素词简论［J］. 语言教学与研究，1985（2）：50-58.

③ 万世雄. 词的音义比较关系和词族［J］. 湖北师范学院学报（哲学社会科学版），1992（4）：78-82；90.

④ 张博. 汉语同族词的系统性与验证方法［M］. 北京：商务印书馆，2003：33.

⑤ 胡超. “花”词族概念框架研究［J］. 宜春学院学报，2009（1）：128-130.

⑥ 孙常叙. 汉语词汇［M］. 北京：商务印书馆，1956：249.

⑦ 徐通锵. 历史语言学［M］. 北京：商务印书馆，1991：68.

⑧ 张博. 汉语同族词的系统性与验证方法［M］. 北京：商务印书馆，2003：3.

⑨ 张相平. 关于词族及同族词问题的思考［J］. 宁夏大学学报（人文社会科学版），2001（3）：15-19.

属关系的语言之间在发生学上存在着音义对应关系的词。张博（1991）指出，“‘同源词’（cognate）或称‘词源同源词’（etymological cognate），这一概念产生于印欧系语言的历史比较研究中。它指亲属语言中由原始共同语的某一词源形式（etymon）派生出来的在语音、形态和意义上相关的词”，“尽管专门或偏重于研究汉语的学者（如王力先生等）多用‘同源词（字）’这一术语指称汉语中有同一来源的声近义通的词，但从事民族语文研究的学者（如严学窘先生等）则严格地用‘同源词’来专指汉藏语系亲属语言间来源同一的词，而另用‘同族词’这个术语指汉语内部具有同一来源的声近义通的词。这种区分是可取的”①。徐通锵（1991）认为“同源词”是“根据语音对应规律去追溯不同语言（或方言）的亲属关系和发展规律”②。显然，基于传统训诂学的“同源词”是指同一语言系统内具有源流聚合关系的一组词，而基于历史比较语言学的“同源词”是指有亲属语言关系的语言中有共同来源的一组词。

刘叔新（1990）提出“同语素词语族”概念，认为具有同一语素而聚合在一起的成群、成组词语，可称为“同语素词语族”，例如“低地、高地、谷地、盆地、脚踏实地、肝脑涂地、落地生根”等只要含有表陆地义的语素“地”，就属于同一同素族③。常敬宇（1985）认为，词素相同的一组词，彼此互称为同素词④。可见，同素词以词形相同而聚合。此外，他还提出“同缀词”概念，这也是以词形类聚关系为标志的一组词。彭宣维（2004）提出新术语“词串”（word chain），即汉语中以同一个语素为基础形成的词项关系，例如“血气、血腥、血液”“贫血、心血、浴血”，“血”这一语素分别出现在词首、词中和词末，从而形成由同一语素构成的词串⑤。符淮青（2006）提出“词群”这一术语，指的是词汇场、语义场，认为词群并非预先安排的结果，而是在语言和思维的发展中形成的⑥。杨绪明（2009）提出当代汉语

① 张博．同源词·同族词·词族［J］．固原师专学报，1991（3）：9-12.

② 徐通锵．历史语言学［M］．北京：商务印书馆，1991：68.

③ 刘叔新．汉语描写词汇学［M］．北京：商务印书馆，1990：359.

④ 常敬宇．同素词简论［J］．语言教学与研究，1985（2）：50-58.

⑤ 彭宣维．认知发展、隐喻映射与词义范畴的延伸：现代汉语词汇系统形成的认知机制［J］．北京师范大学学报（社会科学版），2004（3）：46-52.

⑥ 符淮青．词义的分析和描写［M］．北京：外语教学与研究出版社，2006：198.

新词族概念：按照某一共同形式特征——模标——聚合形成的新词语聚合体①。

总之，学界对“词族”的界定、所用术语和研究范围很不统一，大致形成以共同意义关联类聚的同源词、同族词、同类词研究和以共同形式（成分）类聚的同素词、同缀词、当代汉语新词族研究。本研究采取广义的“词族”概念：词族或族词，抑或词群，是指有某种共同属性的一大类词的总和。

第三节　当代汉语词族研究概述

参照前文词族构词发生学论述，结合西方历史比较语言学、词源学和社会语言学、文化语言学、认知语言学等理论的引进，以及张博（2003）有关词族、同族词、同源词的区分论述、因系联自成的研究范围②，我们将词族作为最上位的概念，其下位概念及其研究分类见表 1-2。

需要说明的是，基于传统训诂学的同族词研究，在吸收西方历史比较语言学的词源学理论方法后，虽将系联范围由汉语内部扩大至同一语系的亲属语言，但仍立足于汉语内部词的同源关系系联论证，探索汉语词的原初构词理据和音义状态，因此仍用“同族词”来指称汉语内部的同源词族，用“亲属同源词”来指称同一语系系联的同源词，“同类词”则指若干个有着某种共同的核心语义类型，但语形不同的词语所形成的聚合。其研究目的是揭示这种核心语义类型——语源义背后的文化蕴涵、社会心理和认知机制。

表 1-2　词族研究分类表

<table>
<tr><td rowspan="8">词族研究</td><td>下位概念及其研究分类</td><td>次类</td><td>构词法</td></tr>
<tr><td rowspan="2">同源词研究</td><td>亲属同源词研究</td><td></td></tr>
<tr><td>同族词研究</td><td>音变、义衍造词</td></tr>
<tr><td>同素词研究</td><td>结构同素词研究</td><td>结构合成造词</td></tr>
<tr><td>同缀词研究</td><td>附加同素词研究</td><td>附加派生造词</td></tr>
<tr><td>同类词研究</td><td></td><td>核心语义类聚</td></tr>
<tr><td>多义词研究</td><td></td><td>词义造词</td></tr>
</table>

① 杨绪明. “词簇”与“词族”考辨［J］. 西南民族大学学报（人文社科版），2009（5）：184.

② 张博. 汉语同族词的系统性与验证方法［M］. 北京：商务印书馆，2003：30-36.

如前所述，汉语词族研究分为同源词研究、同类词研究和同素词研究，其中同族词和亲属同源词研究成果最为丰硕，本研究只作最简概述；同类词研究成果最少，也只能作简要概述；同素词词族研究成果较多，但国内文献尚未对其成果进行整理，则重点描述。笔者从网上收集、整理了1984—2014年相关词族研究文献共计234篇，概述如下。

一、同源词、同族词研究简述

汉语同源词研究包括同族词研究和亲属同源词研究。汉语同族词的探索源远流长，历史表明，它由先秦两汉的“声训”范式，发展为中、近古的“右文”范式，又演进为清代的“语转”范式，至近代成为系统的词源学。声训始于先秦，盛于汉代，反映了古人对词与词之间音义联系的模糊认识；形成于宋朝的“右文”说常以一个字的本义为起点，用以解释同声符的一系列形声字的字义，指出它们之间的关系。这是在汉字条件下古典语源学由原子论进入系统论的必由途径。始于汉代成于清代的“声转”说，因“系声为族，声义递衍”使得词族研究进入自觉的历史系统论阶段。

现当代同族词研究是一项秉承传统训诂学并吸收西方历史语言学的词源学理论和方法的新课题。秉承传统训诂学，即“从汉语书面文献出发，用汉字为线索，以古音音系研究的既有成果为工具，采取系联的办法，立足汉语内部词的同源关系，来探讨汉语词的构词理据”①，如黄侃、杨树达、王力、沈兼士等人的研究；借鉴西方词源学，即在方法上重视活的语言材料的研究范式，采用方言、亲属语言的比较，探讨词的语音演变轨迹，以寻求词的早期语音形式和音义结合的理据，如蓝庆元、黄树先等人的研究。显然，系联的范围由同一语言内部扩大至同一语系内的亲属语言，由同族词研究扩展至亲属同源词研究。

二、同类词研究简述

同类词指若干个有着某共同的核心语义类型但语形不同的词语所形成的聚合。它不是构词法产生的语言现象，而是基于系统论和语言符号联想聚合关系产生的语义场。相关研究是汉语词源学与社会语言学、文化语言学、认知语言学结合产生的词族研究分类。其研究对象包括汉民族特有的文化符号，如“气”“葫芦”“年”“和谐”等；汉民族特有的文化行为，如“孝”（袁媛，2014）等；汉民族特有的文化内涵，如颜色词等。研究内容

① 王宁. 关于汉语词源研究的几个问题［J］. 古籍整理研究学刊，2001（1）：30-34.

涵盖：①语词的源流与语义演变分析（周梅，2010，2013；黄丹，2009；吴艳，2003）。②文化蕴涵和社会、心理原因探索（李春玲，2003，2005；马丽娟，2011；王丽，2008；李旭中、谭英、贺业明，2012）。③词义、构词、概念结构的差异所反映的不同民族思维差异性对比研究（张积家、和秀梅，2004；贾儒，1996；胡晋波，2012）。④认知分析，包括两种分析范式，一是先梳理反映认知过程的历时语义演变，然后探索影响着语义演变路径的民族认知思维（冯雪，2010）；二是考证并具体描写其同源关系，然后探索孳生链和语源义，最后挖掘背后的认知文化机制（周光庆，2007）。

三、同素词研究概述

同素词，指由同一语素构成的一系列词的聚合，包括以实词素为标记的结构同素词和以（类）词缀为标记的附加同素词，它们又分别称为仿制词族和构式词族。其中构式词族研究又分为外源词研究和自源词研究。文献一般分个案研究和专题讨论，其内容出现交叉现象，这里我们一并归纳概述。

同素词研究的内容主要包括：①词族的同形异质（构词形式和各语素之间的语法关系相似或相同，但各自表达的意义、词汇化路径等不同）现象解剖。如以"领"为代表的构式词族和以"哥""爷"为代表的仿制词族形成的同形异质现象解剖。②词族流行的语言内因和外因解释。③基于语义演变的词族生成机制、认知机制探索或解释。④自源词的文化内涵探索。⑤自源词流行、发展成因的社会语言学、社会心理学解读。⑥词族形成的认知思维探索，如联想、类比等。⑦词族对现代汉语词汇系统的影响，词族现象出现的泛滥与规范问题。⑧其他相关语法专题研究等。

上述八个方面的内容，本研究择其集中的方面加以叙述。

（一）同素词各自不同的来源、语义演变与词汇化

新词语的表意来源主要有新外来词语的吸收、旧词语的复活、旧词语的新义新用和方言词语的吸收四个渠道。

新外来词语的吸收（外源词汉化）是一个渐变的词汇化过程。外源词获得意义后，逐渐成为构式词族中的（类）词缀核心语素，成为汉语中一个特殊的具有范畴化功能的语素，在初始阶段具有独立成词的倾向，成词后，则有去范畴化非独立成词的倾向。其演变过程，刘云（2008）认为经历了意译—仿造—泛化三个阶段；周日安（2007）认为有专化—类化—泛化过程；

冉育彭（2010）从词法角度认为其是模仿—类推—固化的过程；杨永林（2008）从词语的发展角度认为有直译—分解—附着三个阶段。

旧词语的复活、旧词语的新义新用和方言词语的吸收均属于自源词的词汇化。其意义的来源与语义演变、分化的路径各不相同：有不断虚化与脱落的，如“哥”“爷”等词族；有一词多义甚至正反义合成一个词形的，如“霸”“拼”等词族；有先转为修辞意义，然后再泛化形成词族的，如“裸”“山寨”“草根”等。这样的语义演变过程，或者是本义引申为转义，或者是本义引申为比喻义。王文斌（2005）认为这种词素化现象的语义演变的总趋势是虚化、类化、泛化。语义虚化是指词汇意义大部分虚化；类化是核心类义的凸显和聚集；泛化分为基于比喻义的泛化或偏离常用义的泛化，其结果是限定性义素逐渐脱落，概念意义所指范围扩大。泛化还包括感情色彩意义演变中性化。自源词模标虚化路径的语法化路线为：实词—实语素—准后缀—焦点标记。虚化的量标为：实词—语法词—附着成分—形态标记（罗进军，2004）。

无论是外源词还是自源词，语素化后成为模标，其词汇化程度各有不同，处于词根—类词缀—词缀的连续统之中。有偏向于词缀的，词汇意义虚化程度较高，在新词中已经完全看不到它原来的意义，而是有了新的意义，其独立性较弱，形成构式词族。有偏向于词根的，这类词的词汇意义虚化程度较低，在新词中仍可看出它原来的意义，独立性较强，形成仿制词族，如“山寨”“草根”“微”等。

（二）模标的语法化研究——类词缀研究和词缀化研究

部分模标因词汇化程度不同成为类词缀或词缀。因此，其语法化研究包括三个方面内容：

一是分析和归纳模标成为类词缀的理据及其特点。较为一致的看法有：①语义上的虚化、类化与泛化；②过程是去范畴化的非独立成词性过程，最后词汇地位降格，成为一个构词语素；③具有构式的类推性和构词的定位性；④一般形成附缀式复合词；⑤是一种融词汇单位、语法形式于一身的特殊语言形式等。

二是对类词缀进行专题讨论。包括：①类词缀的定义、原则、标准（王洪君、富丽，2005；沈光浩，2011）、性质分类（朱亚军，2001）、定量定性（曾立英，2008）；②类词缀的发展及趋势和影响（于秒，2009；王雪梅，2007）；③类词缀、词缀中文信息识别（曾立英，2008；尹海良，2010）；

④类词缀语义虚化研究（杨爱姣，2007；宋培杰，2002）等。

三是词缀化现象研究。词缀化是由能单独使用或者不能单独使用的不定位语素的虚化引起的。沈孟璎（1986）指出汉语新的词缀化倾向有六点，徐世璇（1999）、汤志祥（2001）、马庆株（1995）等学者进行了更深入的探讨。此后学界探讨的内容有：①对当代自源性类词缀化及其逆同化现象进行考察（叶南，2014）；②对“小”（杨爱娇，2007）、“面”（冯凌宇，2008）等个案进行分析；③对词缀化心理特点的探寻（张翠敏，2005）；④对亲属称谓的词缀化现象进行分析（罗湘英，2000；宋培杰，2002）；⑤对指人语素类词缀化的探讨（陈昌来、朱艳霞，2010）；⑥对词缀化原因的探讨（何晓丽，2006；孙艳，2000；郭立萍，2008）等。

（三）词族发展、流行的动因

词族发展、流行的原因解读不一，大致分为语言内因和语言外因。

1. 语言内因

（1）语言构词能力的类推机制。词语凝固成词语后，形成词语模，以词语模表征的构式为原型，对新概念进行范畴化后，更换其中的区别性语素而创造出新词语，这就是词缀化类推的主要模式，形成附加法仿拟造词，使词语批量生产。

（2）语言的经济性，即辞约而旨达。虽然词语形式十分简洁，但词语模所表达的构式义却内涵丰富。

（3）语义上的表达空位论（范干良，1989；肖灵，2008）或者潜显理论（王希杰，1996）。一般是在表达空位的补位机制作用下，以某个中性的语素义为补位要素，进入某类词族“中性化表达某义素义”这一表达空位，从而形成流行词，证明语言是一种动态、共生的系统（肖灵，2008）。

（4）语音节律的配置与考量（彭晓、杨文全，2009）。

（5）语法化动因，即模标词缀化造成能产性。

2. 语言外因

（1）社会发展与语言共变论、新事物出现与指称表达需要。

（2）语言传播的模因论（何自然，2005）。

（3）语言文化心理，即追求经济、讲究实效、类推求简、从众求新心理的推动（杨绪明，2014），以及复合词的从众心理（苏新春，1995）、标签化心理、委婉心理等的促进。

（4）言语修辞活动影响（杨文全，2003）。

（5）大众媒体传播等。

对词族动因的探索实质是对词汇语义发展变化的探索。传统的词汇语义学，更多地将词义的发展与变化归于历史的、社会的外因。现代语义学更愿意认为认知动因才能说明词义变化的内在机制和可能性。

（四）词族对现代汉语的影响

词族的大量出现，有其独特的语言学价值，对现代汉语词汇系统影响巨大。综合多家观点，论述如下：

（1）成批量、成系列地丰富汉语词汇量（谢琬熠，2008）。

（2）使某些词汇单位的性质发生了改变，从形式上强化了词汇的系统性。

（3）构词格局发生改变，尽管都是合成词，但类派生式构词逐步增多，简缩和仿拟构词占优势。定中结构、后空型词语数量增加（杨绪明，2014）。

（4）词义内涵丰富。共同语素发生虚化、半虚化现象；增加了词的新义或产生了语素新义，增加了汉语中同形异义词（宋作燕，2007；殷何辉，2005）；改变了词的附加意义，主要体现为感情意义中性化，增加了文化意义。

（5）多音节化趋势，汉语的最佳词音长度受到挑战，改变了双音节的优势地位，以三、四音节为主（王红梅，2011，2013）。

（6）使词汇系统的新词呈现词缀化倾向，促成了各种外语对汉语词汇系统的渗透，加速了短语词汇化的步伐（王雪梅，2007）。

（7）传统的复合构词法停滞，附加词缀法广泛使用形成词族现象（孙艳，1998；王娇娇，2013）。

第四节　当代汉语词族的研究范式、认知趋势和汉化倾向

新的语言学理论使当代词族研究形成新的研究范式，其认知研究趋势和汉化研究倾向明显。历史比较语言学使传统训诂学从主要研究古代汉语的词源及词汇意义的历史演变走向亲属语言系联，认知语言学、文化语言学、社会语言学的引入使词族研究由静态描述走向动态解释，由表层语言现实走向深层概念结构，研究范围扩大至词族所有下位概念。

认知语言学认为，表层语言是对人脑深层经验的重组。当前风行的语言学理论，无论是形式主义还是功能主义，其根本的目标都是对人类语言的普遍现象及其深层机制做出解释。因此，当代词族研究表现为由表层静态描述

走向深层认知解释，如用整合理论说明造词方式与合成路径（杨文全，2011；刘甜甜，2012）；用认知语言学的隐喻、转喻和认知凸显、构式语法探讨认知机制（贺梦依、文旭，2012；游玉祥，2011；刘玉梅，2010；王中祥，2011；王玲燕，2013）和一词多义现象（韩梦春，2009）；用认知模型、词语模、框架语义探讨语义生成、语义构建（胡超，2009；杜军，2013；王倩，2013）和范畴化（刘玉梅，2010）；等等。

语言与社会的共变关系产生社会语言学研究范式认为：

（1）词族反映国家的政治、经济、文化等状况，反映时代变迁和社会文化价值（张晓昕，2012；姚巧巧，2010）。

（2）词族反映社会心态。如“炒”，反映国人追求财富的心态；反映类聚群分、追新求异心理（杨绪明，2009）；反映追求经济、讲究时效、类推求简、从众求新心理等（杨绪明，2009，2014）。

（3）词族反映造词的社会影响因素和社会语用心理。如简缩构词、仿拟构词主流，偏正型、后空型主流（杨绪明，2014）。

（4）词族具有口语化、随意化、通俗易懂、生动形象、嘻哈揶揄的风格（王琪，2006；孟昭水，2007；赵爱萍，2009）。

文化语言学研究采用“文化认同观”（陈建初，1993），对汉民族特有的文化符号、行为、内涵进行文化思维认同研究（参见同类词研究）。此外，还有基于汉语字词的一致性、字的孳乳与词的分化一致性、字的形象特征与词义的形象特征的一致性等特点（陈建初，1991），从汉字的视觉形象特征和字的直观意向认知特点出发，考察探索“字（词）—文化—认知”之间的关系，如周光庆（2005，2007）、袁媛（2014）、刘彩霞（2009）等学者的研究。

当然，借用的理论还包括词语模（李宇明，2005）、模因论（何自然，2005）、空位理论等（范干良，1989；肖灵，2008）。

当前词族研究关注深层结构认知趋势明显。陈建初（1992）、周光庆（2005）提出语源研究的认知视角，认为词族研究归属语源学，而语源本质上是一种文化心理，词源结构是一种认知结构。因此，词族研究应由原来外在的、音近义通的形式化方式，变为内外相结合的、基于词源结构和词源系统的民族认知心理和民族文化内涵探索。同源词方面，有张仁立（1988，1995）、陈建初（1998，1999）、雷缙碚（2004）、滕华英（2008）、袁健惠（2009）等学者用认知语言学讨论民族认知心理；有周光庆（2005，2007），周光庆、王一军（2001）等学者探索民族文化内涵。同素词方面，学者们分别对外源词汉化进行认知心理探索和对自源词进行民族文化内涵探索。前者主要表现在对体现民族思维方式的认知机制形成多元解读，具体见前文“绪论”中的论述。

不仅如此，当前词族研究关注自身语言思维汉化倾向也很明显。词族表现了人类的共通认知思维。如，词族的词汇化过程与相似性思维的统一：基于相似性的范畴—原型分类；基于语义基因相似性的类化；基于家族相似性的语义泛化；语义相似和词形相似的抽象构式压制与概念整合，从而形成的词族。又如，词族语义结构的生成性。词族构式形成的语言内因最根本的在于语义结构的生成性。认知语言学认为语义结构具有生成性，凝固而词化后，其语境和语义结构相似，因此类化。其余如隐喻、转喻等也是词族反映的共通思维现象。

但语言不仅是共性的，更是个性的。各民族都有自身独特的认知心理，汉民族注重整体性、辩证性、具象性等个性思维充分展现在词族汉化现象上。沈孟璎（1995）认为：对于汉语来说，新的词缀化既有一般词缀的共性，又受到自身语言规律的制约与调节，不可避免地打上某些“汉化”的印记，发掘这些“印记”，才能真正显现出汉语新的词缀化独具的特色，才能较为真实地揭示汉语词汇发展的某些趋势。他认为，新词缀“汉化”具体体现在虚实兼备的语义特征、定位性与类化性的综合、构词功能性的“汉化”印记、仿拟性与能产性的联系、派生词三音节的理据性等方面。陈建初（1998）认为，（汉民族）原始人类以具体形象为特征的表象思维、形象思维和以相似性为基础的隐喻思维模式，产生了同源词。袁健惠（2009）认为，同源词之间相同的词源结构是先民对不同事物作类化思维的结果。同源词的形成是先民认知思维的产物。

本研究归纳的现当代同素词汉化包括：

（1）语言形式的压制与词族模槽汉化构成，如音节压制，模槽的音节与双音节韵律音步。

（2）模标语素化。外源词有音译语素化—词化—类词缀化三个过程，是因为汉字是音节—语素文字，既有语义功能，又有语法功能，不是英语中只表语法意义的词缀。

（3）形式压制和词汇化：词汇词缀造词法与语法内部结构一致性。

（4）词缀化方式与造词方式汉化：修辞、谐音、双关等。

（5）思维汉化仿词造词：辩证思维与仿词造词，如“霸”族词褒义、贬义同形。

（6）语词选择汉化：基于文字与文化认同的新词语模标汉化选择（牟玉华、张国燕，2011）等。

（7）认知优先心理现象：对模槽、模标语词的选择及汉化心理，如“黑客”等。

当代汉语词汇语义研究有两个趋势，一是从古代扩展到现在，研究重心从释义转到研究词义关系、词义发展；二是宏观、微观相结合，由表层的语言现实走向深层的概念范畴。具体表现为词义系统演变研究和词义演变解释性研究。

系统词义演变的描写与语义文化内涵的揭示、解释是语义学重要课题，尤其是词义演变过程与文化思维认同关系，更是当今研究热点。传统词义演变的“扩大”“缩小”“转移”是词义演变的结果，不是对演变规律的总结。词义和词义之间相互联系与制约的关系要由词义的规律性演变来维持和发展，而演变规律本身就是词义系统性的体现。词族正是由词义演变规律制约的、从发生学和亲缘关系角度得到的词汇的组织形式。以词族为单位进行研究，可以深化对词义系统性的理解和认识。

语言研究趋向是从描写型研究向解释型研究转向，突出表现就是重视对语义的研究。通过语义分析来探索某语言单位的形式和功能的由来。就汉语词族而言，同族词中的音近义通以及同素词、同缀词中的词素是词族外在形式化标记，而某一核心类化义，既是词源义，又是同族词、同类词、同素词、同缀词深层次的理据意义和系联聚合的根源。汉语词族的语表形式受到深层概念范畴的制约，而更深层次的动因则需要“文化思维认同”（具有类型性的人类群体在文化建构中表现的倾向性思维，即文化思维）① 来解释。

黄易青（2007）指出，汉语词族研究趋向是：从个别系联发展到求词族系统；从求一个词的理据发展到求词族的语根理据；从词义训诂实践发展到求词义关系，再到词义演化，即意义运动规律②。显然，词族这种词义演化、深层动因解释研究趋向，与词汇语义研究趋向是一致的。

认知语言学认为，深层的概念范畴是人类认知能力在语言层面上的投射，是民族认知思维的集中体现。语言学的终极目标是人类的心智，而思维方式

① 陈昌来．应用语言学导论［M］．北京：商务印书馆，2007：371-372.

② 黄易青．上古汉语同源词意义系统研究［M］．北京：商务印书馆，2007：30.

是心智的集中体现。民族文化心理制约语言的吸收同化，是语言的生成和发展机制。汉语构词发展历史表明，汉语的构词方法及其结果——词族与汉民族思维密切相关。词族研究应从发生学和认知—文化语言学角度探索词的深层意义，把分散的词语系统化、规范化，挖掘背后的民族文化内涵和民族认知思维特性。

第二章　感知义词族的构形、取象、合成与认知机制

"语言是以特定的民族形式来表达思想的交际工具，而同时，语言形式本身又是思维过程的一部分。人类思维中概念的形成，推理的展开，都需要有语言形式的'模铸'才能形成和巩固下来，人的认识才能推进。因而，语言形式和思维形式、思维方式都有密切的联系。各民族的思维方式不同，必然深刻影响与之相应的语言形式，反之亦然。而在语言的各种形式表现中，文字的结构，尤其是表意文字的结构，最直观地体现了一个民族的思维方式。"①

心理动词是记录人类与客观世界互动时产生心理行为或状态的动词。但其内涵和外延则众说纷纭，主要原因就是考察角度——语言学语义、语法划分和心理学心理过程划分不同造成的。在心理学上，"心理过程"和"心理活动"这两个术语一般是通用的。通常把认知活动、情绪活动和意志活动统称为心理过程。因此，根据心理过程的这种分类，目前学界普遍采取语言学和心理学相结合的方法，将心理动词分为情绪类心理动词、意志类心理动词、认知类心理动词三大类。其中认知类心理动词包含感知义、记忆义、思维义、想象义四个次类。心理动词及下位分类见表 2-1。

表 2-1　心理动词分类

<table>
<tr><td rowspan="4">情绪类心理动词</td><td rowspan="2">低级情绪类</td><td>积极情绪类心理动词</td></tr>
<tr><td>消极情绪类心理动词</td></tr>
<tr><td rowspan="2">高级情感类</td><td>积极情感类心理动词</td></tr>
<tr><td>消极情感类心理动词</td></tr>
<tr><td rowspan="2">意志类心理动词</td><td colspan="2">表意愿的心理动词</td></tr>
<tr><td colspan="2">表冲突的心理动词</td></tr>
<tr><td rowspan="4">认知类心理动词</td><td colspan="2">感知类心理动词</td></tr>
<tr><td colspan="2">记忆类心理动词</td></tr>
<tr><td colspan="2">思维类心理动词</td></tr>
<tr><td colspan="2">想象类心理动词</td></tr>
</table>

① 申小龙. 汉字人文精神论［M］. 南昌：江西教育出版社，1995：65.

“感知”的定义是：“接受和加工信息的复杂过程，其结果是有机体形成了对周围世界和自己身体的直观形象。作为对客体的直观反映形式，它可以发现客体的整体性，区分出客体中的个别属性，根据行为的目的而区分出客体中相关的信息内容，构建直观形象。”① 在感知过程中，感觉器官（包括视觉、听觉、味觉、嗅觉、触觉器官等）通过接受外部刺激，首先形成对外部事物个别属性的认识，然后对这些个别属性加以整合，最后形成总体认识。感知是认识的初始阶段，为思维活动提供材料，是知识的重要来源。可见，感知类心理动词应是基于人类自身感官运动经验产生概念结构而获取意义的词类，负载着某种非可视的心理活动或状态的信息。与其他心理动词一样，没有可见的行为轨迹，语义上有较强的主观性、抽象性和体验性。那么，表意汉字是如何表达抽象、内化但又直观的汉语感知义心理活动的呢？表意文字的结构，又最直观地体现了汉民族的哪些思维方式？

为了更好地研究人类认知思维与语言的关系，探索人类与世界互动的起点，本章以汉语独特的复合类型——抽象的单音感知义心理动词词族为研究对象，从表意汉字字形结构出发，分析其语义取象表词模式及动因，继而用合成理论和识解机制探索其意义的构建，并解释功能的非范畴化现象，构拟汉语言原始的组合能力，探索汉民族思维特性。

第一节　感知义心理动词词族的构形

一、感知义心理动词词族的构形特征

陈年福（2001）归纳心理类动词有“畏（畏惧）、每（懊悔）、子（以……为子）、疑（怀疑）、匄（乞求）、气（乞求）”6词②。其《甲骨文词义论稿》（2007）归纳的感知动词有“直（监视）、省（省察）、视（视察）、见（看见）、相（查看）、望（监伺）、观（观看）、闻（闻知）、圣（听闻）”等11词，心理动词有“壬（企求、希企）、求（乞求）、祈（祈求）、乞（乞求）、念（思念）、畏（害怕）、疑（怀疑）、惕（畏惧、戒惧）、诉（欣喜、高兴）”9词③。杨逢彬（2003）归纳感知义心理动词有“闻、悔、讯、听、占、见、刍、省、监、遘、若、佐、佑、畏、告、梦、观、曰、贞、占、呼”

① 孙敏庆．俄语感知动词语义研究［D］．哈尔滨：黑龙江大学，2014.

② 陈年福．甲骨文动词词汇研究［M］．成都：巴蜀书社，2001：16.

③ 陈年福．甲骨文词义论稿［M］．上海：上海古籍出版社，2007：69.

21 词[①]。陈练文《甲骨文心理动词研究》(2005) 将甲骨文中的心理动词分为两类，一类是感知类心理动词，有“目、省、见、监、望、听、闻、观、令、曰、告、呼、启、召、乞、匄、若、讯、贞、占甲、占乙”等词；一类是情态类心理动词，有“畏、悔、疑、刍、梦、丑”等词[②]。可以看出，前贤所说甲骨文时期的心理动词或感知动词概念不一，分类不系统，是包括了视觉、听觉、言语类动词的，同时也反映出这个时期是心理动词的初有时期。

武振玉 (2009) 研究的两周金文中的心理动词全部都是人内心活动的词，可分为表示“恭敬”义的，有“恭、敬、虔、寅、祇、严、翼、恪、齐”9词；表示“喜怒”义的，有“侃、喜、乐、娱、慈、爱、哀、忧、怒”9 词；表示“畏惧”义的，有“畏忌、畏、惧、恐、憏惕、虑”6 词；表示“谨慎”义的，有“谨、慎、恤、忞（小心）、毕”5 词；表示“顾念”义的，有“欲、愿、褱（怀）、念、恤”5 词；表示“荒怠”义的，有“荒宁、宁荒、怠荒、逸康、康、懈、沮、迷惑”8 词[③]。显然，这个时期是汉先民词的心理动词形成时期。

研究表明（胡伟，2012；朱芳毅，2008），直到汉代，心理动词系统才成熟完整，感知义心理动词被认作认知类心理动词的一个次类，详细分类系统见前表 2-1。

笔者从《说文解字》中提取 12 个单音本义及引申义表认知类感知义的心理动词，形成一个同类词词族，考察它们的结构特征及其构形思维。这 12 个感知义心理动词是“知、识、觉、悟、解、释、谙、悉、审、憭、憬、感”。这种以聚类的方式考察人类认知世界的“元概念”的方法，有利于发现其意义形成的总体趋势和深层规律，总结民族认知思维。

(1) 知，会意字。甲骨文从口，从于（同亏，表声气），从矢，用开口吐词如矢，会言词敏捷之意。《说文解字·矢部》：“知，（识）词也。从口，从矢。”[④] 段注：“识敏，故出于口者疾如矢也。”[⑤] 徐锴《说文解字·系传》：“凡知理之速，如矢之疾也，会意。”[⑥] 意思是：只要是认识、知道的事物，

---

① 杨逢彬. 殷墟甲骨刻辞词类研究［M］. 广州：花城出版社，2003：54-61.

② 陈练文. 甲骨文心理动词研究［D］. 武汉：武汉大学，2005.

③ 武振玉. 两周金文心理动词试论［M］//吉林大学中国文化研究所. 华夏文化论坛：第四辑. 长春：吉林大学出版社，2009：181-185.

④ 许慎. 说文解字［M］. 北京：中华书局，1963：110.

⑤ 段玉裁. 说文解字注［M］. 上海：上海古籍出版社，1987：227.

⑥ 徐锴. 说文解字系传［M］. 北京：中华书局，1987：151.

就可以脱口而出。本义为言词敏捷，引申为知道，知晓。

（2）识（識），会意兼形声字。甲骨文和金文同“戠”。篆文另加义符言，以突出有标志则可知之意，成了从言从戠会意，戠也兼表声。隶变后楷书写作“識”。如今简化作“识”，是“戠”的加旁分化字。《说文解字·言部》：“识，常也。一曰知也。从言，戠声。”[①] 本义为知道，了解，懂得。

（3）觉，形声兼会意字。篆文从见，学省声，学也兼表明悟之意。隶变后楷书写作“觉”。《说文解字》：“觉，悟也。从见，学省声。”本义是醒悟，明白。孔颖达《尚书》疏：“常在于学，则其德之修渐渐进益，无能自觉其进，言曰，有所益不能自知也。”

（4）悟，形声字。篆文从心，吾声。隶变后楷书写作“悟”。《说文解字·心部》：“悟，觉也。”[②] 形声，从心，吾声。本义为理解，明白。从“吾”得声的字有“明”义，《说文解字》：“晤，明也。从日，吾声。”段注：“晤者，启之明也。心部之悟，㝱部之寤，皆训觉，觉亦明也。同声之义必相近。”[③] 悟，强调“不清醒、不明白”的状态一下子就“清楚、明白”了。

（5）憬，形声字。《说文解字》：“憬，觉悟也。从心，景声。《诗》曰：‘憬彼淮夷’。”[④]

（6）憭，形声字。《说文解字》：“憭，慧也。”[⑤] 本义明白，明了。段注：“《方言》：愈或谓之慧，或谓之憭。郭云，慧憭皆意精明。按，《广韵》曰：了者，慧也。盖今字假了为憭，故郭注《方言》已云慧了。他书皆云了了。”[⑥]《玉篇·心部》：“憭，意精明也。”[⑦] 由聪慧必通事理引申为对事物明了。

（7）解，会意字。甲骨文从双手，从牛，从角，会两手拨牛角之意，表示在宰牛，小点象征血肉碎屑。金文大同。篆文将双手改为刀。隶变后楷书写作“解”。《说文解字》：“解，判也，从刀，判牛角。”[⑧] 本义为屠宰分割牛，后泛指剖开，事物剖分则道理明，引申为晓悟，知道。

---

① 许慎. 说文解字［M］. 北京：中华书局，1963：52.
② 许慎. 说文解字［M］. 北京：中华书局，1963：219.
③ 段玉裁. 说文解字注［M］. 上海：上海古籍出版社，1987：203.
④ 许慎. 说文解字［M］. 北京：中华书局，1963：223.
⑤ 许慎. 说文解字［M］. 北京：中华书局，1963：217.
⑥ 段玉裁. 说文解字注［M］. 上海：上海古籍出版社，1987：503.
⑦ 许慎. 说文解字［M］. 北京：中华书局，1963：31.
⑧ 许慎. 说文解字［M］. 北京：中华书局，1963：94.

（8）释（釋），会意兼形声字。篆文从釆（分别兽蹄印），从睪（察觉），会目视以分别之意，睪也兼表声。隶变后楷书写作“釋”，如今简化作“释”。《说文解字》：“释，解也。从釆。釆，取其分别物也。从睪声。”① 形声。釆，有辨别、分析义。本义为分辨，解说，引申为事理的解开，事理解开则道理明，故有解释义。解、释同义，解是分解开使道理明，释是分辨使事理明。

（9）谙（諳），形声字。篆文从言，音声。隶变后楷书写作“諳”，如今简化作“谙”。《说文解字·言部》：“谙，悉也。从言，音声。”②《玉篇·言部》：“谙，知也。”③ 本义为熟悉，知晓。

（10）悉，会意字。篆文从心，从釆（辨别义）。会心里辨识清晰之意。隶变后楷书写作“悉”。《说文解字·釆部》：“悉，详尽也。从心，从釆。”④《尔雅》：“悉，尽也。”“釆”（biàn），辨别。心中加以辨别，必可详知其实。本义当为心里辨识得清清楚楚。本义是详尽，引申为知道，了解。

（11）审（宷、審），会意字。金文从宀（房子），从釆（辨别），从口，会于室中细察详问之意。古文另加义符心，表示用心。篆文改从番，番亦为辨别义。隶变后楷书分别写作“宷”与“審”。如今简化皆作“审”，改为申声。《说文解字·釆部》：“宷，悉也，知宷谛也。从宀，从釆。審，篆文宷从番。”⑤ 宀，房屋。釆，兽足。屋里有兽足印，能仔细分辨。本义指详究，考察。所释为引申义。

（12）感，会意兼形声字。篆文从心，从咸（喊杀声震天），会心受震动之意，咸也兼表声。隶变后楷书写作感，是“咸”的加旁分化字。《说文解字·心部》：“感，动人心也。从心，咸声。”⑥《说文解字今释》引钱坫《说文斠诠》曰：“（许）训为动人心，则感动、感（恨）两义皆备，今于感恨之感更加立心。”本义为人心受外界影响而触动、震动、激动。

观察 12 个感知义心理动词的字形结构，发现存在以下共性：

（1）从造字法来说，会意字、形声字是感知义心理动词的词化符号。其中会意字 4 个，会意兼形声字 4 个，形声字 4 个。

（2）从字素构成成分来说，可视、具体的身体感官词是心理动词的必然

---

① 许慎. 说文解字［M］. 北京：中华书局，1963：28.

② 许慎. 说文解字［M］. 北京：中华书局，1963：57.

③ 许慎. 说文解字［M］. 北京：中华书局，1963：35.

④ 许慎. 说文解字［M］. 北京：中华书局，1963：28.

⑤ 许慎. 说文解字［M］. 北京：中华书局，1963：28.

⑥ 许慎. 说文解字［M］. 北京：中华书局，1963：222.

构成字素。其一字素或者是会意字的一个意符，或者是形声字中的声符；另一字素必是意符且为感知世界的工具——身体感官。主要表现为四类：从“心”，如“悟、憬、感、憭、悉”；从“口（言）”，如“知、识、谙、审”；从“目”（视觉），如“觉、释”；从“手”，如“解”。

（3）从字形构造来说，字形结构主体都是两个部分组成（“解”“审”由三部分组成），形成11个“N+N”和1个“V+V”（“觉”，从学从见）构型的合成动词，而不是合成名词。

可见，字形结构隐示感知义心理动词的合成性以及音义来源于身体感官，暗示命名理据，表现语词形、义两方面特征，显现出表意汉字的功能特征。

二、感知义心理动词词族的构形思维

汉字的字形结构是凝结在汉字中的古人造字过程中的思维方式。汉字的造字方式、构形特点都表现了汉民族认识自我和客观世界的个性视角，同时也是汉民族表现思维和心智个性的一种形式。前贤总结的汉字构形思维包括意象性、整合性①、辩证性、主体性②、人本位③、整体联系性④等。我们认为，上述感知义心理动词的汉字构形特征反映了汉民族的人本思维和整合思维。

（一）人本思维

所谓“人本位”，孙雍长（1994）认为：“就是指先民们在创造文字的实践过程中，既以人类自身为主要的认识对象、反映对象，也以人类自身为本体、为中心来认识万事万物，来反映客观世界。”⑤ 申小龙指出，汉先民造字是“取于身又见其为”，以人的自身肌体和行为通于一切事物，是汉字构形的基本方略。古人将世界的结构关系视为人自身的结构关系的延伸，以人的认知图式和行为模式去理解建立外在世界的图式⑥。感知义心理动词也遵循汉字构形的基本方略，表现出强烈的人本主体思维。具体体现在：

1. 以人体的部分入字，凸显自身的主体人本性范畴

古人非常重视人自身的直觉体验，包括视觉、触觉、味觉等各种感官

---

① 黄宇鸿.《说文》叠体字的构形与意象思维［J］. 古汉语研究，2004（1）：73-76.

② 申小龙，等. 汉字思维［M］. 济南：山东教育出版社，2014：119.

③ 孙雍长. 汉字构形的心智特征：下［J］. 古汉语研究，1994（3）：5-9.

④ 吴慧. 论汉字构形的整体联系性［J］. 重庆邮电大学学报（社会科学版），2007（1）：116-119.

⑤ 孙雍长. 汉字构形的心智特征：下［J］. 古汉语研究，1994（3）：5-9.

⑥ 申小龙，等. 汉字思维［M］. 济南：山东教育出版社，2014：127.

感受，并将这种体验加以推广。这种以人为本的观念，反映在造字上，就是以人的视角为本、以人的身体部分为本来参与构字。孙雍长（1994）统计甲骨文的构字形体指出：“古汉字的形体，最初大都是来自客观事物的图象，其中最多的又是人类自身的有关图象。……在甲骨文中，字形结构直接由人体图形或包含有人体图形（包括人体器官、肢体一类的图形）来表意的字，占了总字数的三分之一以上。”① 申小龙指出：“汉字构形的主体思维，最直观地表现在汉字所描绘的事物类别上。”② 甲骨文中，关于人类自己及周围人的字最多，占20%以上，高于其他动物、植物、天象、地理、战争、服装、居住等类别。以人体部分之形作为主体符号参与构形的次之。具体表现在：

（1）汉字的构形直接以“人”形入字而贯彻对主体的认识，如“休”“仁”等。

（2）以人体的部分入字勾勒具有主体性的范畴。以“眼”（目）的符号来说，如正直之“直”取目光直射之形；蔑视之“蔑”取立眉瞪眼踩戈于脚下之形。

感知义心理动词也遵循以人的自身肌体通于一切事物的基本方略，以人体的部分入字凸显自身的主体人本范畴。12个感知义心理动词所涉及的身体部分包括“口”“心”“目”“手”四类。于正安（2002）、苍黎黎（2012）指出，古代汉语心理动词的本义字形（构词）结构与身体感官有关，包括四种情况：第一种情况，以“心”为偏旁的心理动词，如“爱、懂、忘”等；第二种情况，以“亻”为偏旁部首的字，如“（迷）信、佩（服）、企（图）”等；第三种情况，以“讠”为偏旁部首的字，如“计（算）”等；第四种情况，杂类。另外，张明辉（2011）认为，认知类心理动词的语义特征有：[＋认知] 和 [＋反映视域]③。这说明，感知义心理动词是基于人类自身感官运动经验产生概念结构而获取意义的词类。

2. 以人自身行为入字而凸显自身的主体人本性范畴

感知义心理动词遵循的另一个汉字构形的基本方略是以人的自身行为通于一切事物，表现出强烈的人本思维。身体部分入字，不是简单地参与，而

① 孙雍长. 汉字构形的心智特征：下 [J]. 古汉语研究，1994（3）：5-9.

② 申小龙，等. 汉字思维 [M]. 济南：山东教育出版社，2014：122.

③ 张明辉. 认知类动词的界定 [J]. 宁夏大学学报（人文社会科学版），2011（1）：32-38.

是凸显人的自身行为。感知义心理动词没有可见的行为轨迹，语义上有较强的主观性、抽象性和体验性。其词（字）族皆以人体的部分入字，勾勒具有主体性的行为范畴，通过具体的主体行为去隐喻抽象内在的主体心理感受。“知”，“从口，从矢”，会言词如箭一样敏捷之意，象征只有言词敏捷才能表明言说者知道、知晓；“识（識）”，从“戠”，从言，会说出识记就是知道了解之意。杨树达《积微居小学述林》：“识字依事之先后分三义，最先为记识，一也；认识次之，二也；最后为知识，三也。记识、认识皆动作也，知识则物名矣。余谓识字当以记识为本义……许君以知训识者，知字本有记识之义，亦有认识之义。”① 知、识互训为同义词，但“知”是一般的知道，用于深层次的认知比较少；“识”常常指比较深的认识、需要学习摸索的认识，故有“识大体”“识水性”“识字”之说。“知”传递的是一些粗浅的闻知信息，“识”凸显的是对标示的识别产生的知识，是指较为深入的认识和探索积累的认识，因而有“识别、识见、识货、识家”等说法。“谙”，从音，从言，音是音信、信息的意思，当然是熟悉信息才能说出信息，所以本义是熟悉，知晓。显然，字形从言、从口，表明只有用口说出的言辞，才是知道、知晓。

人类都是以身体感官去感知世界的。身体感官不同，导致感知世界的行为方式不同，信息加工过程中的作用也不尽相同，当具体的行为规约化后便形成词义概念。总的来说，感知义心理动词都是用具体的、规约的主体行为方式去隐喻抽象的、内在的主体心理感受。身体感官行为不仅表示具体、外显的身体经验行为，还表达身体感官行为产生的实时的、抽象的、内在的感官体验。

（二）整合思维

整合思维是指人类在认识事物的时候都会将感知对象看作一个完整的认知单位。人的身体部分入字，不是简单地参与构形，且是凸显人的自身完整行为。因此，构建字素不是简单地相加，而是把所有构字字素整合为一个完整的行为过程，而这个过程就是一个心理完形，一个认知单位。在汉字构形中的表现，就是汉字的二元并置整合思维。感知义心理动词由会意字和形声字两种合体字组成，它们的组合实际上是一种二元并置整合，整合的结果实际上是一个连贯的语篇。只是会意字是一种二元意化整合，形声字是一种二

① 杨树达. 积微居小学述林［M］. 北京：中国科学院出版社，1954：9.

元类化整合。

1. 会意意化整合

古汉字象形字最先出现，古汉语基础词汇中，很多是具体有形的客观外物，这些名词的所指对象，界域是清晰的，形感是鲜明的，所以先民们凭着完整的直观成象的思维经验来象形造字。

见形知义的会意字所记录的词大部分是动词、形容词，它所表现的是人们对人的动作、事物的性质、状态的感受、认识与理解，也就是人们的经验或体验。而这样的一种经验或体验在会意字中主要是通过对构成会意字的字素所具有的意象的类比和联想体现出来的。会意字内部字素无论按何种规则——空间位置、因果关系、类属主次、时间顺序去进行组合构建，人们的认知却始终被看作一个心理完形。构形思维具有意象性和完形整体性特征。构形存在明显的意化整体比合性（合成性）。它不同于单纯的直观成象的象形字和指事字，也不同于半形半声的形声字。如“知”“识”“感”“觉”是符号会意，“解”“释”“悉”“审”是图形会意。周光庆（2009）分别称其为“思想的图解”和“象征性图式”，前者产生“合义会意”字，后者产生“组形会意”字①。

2. 形声类化整合

形声系统的确立，最重要的标志是形符的系统化。任何一个形声字都可以分成形符和声符两部分。形符是形声字中表意的构件，它代表某种事类，而不是该形声字的具体意义，只是词义存在与引申的源头，所以形符可以称为“类符”。类符的产生是古人对世界认知范畴化的结果。早期的象形字是先民所认知的基本范畴层次，一开始并没有被视作类的代称，但随着人们认知水平的提高、思维的抽象化，一些象形字、指事字逐渐变成某一类事物的代名词，被用以合体造字，形（类）符就产生了。但不管怎么使用，其作为基本范畴的义素是不可或缺的。形符的这一源性特征，可以让识字者很容易从经验中提取其基本范畴，再通过声符联想而获得某形声字的确切意思，因此形符具备了同化旧字和创造新字的作用力。由“谙”“悟”“憬”“憭”可以看到，“心”已经类化为“心理”，“言”也因“言为心声”类化为“心理”了。

① 周光庆．从认知到哲学：汉语词汇研究新思考［M］．北京：外语教学与研究出版社，2009：323．

第二节 感知义心理动词词族的取象—表词模式

汉字造字的基本过程是观象、取象。汉字字形结构视而见义，其字形来源于造字主体心智中的意象，字形通过唤起认知主体心智中的意象而指向所表达的概念。词的所指对象依照认知经验会在人的心目中形成一定的心理意象，可以称之为“语义取象”①。语义取象不但是词义的经验内涵，也是汉字造字表意的心理基础。它表明汉先民选取符合其心理意象的文字形体来构型表意，形成固化的符号。认知主体心智中的意象固化后形成取象—表词模式，它既是概念结构的抽象，也是字形结构的投射源。

一、感知义心理动词的取象—表词模式及具体类别

感知义心理动词词族有 4 个会意字、4 个形声字和 4 个会意兼形声字。形声字，是半形示意的复合体汉字，意符（形符）以具体事物为取象来源标指义类，一般只表示字义所属的大致范围。声符虽也以视觉形象出现，但它并不由视觉而直接解悟符号所指。会意字是直接承接绘画文字而来的意象组合合体字，是先民“事不可画，故集画以表之”的结果。王作新（1997）进一步指出，《说文解字》小篆系统的 9353 个正体字，会意字有 829 个，除“进”“到”两字外，其他都是全形示意（平等并峙，彼此交合共同生成一个新质，表达一个新的含义）的复体字，即以意象作为思维媒介，由“画面”形象直观地但又是整体系统地把握解悟事物。可以说，整体识解是会意字的特征②。夏军（2014）认为，表动词的会意字中，其取象—表词模式有很多是所表动词的同质聚合概念加上修饰限制概念组合而成③。同质动词概念，一般是指所表动词的上位概念，它们大多是处于认知的基本层次上的常用动词概念，如“祭”“返”中的“示”“辵”。动词的修饰限制概念分别由位于（根据其与所表动词语义关系的紧密程度）核心层的表工具、方式、时间、空间等概念，位于中间层的表施事、受事等概念，外围层的表目的、结果等概

① 赵倩. 语义取象对词义组合与发展的影响［J］. 大理学院学报，2011（7）：48-52.

② 王作新. 《说文解字》复体字的组合与系统思维［J］. 北方论丛，1997（5）：102-105.

③ 夏军. 试析《说文》表动词会意字的取象—表词模式［M］//教育部人文社会科学重点研究基地，华东师范大学中国文字研究与应用中心，华东师范大学语言文字工作委员会. 中国文字研究：第二十辑. 上海：上海书店出版社，2014：132-138.

念构成。一般而言，动词会意字中，总共有八类取象—表词模式：①同质动词概念＋动词的修饰限制概念；②同质动词概念＋受事；③同质动词概念＋施事；④动词的修饰限制概念组合；⑤动词的修饰限制概念＋受事；⑥动词的修饰限制概念＋施事；⑦施事＋受事；⑧其他。

根据对12个感知义心理动词各词的组成字素的观察，我们认为感知义心理动词词族的取象—表词模式表现为五类。

（一）动词的修饰限制概念＋声符：悟、憬、憭、谙

动词修饰限制核心层的具体事物——感知工具“心”或“言”加上声符。这是一种缺省所表动词的同质概念组合。因为形声字构式压制，它将所表动词的修饰限制概念所标指的意符和音符组合起来，暗示所缺省动词的义类。

（二）动词的修饰限制概念＋受事：知、解、审、释

“知，从口，从矢”。处于动词修饰限制核心层的工具“口”加上中间层的受事“矢”，“矢”是比喻的投射源，看作广义的受事；“解”，处于动词修饰限制核心层的工具“双手”加上中间层的受事“牛角”；“审”，处于动词修饰限制核心层的工具“口”加上受事“釆”；“释”，也是工具“目”加上受事“釆”。

（三）施事＋受事：感、悉

外显的听觉刺激“咸”和视觉刺激“釆”作用于内“心”中，施事加上受事。

显然，（二）（三）归纳的是造字者无法用外显的字形描述因受到外界刺激而产生的内隐心理行为，造成同质概念动词的缺省。造字者采取的认知策略只能根据某一动作行为的工具或者施事与典型受事之间存在的密切关系，这种紧密程度到了抽去其中的动词，并让人定向联想该外显动作行为产生的内隐心理状态。

（四）异质动词概念＋受事：识

言说标示，但“言”并不是所表同质动词的上位概念，所以是异质动词概念，即异质动词概念＋受事。

（五）异质动词概念＋动词的修饰限制概念：觉

“觉”从学从见，但“学”也不是所表动词的上位概念，“见”指结果，所以是异质动词概念＋结果。

（四）（五）归纳的都是缺省所表动词的同质概念组合。（四）是将外显所

表动作行为概念和受事组合起来，（五）是将外显动作行为概念和结果组合起来，共同陈述整个事件，暗示与外显动作相关所缺省的心理动词。很多动词对于其搭配的受事是有特殊要求的，于是造字者就将这些特殊的受事作为构形字素的一部分加入造字过程中。

综上，语义取象是认知的结果，是思维对语言和文字的制约，这种影响不是单个的、孤立的，同类型的取象会反映在意义有关联的词和字上，形成多个形体与语义取向的系统对应。上述会意、形声字形结构系统对应的五种语义取象模式可简化为“动词的修饰限制概念＋X”（X为非同质动词概念）。

二、感知义心理动词的取象—表词模式的特点及成因

以上五种语义取象模式，（一）为形声字取象表词模式，（二）（三）（四）（五）为会意字或会意兼形声字取象表词模式。感知义心理动词词族取象表词模式有两个特点：一是同质概念动词缺省，二是“工具”取象和“受事”取象参与构形比较多。由于同质概念动词缺省，只能由不同层次中若干动词的修饰性限制概念交互组合来构形，暗示所缺省的动词，其中“工具”取象和“受事”取象参与构形比较多。

我们认为构成上述取象—表词特点的原因有四：

一是因为认知基本层次范畴中缺少相应的表内隐的同质动词概念。这是汉字可视物象之本与心理动词表义抽象、内化非可视之间的矛盾所致。

二是其修饰限制概念在认知上具有更大的价值，且构形字素受到汉字空间布局的限制，因而内隐同质动词概念不得不缺省。如作为“工具”取象的人类感官“心”“手”等，是人类与客观世界互动的初始中介，在认知上有凸显价值。再如“解”“审”凸显的都不止两个意象，受汉字空间布局限制，所以内隐同质动词概念缺省。

三是甲骨文动词会意造字规则的延续。雷缙碚（2014）指出，“甲骨文表动作的会意字，字形常刻画出该动作的发出者、承受者以及动作所涉及的工具”①，因而“施事”“受事”“工具”取象多，同质动词概念缺省。甲骨文中由“施事＋受事”相组合的二合会意字有50％的成字率，由“工具＋受事”相组合的二合会意字有82％的成字率，由“施事＋工具”相组合的二合会意字有57％的成字率。上述8个会意感知义心理动词承接甲骨文同质动词概念缺省的造词模式，“施事＋受事”类2个，占25％；“工具＋受事”类4个，

---

① 雷缙碚．甲骨文“施事”、“工具”、“受事”字符的表义功能比较［J］．哈尔滨师范大学社会科学学报，2014（4）：83-85.

占50%；其余为“动作+受事”类2个，占25%，均是二合会意字。相比而言，“受事”“工具”取象表义比“施事”强，因而参与构形较多。

四是汉字造字法使然。汉先民以形体结构为词造字表现词义。如果面对有形状、所指具体的词，往往选择象形和指事；如果面对无形状，所指抽象、含义深刻的词，则感到单个意象的不足。因而包含两个意象所指的会意字和意在指称抽象词义的形声字产生，无形可象的内隐心理动词只能选择会意和形声为其造字表义。

字形结构分析表明：表意汉字既是汉语词的书写符号，又是所指事物的词汇意义的信息表征，是具有双重编码（图像编码和语言编码）的类比表征，它与所表征的事物具有同构关系。语义取象分析表明：字形结构编码—语义取象—表词模式是图像结构编码—意象图示的投射结果。感知义词族造字目的在于语义取向外显，用感知世界的工具描绘整个感知世界行为转指内隐行为感受，固化为字形。受汉字造字法影响，字形结构与“动词的修饰限制概念+X”语义取象模式系统对应。

第三节　感知义心理动词词族的概念合成和非范畴化

感知义词族构成字素及其合成虽然显示了身体感官及其行为的意象，但所指并不是知晓、明确等心理行为意义。如“知”，从口从矢，字形结构所反映的是两个左右并置的名词，并不是概念结构及其投射，不能产生本义“言词敏捷”，更不能产生引申义“知晓”。这说明，感知义的合成是非组合性的概念整合（non-compositional conceptual integration），概念合成后的整体意义并非组成部分的简单相加，静态的语义取象模式无法反映动态的概念合成。

一、感知义心理动词词族的概念合成

如上一节所述，感知义词族是由“N+N”中两个名词和“V+V”中两个动词降级为语素组合成的复合动词。刘叔新（1990）指出，复合词结构“是两词素的概念意义相结合而造成的词汇性的结构关系”，这种结构关系的决定因素是词根间的意义结合关系①。复合词整体含义是构成成分的语义内涵以及彼此之间的语义关联合成。

Fauconnier&Turner（1998，2002）的概念整合理论是探索信息整合和

① 刘叔新. 汉语描写词汇学［M］. 北京：商务印书馆，1990：76.

意义建构的理论框架，它涉及心智空间网络动态认知模型的运作过程。运用在线的、动态的认知模式，将来自不同认知域的框架结构结合起来，形成一个可以在交际过程中不断得到调整和修改的心理空间网络，灵活动态地进行意义构建。心智空间网络是随着交流的进展，由言语表达刺激而动态地建构起来的。它一部分由已知的元素和关系构成，另一部分则由背景知识建构而成。该理论可以对感知义复合词整体含义的构建以及彼此之间的语义动态关联做出解释。

根据概念整合理论，我们认为，感知义心理动词所表现的词义是汉先民合二为一的心智概念整合后产生的浮现意义，是两个语素及其携带的认知框架输入不同的空间后有选择性地在合成空间投射、整合的结果。概念整合的本质是关系的整合，因为信息的输入空间之间的连通依靠的是关系，是连通关系将概念空间与概念空间连通起来才形成了认知网络。其整合类型根据心理空间组织框架的角度，分为基于相关性事件的截搭型整合和基于相似性事件的糅合型整合，其中基于相似性事件的糅合型整合包含四个次类——简单型整合、镜像型整合、单域型整合、双域型整合①。

下面我们根据各词凸显的认知意象、本义与引申义之间的关系来构建意义，并分析所反映的整合关系和整合类型。

“知”，突显意象为“口、矢”，用箭的速度比喻说话的速度，用特征相似性整合产生“说话快”的浮现意义，是特征相似压制的单域型整合，引申义“知晓”则是本义“言词像箭一样快”产生的语用回溯推理形成。

“识”，突显意象为“只、言”，因为能识别标示所以才能说得出来，因此浮现意义是“知道”，是因果关系压制的截搭型整合。

“悉”，突显意象是“釆（视觉）、心”；“感”，突显意象为“咸（听觉）、心”，均是感知对象触动感知处所——人的内心，转指由此产生的浮现意义“知道”“震动”，属于镜像型整合。

“解”“释”“审”，突显意象分别是“手、牛角”，“目、釆”，“房、釆、口”都是从事件认知背景中，分离出突显的感知工具和感知对象，共同转指整个感知行为，表示获取信息的方式。这是部分—整体压制的单域型整合。

“觉”，从学从见，突显感知行为和结果，这是因果关系压制的截搭型整合，转指学习后的结果必然是“明白、醒悟”。

---

① 吴为善. 认知语言学与汉语研究［M］. 上海：复旦大学出版社，2011：265-270.

“悟、憬、憭、谙”为形声字，是形式与意义合成的简单型整合。其心旁只表示大致的范围——语词所指思维活动的处所，转指心理行为。

认知语言学认为，任何表达形式都是发话者、受话者心中概念的激活，新的意义是话语与话语互相适应情况下动态交融产生的，话语之间的系统关系特点把意义限定为字面编码意义和突显意义，并指导结构整合空间。感知义心理动词词族的突显意义则是人类感知世界、处理信息时的语境适应心理关系系联认知的反映。

二、感知义心理动词词族的非范畴化

感知义词族形成的“N+N”或“V+V”构型，虽然简约自然，形象具体，但两个词素之间的语义关系变化无常，认知过程复杂多样，尤其是成为合成动词而不是合成名词，产生非范畴化现象，需进一步探索。非范畴化源于语言实体在认知和交际过程中不断获得的新的意义和功能，体现为词、构式等的多义性。笔者认为，其意义的多义性表现为“N+N”结构简单却语义蕴涵丰富，原因是语言的创新，产生的方式是概念的合成；其功能的多义性表现为范畴的转移，其产生的方式是非范畴化。也就是说，语言实体在认知和交际中由于概念合成产生浮现意义的同时，其构成成分由于功能发生转移而产生非范畴化。非范畴化，在语言研究层面，是指在一定的条件下范畴成员逐渐失去范畴特征的过程；在认知方法层面，是一种思维创新方式和认知过程。

三、“N+N”和“V+V”概念合成动词的句法关系

词汇语义合成的过程被看作句法规则在词汇层面上的凝固，对此 Givo'n（1974）说过，今天的词法就是昨天的句法。仅有的“V+V”构型形成动补式句法关系，“觉”中字素“学”表示动作行为，“见”对动作行为进行补充说明，其余 11 个感知义心理动词共享一个“N+N”概念合成构型，其组成的各单字素之间构成三种内在句法关系类型：

（1）主谓式。组成会意字的各单字的意义之间有陈述与被陈述的关系，即对行为主体进行叙述、描写或判断，如“知”，“矢”对主体“口”进行陈述。有时，陈述部分是一个支配性的动作，其所支配的对象也连带而出，形成主谓宾式意义结构。也有动作的发出者和承受者都出现，谓语从组合形态中隐含的情况，如“感、悉”。

（2）动宾式。构成的会意字的各单字中，一个表示动作行为，另一个表示动作行为所支配或涉及的对象，如“识”；有的表示动作行为的部分本身往

往不是动词，而是由表工具的名词来表示，如“解、释、审”中的“刀、目、口”，这种现象与名词常常引申为动词或用如动词是一脉相通的。

（3）偏正式。四个形声字，其义符摹写事物的表象，是事物外在表象范畴化符号，为“义类”；声符表达事物的自性和人的主观认识，是事物内在特性范畴化的符号，为“义核”。“义类”“义核”合成偏正式句法结构。

复合是汉语能产性最强的、表达新概念的构词方式，但构型与内在句法关系没有必然联系，构型相同，其句法关系类型不一定相同。同为“名词＋名词”，“知”为主谓式，“解”为动宾式，原因在于合成的动态性。

四、“N＋N”和“V＋V”概念合成动词的语义特征

同概念合成名词一样，概念合成动词语义也有创造性特征：一是理解的多样性。虽然从句法上讲，概念合成动词只有两个部分，但我们可以用很多方式来理解它们，上面列举了四类句法关系，但这不是穷尽性的。二是理解焦点的多样性。它指在新创的“N＋N”中，可以有中心词，表现为向心结构，也可以没有中心词，表现为离心结构。三是词素的多义性。同一个词素在不同的合成中有不同的理解。比如，“口”在“知”中是“言辞”，在“审”中是“细察详问”。四是语义的丰富性。合成概念的理解中包含各种语义上不太相关的不同的世界知识。“释”“审”“悉”，都从“釆”，取分辨之意，但“释”是观察辨别所得；“审”是询问辨别所得；“悉”是心中辨别所得。五是语义的凸显性。其指合成后动词的典型语义特征不是构成要素的简单相加。

五、“N＋N”和“V＋V”概念合成动词的句法功能

从句法功能来看，感知义词族除“V＋V”外，“N＋N”构型产生的都是合成动词不是合成名词。“N＋N”复合词分为向心结构和离心结构。向心结构是指复合词中的一个成分起到中心成分作用，其自身的句法功能等同于整个复合词的句法功能，并决定整个复合词的语义中心，如“apple tree”，其中心意义是“tree”。这类复合名词的语义相对透明，可通过分析其组成成分的语义来推导出复合词的意义。离心结构是指复合名词中任何一个成分都不代表中心成分，不能决定这个复合词的句法功能，整体语义相对模糊，不能由其组成成分的语义来推导。据此，复合感知义词族都可以看作是离心结构复合词，其语义具有晦暗性，不如向心结构复合词那样有透明性。它们的产生往往与隐喻和转喻相关。

为什么感知义“N＋N”结构造成合成动词而不是合成名词？概念合成名

词的前提是，在大多数情况下，居前的名词为修饰词，凸显的是陈述性意义，即性质意义。而其后的中心词N是提供整个词范畴结构的词，构成整个词的认知基础，表示“类”的概念，表现为向心结构复合词，所以有特征映射型、混合型、合成型语义关系。而合成的感知义词族虽然也是“N+N”构型，但没有名词是中心词，表现为离心结构复合词。因而内在句法关系是主谓、动宾、动补，两个名词之间的关系被识解为事件认知框架，句法功能发生转移，由指称转变为陈述，因而成为合成动词，感知义词族“N+N—V”整体产生句法功能转移的非范畴化现象。

总之，“N+N”和“V+V”表面上看起来是一个简单的结构，但是该结构所体现的句法关系与句法功能、语义与思维的创造性与灵活性却是极其丰富的，不仅在表意上有概念合成产生的浮现意义，在语法上也有非范畴化产生的功能转移现象。

第四节　感知义心理动词词族的概念合成的认知机制——识解与压制

朱彦（2004）认为，复合词词素之间是一种近似于意合的、任意性比较强的结构关系。实质是根据母语者的理想认知模型（ICM）对意象和意象的关系形成有序动态识解。感知义心理动词词族构型“N+N”中各名词意义都不同程度地不同于它们通常的所指意义，这说明在进行概念合成时，意义都发生了变化，而促使这些变化的根本动因在于识解和压制。

一、识解

识解是一种普遍的认知过程，由于想象的作用，它能将某概念内容以不同的结构或途径组织起来，能灵活地、创造性地构造语言单位和语义上相关的合成概念。也就是说在思维过程中，同样的概念内容可以用不同的方式呈现出来，从而产生不同的效果。识解包括细节化、背景化、视点、范围和显性度五个方面的认知特征。根据识解的认知特征，我们认为感知义心理动词词族概念合成所涉及的识解策略主要是事件认知框架整体识解和感知工具凸显识解。

（一）事件认知框架整体识解

从语义构词的角度来说，取象成词的结果——语义结构在本质上是一种认知场景或认知框架，是框架成分在语言表层上的投射。认知框架，既是人类对认知对象范畴化的结果，又是人类根据经验建立的概念与概念之间的各种相对固定的关联模式，是“自然的”经验类型（沈家煊，1999）。客观世界由独立存在的个体和个体与个体之间的关系活动或事件组成，相应地，人类对客观世界范畴化的结果是非事件认知框架和事件认知框架。个体与个体的固定关系投射到思维，形成概念关联模式，即概念联想模式和概念组合模式。概念联想模式在语言表层通过词语直接替换实现，概念组合模式与句法结构形式存在对应关系。如偏正结构对应非事件认知框架，主谓、动宾、述补等对应事件认知框架。

从发生学角度来说，感知义心理动词是认知主体在感知世界和信息处理行为中产生的心理行为或状态，但感知义心理动词没有可见的行为轨迹，在语义方面有较强的主观性和体验性，先民在造字时常常既无法刻画，又无法用同质动词概念直截了当地“互训”，造成认知基本层次中心理动词概念的缺省，只能采取迂回描写的策略——尽可能整体描绘外显的事件认知全过程转指由此产生的内隐感知心理行为或状态，因此，事件认知框架是感知义在认知主体心智中产生的初始完形意象，整体识解是首选的识解视角。

（二）感知工具凸显识解

并非框架中所有成分都能现实化为语言，只有经过透视域（perspective）筛选的场景因素才能进入语言。也即虽然词义形成的认识基础是一个个事件场景构成的知识网络，但词素来自人的认知域中受注意的框架成分，而识解制约认知框架中受注意的成分。

人类语言的形成基于经验感知和主客互动。身体感官既是人类认识客观世界的初始中介，又能可视取象，因而认知显著度较高，是重要的突显意象和凸显论元，现实化为字素也比较普遍。“身体经验是心理状态的词汇源”（Sweetser，1990）。汉先民使用不同的身体感官——口、手、目、心等作用于客观世界，产生不同的体验和心理行为，获得不同的感知义心理动词意义，用命题的方式进行表征，并分别用会意字和形声字词符化。但心理动词表义抽象内化使得认知基本层次中内隐同质动词概念的缺省，形式单位两个输入口的压制使感知世界的工具——身体感官成为必然的突显意象。在整体识解视角制约下，它们成为事件认知框架中受注意的框架成分，现实化为字素。

总之，由于认知基本层次的内隐同质动词概念的缺省，也由于语词形式要求的压制，以人类认知中介——身体感官以及身体感官参与的外显行为的动词修饰限制概念作为取象字素，如“工具”“受事”等（隐含框架中的其他成分）共同形成相对固定的概念关联模式，整体构成感知世界、信息处理行为，转指该行为产生的感知义心理状态或行为，投射在语言表层，形成会意字、形声字语表结构。可以说，取象—表词模式是概念组合模式在语表层面上的投射，是认知框架识解的结果。以身体感官为突显意象的事件认知框架表现在语言形式层面的就是具有陈述功能的动词句法形式。

二、压制

汉语具有区别于英语的显著特点——会意和形声构词法。它们是抽象词义造字的必然选择，造字形式压制，产生二合一概念合成动词。从字形特征来说，会意字、形声字只有两个字素输出口，只有两个凸显论元才能取象并现实化为字素。具体而言，在感知义心理动词概念化过程中，一部分受会意字输入单位要求压制，主体从感知世界、处理信息行为的事件认知完形背景中，逐渐注意并分离框架中的两个凸显成分，即参与感知世界的工具——身体感官意象＋X，X 或为行为对象，或是行为结果，它们共同组成相对固定的概念关联模式——感知行为意境，形成“画面”式意象组合——感知义心理动词的事件认知框架。身体感官和行为对象、行为结果分别取象为“工具”“受事”和“结果”，现实化为字素。同时，框架内其他成分隐含。如“解”，在这一框架中，有“施事—工具—动作—受事”四个要素，只有“工具”（手）和“受事”（牛角）成为凸显取象现实化为显性语素，其余则是隐性的语义成分。同理，一部分受形声字输入单位要求，主体从感知世界、处理信息行为的事件认知完形背景中，逐渐注意并分离框架中身体感官意象作为“工具”取象，且作为整个语词的类指符号。这时具体的动词修饰限制概念——身体感官是一种指示、一种约定。

根据前文字形结构及意义分析，感知义心理动词的造字类型、构型字素、感知感官、取象结构和内在句法意合关系、整合类型可归纳见表 2-2。

表 2-2　感知义心理动词整合

例字	造字类型	构型词（字）素	感知感官	取象结构	句法意合关系	整合类型
知	合义会意	口、矢	口	工具＋比喻对象	主谓	糅合单域
解	组形会意	手、牛角	手	工具＋受事	动宾	糅合镜像
审	组形会意	房子、口、釆	口	地点＋工具＋受事	动宾	糅合镜像

续表

例字	造字类型	构型词(字)素	感知感官	取象结构	句法意合关系	整合类型
悉	组形会意	采、心	心	施事＋受事	主谓	糅合镜像
识	合义会意形声	言、只	口	行为动词＋受事	动宾	截搭
感	合义会意形声	咸、心	心	施事＋受事	主谓	糅合镜像
释	组形会意形声	目、采	目	工具＋受事	动宾	糅合单域
觉	合义会意形声	学、见	目	行为动词＋结果	动补	截搭
悟	形声	心、吾	心	形类＋声类	并置关系	简单糅合
憭	形声	心、尞	心	形类＋声类	并置关系	简单糅合
憬	形声	心、景	心	形类＋声类	并置关系	简单糅合

【说明】并置关系是一种衔接手段，是语篇句法化后的关系，表明构成元素具有同等地位，并组成一个连贯的语篇。

汉语造字法是民族思维在字形上的凝固。感知义词族抽象思维表意需选择合二为一的会意、形声，是汉字造字法使然，也可以说是形式对表意的要求。

汉字构形的内在机制和外显方式是汉民族认知方式和思维模式的一种物化形式。汉语独特的复合类型——抽象的单音感知义心理动词词族产生了以下形式与意义关系的聚类对应现象：①身体感官字形是系统表征心理动词的外化标识；②心理动词的抽象非可视语义特征及认知基本层次范畴必然缺省与外显概念动词缺省语义取象模式系统对应；③合二为一的形声、会意词化机制使“N＋N”和“V＋V”构式合成后均产生抽象、内隐的心理浮现意义；④“N＋N—V”构型与动词句法关系（主谓、动宾、动补）系统对应，与句法功能指称变为陈述的非范畴化现象系统对应。本研究认为，这些规整的语言聚类现象深层次的认知机制在于汉民族的整体思维观的识解策略和合二为一的构词策略，其中识解策略包括事件认知框架识解和人体感知工具凸显识解。

第五节　感知义心理动词词族与汉民族认知思维

语言是思维的结果。每个单音感知义心理动词的形成都会经历概念合成、语义取象、构形造字三个阶段，每个阶段都体现着人类认知思维共性和汉民族认知思维个性以及认知的深化。

人类学和思维科学的研究成果显示，原始人类思维有着与现代文明人思维很不一样的特点。我国学者张浩（1994）从发生学的角度系统研究原始思维的产生及其发展，将原始人类思维发展分为三个基本阶段，即直观的动作思维、具体的形象思维和类化的抽象思维①。其中第一阶段是以具体事物为对象、以直观动作为轴心的实象思维活动，即思维活动离不开具体的实物形象。第二阶段是以具体性和形象性为主要特征的表象思维，它缺少概念，是借助于听觉、视觉等具体的表象形象来进行思维的。第三阶段是略高于形象思维的意象思维，还不是科学意义上的抽象思维。所谓意象，是一种由表象概括而形成的意识中的理性形象，人们将事物直观的表象特征进行加工处理，据其相似性进行类化，形成一种类化意象，由此去认识和把握周围世界。

“汉字体系是中国文化史上第一项伟大的民族心智系统工程。”② 从汉字构形发展史，即形成过程所反映的思维历程来看，其构形方式经历了象形—意化—形声三个阶段③。象形阶段，先民描绘直观物象构形成字。后构形的物象性淡化，汉字由象形符号发展演变为表意符号，进入意化阶段，通过意符的关系和累积体现构意，形合或义合成字。后汉字符形逐渐简化，字形所表现出来的意义信息逐渐淡化，为加强表意功能，增加意符或声符，形成形声字。三个构形阶段分别对应原始人类思维发展的三个阶段特征：象形阶段体现直感思维，指原始先民由感觉刺激而进行思维，即将感知到的客观世界直接形成于图像，固化于文字；意化阶段凸显具象思维，是在直觉思维的基础上发展而来的，是把具体形象与抽象意义结合起来的符号性思维，是通过具体形象来表现抽象意义的思维；形声阶段凸显抽象类化思维，在具象思维的基础上进一步抽象，将构形元素类化为形符和声符两种抽象的认知范畴。形符是形声字中表类的构件，它代表某种事类，是词义存在与引申的源头，而不是该形声字的具体意义。声符也起着示源功能和发音功能类化范畴作用。

从汉字构形的思维结果来看，汉字构形方式是一个历时动态演进的系统④。统计表明，在以甲骨文为代表的早期汉字中，象形、指事、会意结构

---

① 张浩．思维发生学：从动物思维到人的思维［M］．北京：中国社会科学出版社，1994：94．

② 孙雍长．汉字构形的心智特征：上［J］．古汉语研究，1994（2）：80-85；59．

③ 郑振峰．从汉字构形的发展看汉字的性质［J］．古汉语研究，2002（3）：27-30．

④ 黄德宽．汉字构形方式：一个历时态演进的系统［J］．安徽大学学报（哲学社会科学版），1994（3）：63-72．

类型的汉字所占比例超70%，形声结构类型的汉字不足30%。《说文解字》小篆系统，象形、指事、会意结构类型的汉字不足14%，形声字超过30%。到楷书早已定型的宋代，象形、指事、会意结构类型的汉字降至6%，形声字超过96%。这也是原始人类直观思维、具象思维和类化思维等共性思维在汉语历史上逐次进化的结果。

汉语感知义心理动词词族的形成经历概念合成、语义取象、构形造字三个阶段。概念合成阶段的事件整体识解思维和感官凸显人本思维，语义取象阶段的意象、类化思维，构形造字阶段的人本思维和合二为一的整合思维，都是汉民族认知思维个性。比如，汉语感知义心理动词词族的语义取象表明：汉先民的原始思维的直观形象性特点，使得原始人类在认识客观世界中的新事物并为之命名时，总是从直观入手，根据以往的经验，借助表象思维组成意象思维，抓住那些直接作用于人体感官的外观表象特征，概括而形成意象，并对许多的“象”进行加工处理，加以“类化”后形成一种“类化意象”，形成“感知工具＋X”取象模式作为创作新词的理据。在这样一种认知模式下，新词与旧词之间即具有了某种表象或意象的相似性。

非范畴化是认知思维的深化。如果象形、指事造字是范畴化，那么会意、形声造字就是非范畴化。人类的认识在不断范畴化的过程中实际包含了一个非范畴化的阶段。范畴化是人类给世界分类建立秩序的途径，实现认识过程中的经济性，非范畴化则是语言变化与发展的途径。刘正光（2006）认为，“非范畴化”在语言研究层面，是指在一定的条件下范畴成员逐渐失去范畴特征的过程；在认知方法层面，是一种思维创新方式和认知过程。感知义词族的非范畴化主要体现在隐喻、转喻构词和句法功能由指称转移为陈述。以“知”中“口”“矢”为例，在语言使用上，“矢”承担形容词功能；在方法上，“口”“矢”都是以现有语言资源表达说话人想表达的特定思想内容，它强调原有概念在认知发展过程中的作用以及人类知识的相互作用与联系；在认知操作上，“口”是用转喻的方式扩展名词原有的意义，“矢”是用隐喻的方式扩展名词原有的意义，两者合成整体再共同转指浮现意义，以范畴隐喻、转喻实现范畴身份转变。名词的基本语义特征是指称，名词非范畴化的基本特征就是产生语义抽象与泛化，丧失它原本具有的句法限制，并产生功能转移。范畴化向非范畴化发展是人类认知深化的结果。

汉字的形成和创制，无不渗透着汉先民对客观世界的观察和思考，是其自身的认知思维能力、认知思维水平和认知思维方式的具体生动体现。

第三章　“感”“觉”同素词词族系统性与认知思维

汉语词族的形成是构词法产生的语言现象。汉语词汇由单音走向复音，构词方式也由单音构词向复音构词转变。“单音节的构词手段主要是词义构词和音变构词。”[①] 其结果是，词义构词产生多义词，音（形）变构词产生同源词。西周—战国时期是复音化发展时期，汉至现代，复音结构构词法逐渐成为造词法主流，其结果是，同源词日益稀少，大量同素词产生，系联成词族。

汉语词汇史表明，语义不断引申发展而语音、语形不变的词义构词，与语义不断引申发展而语音、语形也不断相应变化的复合、派生构词相伴而生。词义构词的结果是词的本义及其引申、派生出的诸多义项一同构成了词义的内部系统。复合、派生构词的结果是由一个词衍生出一个同源、同素词族，词族中的诸词和根词就构成了词义的外部系统。大部分词典的体例是：单音节词的多个义项解释加上以该词为词素的多音同素词词条的解释，这即是词义构词产生的多义词、同源词内部系统和复音造词产生的同素词词族外部系统的书面排列。

感知义心理动词“感”“觉”受汉语单音、复音构词法影响，形成一词多义和词族共现现象。“感”“觉”均是词义义项多，又带词素义的多义词。词典收录体例则是这些语言现象的书面排列。本章以词典为语料，先考察“感”“觉”同素词词族表层语言形式分布状况，继而概括各自深层内部词义与外部词义范畴，然后从词源的角度探讨“感”“觉”同素词词族词义范畴的系统性与认知思维的关系。具体包括“感”“觉”二词本义探源与原始语义类别，“感”“觉”同素词词族语言学（主要是搭配规律）分布，“感”“觉”同素词词族语义范畴规律。

---

① 郭锡良．汉语史论集：增补本［M］．北京：商务印书馆，2005：384.

第一节 “感”“觉”二词本义探源与原始语义类别

一、“感”“觉”字形本义探源

汉字是借助形体构造表义的，是典型的表意文字。与拼音文字相比，汉字与汉语语词的关系具有字与词的一致性、字的孳乳与词的分化规律的一致性，以及字的形象特征与词义的形象特征的一致性等特点①。字形特征反映字的本义。

“感”，《说文解字·心部》：“动人心也。从心，咸声。古禫切。”字的构造是：会意兼形声字。篆文从心，从咸（喊杀声震天），会心受震动之意，咸也兼表声。隶变后楷书写作“感”，是“咸”的加旁分化字。“感”是以“心”旁为意符的形声字形来记录其本义的，应与心理活动有关，字形本义为会心受外界喊杀声的刺激产生震动之意。这一点学界看法一致。日本学者白川静（2010）认为：“感，形声，声符为‘咸’。‘咸’为‘ㅂ’（置有祷辞的祝咒之器）上置神器‘戉’（钺），以保护‘ㅂ’，从而将祈祷的功效封存在‘ㅂ’中。如此处置后，神灵会夜里来访，对祈祷作出回应。神的心动称‘感’。由此引发，各类心动皆谓‘感’。‘感’亦有感到、觉得之义。”②

“觉”的本义则有不同说法。

一是睡醒说，来源于学者对古文注释的理解。徐灏曰：“觉之本义，谓寐而有觉，故曰寤也，引申为觉悟之称。”张舜徽（1983）认为“徐说是也，今俗称就寝为睡觉，音转为古孝切”③，“觉”之本义是睡醒。

二是察觉说，来源于字形本义。陈宝勤认为“觉”的甲骨文像人目察觉形，本义应为动词“察觉、发觉”义④。“觉”产生于殷商时期，在汉语词汇发展过程中，共积累了6个义项，三种词性，即有4个动词义项，1个量词义项，1个形容词义项。其语义演变路径为：察觉—觉悟、醒悟—睡醒—觉的动量词义。又由“察觉”义引申出“感受到”，又由“觉悟”义产生佛语“觉悟”义。

---

① 陈建初．汉字形体在汉语语源研究中的地位［J］．湖南师范大学社会科学学报，1991（5）：120-123．

② 白川静．常用字解［M］．苏冰，译．北京：九州出版社，2010：57．

③ 张舜徽．说文解字约注［M］．郑州：中州书画社，1983：19．

④ 陈宝勤．汉语词汇的生成与演化［M］．北京：商务印书馆，2011：519．

三是省悟说，也来源于字形本义。谷衍奎从字形、构造、本义、演变、组字五个方面，论述“觉”字的源流族属关系，认为“觉”的字形构造是形声兼会意字，篆文从见，学省声，学也兼表明悟之意，隶变后楷书写作“觉”，本义是省悟，使明白，其语义演变路径为：省悟，使明白—发现—感受到—距离。另由“省悟”引申出“睡醒”义，又引申为“睡眠”义。在组字上，认为“凡从觉取义的字皆与醒悟等义有关”①。字典解释也存在不一致，如《古汉语常用字字典》认为“觉”字是形声字，“见”为形，“学”省略字为声符。“觉”的本义是睡醒，与“寐”相对。《古代汉语词典》认为“觉”是觉悟，醒悟②。

周光庆（2005）提出，“觉”的原初词义最好能解释为“由于在教学活动中有所领悟和发现而生成的觉悟”③，并且以此与其同义动词“悟”区别开来。而“悟”则与“寤”为同源词，其造词方式是隐喻的，其命名理据是“像猛然睡醒一样”，其原初词义最好能解释为“像猛然睡醒一样的觉悟”。作为词的记录符号和表现方式，“觉”字的形体应该视为会意兼形声，析为从“见”（有所发现），从“学（省）”（来自教学）、“学（省）”亦声，而“悟”字形体则可以分析为从“心”（心理活动）从“寤（省）”（有如乍寤），“寤（省）”亦声。二者都能以其形体结构隐示音义来源，暗示命名理据，表现词义特征，显现出表意汉字的功能特征。日本学者白川静（2010）也认为：“覺（觉），形声，声符为‘𦥯’。校舍的木柱上架有‘千木’，‘乔’为‘學（学）’之初文。学校教导人，因此左右为手（‘𦥑’），加上‘爻’，为‘𦥯’。其下加‘子’为‘學’。‘𦥯’有学习之义，而人通过学习而增长见识，所以，‘𦥯’之下加‘見’为‘覺’，有知觉、觉醒、觉悟等义。”④

研究显示，汉先民认知基本层次范畴中缺少表内隐的心理动词概念，只能取象于用描绘外显的感知世界行为转指由此行为带来的内隐行为感受，固化为字形。综合上述研究和汉民族思维直观性特征、汉字字形的形象特征与词义形象特征一致性特点，我们认为“觉”的本义应取周光庆先生说：“由于在教学活动中有所领悟和发现而生成的觉悟。”觉，金文覺=𦥯+見。学（省去“子”），既是声旁也是形旁，表示通过学习获得事理的经验、知识；见，

① 谷衍奎. 汉字源流字典［M］. 北京：华夏出版社，2003：503.

② 《古代汉语词典》编写组. 古代汉语词典［Z］. 北京：商务印书馆，1989.

③ 周光庆. “教”族词的形成发展及其文化意蕴［J］. 古汉语研究，2005（4）：75-81.

④ 白川静. 常用字解［M］. 苏冰，译. 北京：九州出版社，2010：45.

发现。张明辉（2011）认为认知类心理动词的语义特征有：[＋认知]、[＋反映视域]。“觉”，从“见”，其字形本义也应与心理活动相关。因此，造字本义是通过学习获得内在经验而明白发现某种事理。

综上，从字形本义来说，“感”本义应是“动人心也”，为人心受外界影响而产生触动、震动、激动等心理行为。“觉”本义为人通过视域观察、学习后内心有所领悟和发现，生成的省悟、使明白等心理行为。

二、“感”“觉”本义的语义类别

历时语料显示，情绪、认知、意志三大类心理动词及其次类产生的顺序并不同步。表 3-1 是我们收集的部分历时代表语料，其轮廓能勾勒心理动词及其次类产生的演进历史。表中数字表明出现的心理动词类别和数量，“—”说明尚未出现。

表 3-1　心理动词语料和分类

<table>
<tr><th rowspan="2">时期</th><th rowspan="2">语料来源</th><th colspan="3">分类及下位分类数</th></tr>
<tr><th>认知</th><th>情感</th><th>意志</th></tr>
<tr><td>远古</td><td>甲骨文</td><td>—</td><td>3</td><td>—</td></tr>
<tr><td rowspan="2">两周</td><td>《易经》</td><td>—</td><td>正面 16（14＋2）
负面 17</td><td></td></tr>
<tr><td></td><td>—</td><td>42</td><td>—</td></tr>
<tr><td rowspan="3">春秋</td><td rowspan="3">《荀子》</td><td rowspan="3">—</td><td>正面 20</td><td rowspan="3"></td></tr>
<tr><td>负面 36</td></tr>
<tr><td>中性 27</td></tr>
<tr><td rowspan="2">战国</td><td rowspan="2">《列子》</td><td rowspan="2">—</td><td>正面 15</td><td rowspan="2"></td></tr>
<tr><td>负面 41</td></tr>
<tr><td rowspan="2">汉</td><td>《史记》</td><td>48</td><td>140</td><td>14</td></tr>
<tr><td>《说文解字》</td><td>42</td><td>112</td><td>24</td></tr>
<tr><td>中古</td><td>《敦煌变文》</td><td>163</td><td>246</td><td>52</td></tr>
<tr><td>近代</td><td>《醒世姻缘传》</td><td>84</td><td>192</td><td>37</td></tr>
<tr><td>现代</td><td>《动词用法词典》</td><td>22</td><td>76</td><td>6</td></tr>
</table>

语料来源：以上数据来自陈练文、刘青、武振玉、苗守艳、张萍、朱芳毅等学者的研究。

总体演化趋势表明，心理动词次类产生的先后顺序为情感类、认知类、意志类。数量上看是情感＞认知＞意志（＞为“多于”）。表 3-1 显示，远古时期甲骨文中，及西周时期只有情感类动词，没有认知类和意志类动词，春秋战国时期，认知类动词似乎也不明显，到西汉才出现认知类和意志类动词，心理动词的语义类别齐全。就语义次类而言，远古时期的甲骨文中情感词很少，没有分类，西周时期因为情感词增多，初步分为喜爱类和怨恨类，到春秋战国时期，先民情感更加细腻，情感词大量增加，并显示出强烈的忧患意识，所以正面、负面心理动词两级化明显。到汉朝，心理动词发展成熟，更为丰富，数量达到一百多个，大类、次类分明而齐全。汉代是同素词词族的源起时代，也是情感、认知、意志三类心理动词系统形成的时期。

其实，人类的认知活动很早就有了，但是表示认知的心理动词的产生与发展并不是与这一活动同步的。情绪类心理动词多为主体的内在体验，是感性的，而认知类心理动词已经开始涉及主体对客体的观照，开始了由感性到理性的转化，因而这类心理动词具有更高的抽象性，其发展要比情绪类心理动词慢，数量也少得多。意志类心理动词主体性更强，所以发展最慢，数量最少。

学界论文显示，远古、周朝，均未发现“感”“觉”二词。远古时期甲骨文中，根据陈年福（2001，2004）、杨逢彬（2003）、陈练文（2008）的研究，该时期只有单音节心理动词，没有复音节心理动词。按照语义区别，分为认知类和情感类。认知类心理动词主要表示人的言语、视听等与感觉、知觉相联系的词语，共 22 个。情感类心理动词指与人的情绪、心理活动相关的动词，共 3 个，无“感”“觉”二词。战国时期，据苗守艳（2005）对《列子》心理动词的提取，认为全书 4 万字，动词 601 个，单音节词 550 个，复音节词 51 个，其中心理动词 56 个（单音节词 53 个，复音节词 3 个），占动词总量的 9.32%，也没有“感”“觉”①。但张晓玲（2008）提到《荀子》《列子》中心理动词有“感”“觉”“知”“识”“悟”“觉悟”“感动”“畴觉”等，不过类属不明②。参考胡伟（2012）对西汉传世文献 127 个单音节心理动词的提取，西汉时期有“感”“憾”，没有“觉”，其对西汉出土文献 50 个单音节心理动词的提取，没有“感”“憾”，也没有“觉”③。

然而，查北大语料库，“感”“觉”二词最早均出现在周朝，出现的形式都是单音节。但武振玉研究周朝 42 个心理动词里没有提到这两个词以及由这

① 苗守艳.《列子》心理动词语义研究［D］. 石家庄：河北师范大学，2005.

② 张晓玲.《醒世姻缘传》心理动词研究［D］. 济南：山东大学，2008.

③ 胡伟. 西汉文献心理动词研究［J］. 殷都学刊，2012（1）：101-104.

两个词作为构词语素组成的词①。学界归纳先秦以前心理动词主流分类系统是正面心理动词和负面心理动词，“感”“觉”均不是表情感状态的心理动词，所以很少涉及。朱芳毅认为《说文解字》中认知类表感知义的词有“知、识、觉、悟、解、释、达、悉、审、憭、憬、晓、感$_1$”13个②。《说文解字》：“感，动人心也，从心，咸声。”③《说文解字今释》引钱坫《说文斠诠》曰：“（许）训为动人心，则感动、感（恨）两义皆备，今于感恨之感更加立心。”用“感$_1$”表本义感动、思想感情受外界事物的影响而激动，用“感$_2$”（憾）表情感类怨恨义心理动词。且根据语义网络，心理动词存在核心成员与边缘成员之分别。“觉”是认知类感知义语义元网络中的核心成员之一，“感”不是核心成员，是边缘成员。张萍从《史记》中提取了190个心理动词，其中98个单音节心理动词中有“感”“觉”，92个双音节心理动词中有“感忿”“感悟（寤）”“觉悟（寤）”④。其认为认知类表感知义的词有“知、识、明、觉（36次）、悟（12次）、解、觉悟（寤）（4次）、感悟（寤）（1次）”，情感类怨恨义心理动词有“感（5次）”，情感类悲伤义心理动词有“感忿（2次）”，认知类感知义心理动词有“觉、觉悟、感悟”，意志类没有“感”“觉”这两个词以及由这两个词作为构词语素的词。

综上所述，“感$_1$”“觉”的本义均属于认知类表感知义范畴，“感$_2$”则表情感类负面情绪怨恨义范畴。

第二节　“感”“觉”同素词词族语言学分布

“感”“觉”同素词词族是复音句法造词产生的语义类聚。对不同时代“感”“觉”词族各自的音节、词序、整体词性、搭配词X词性、内部结构进行类型及数量分析和统计，有助于考察不同时代的“感”族词、“觉”族词各自的搭配、构词能力和成词概况，有助于探索其语言表层形式与深层词义之间的关系。

本研究分析的语料有词典、词表共14部，简要划分为：古代，《古汉语

---

① 武振玉．两周金文心理动词试论［M］//吉林大学中国文化研究所．华夏文化论坛：第四辑．长春：吉林大学出版社，2009：181-185.

② 朱芳毅．《说文解字》心理动词语义网络研究［D］．桂林：广西师范大学，2008.

③ 许慎．说文解字［M］．北京：中华书局，1963：222.

④ 张萍．《史记》中心理动词的语法、语义研究［D］．太原：山西师范大学，2010.

常用字字典》、《古代汉语词典》(1989)、《古代汉语词典》(2010)三部;近代,《近代汉语词典》《近代汉语断代语言词典系列》《白话小说语言词典》三部;现代,《倒序现代汉语词典》、《现代汉语逆序词典》、《现代汉语常用词表》、《现代汉语分类大词典》、《香港社区词词典》、《国语词典》、《动词逆序词典》、《现代汉语词典》(第6版)八部。统计的对象为古代、近代、现代词典中收录的以“感”“觉”为构词语素的同素词词条(缺憾是词典没有收录“觉”的佛教词)。

一、古代汉语“感”“觉”同素复合词的形式分析

词典收录的古代汉语“感”“觉”同素词词族分别有:感怆、感动、感怀、感激、感慨、感通、感恸、感悟、感遇、感忽、感彻、感触、感戴、感奋、感服、感格、感荷、感化、感旧、感铭、感佩、感情、感叹、感寤、感咽、感应、感悦;觉悟、觉剑、觉露、觉寤、觉卧。

各同素词族的音节、词序、整体词性、搭配词X词性、内部结构类型及数量分析和统计整理后见表3-2。

表3-2 古代汉语“感”“觉”同素词词族形式统计

X词性	感			觉			合计
	数量	结构	整体词性	数量	结构	整体词性	
心理动词	10	并列	动词	2	并列	动词、动名词	12
非心理动词	11	并列	动词	2	并列	动词	13
名词	4	动宾	动词	1	定中偏正	名词	5
形容词	2	动宾	动词				2
合计	4类,27			3类,5			32

统计表明,词典收录的该时期“感”词族有27个双音节顺序词,没有逆序词。“感”整体词性只有一类——动词;与“感”搭配的词素X词性有四类——心理动词(怆、恸、悟、寤、悦、服、戴、铭、佩、忽①),非心理动词(动、通、遇、触、奋、化、叹、咽、应、激、慨),名词(情、怀、格、荷),形容词(彻、旧)。它们与动词“感”合成后分别形成双动并列和动宾句法结构。词典收录的“觉”词族有5个双音节顺序词,没有逆序词。“觉”

① 胡伟认为,“忽”为西汉传世文献中的心理动词。

整体词性有三类：动词和少量动名词、名词。与“觉”搭配的词素 X 词性有三类：心理动词（寤、悟）、非心理动词（露、卧）、名词（剑）。整体词性和语义结构分别为：觉悟——动名词，并列；觉剑——名词，定中偏正；觉露——动词，并列；觉寤——动词，并列；觉卧——动词，状中偏正。

二、近代汉语“感”“觉”同素复合词的形式分析

词典收录的近代汉语“感”“觉”同素词词族分别有：感爱、感不过、感触、感戴、感悼、感发、感忿、感服、感感、感格、感惠、感刻、感愧、感泐、感冒、感蒙、感念、感佩、感泣、感切、感情、感羡、感仰、感荷、感染、感纫、感得、感思、感招；觉岸、觉察、觉撤、觉到、觉道、觉的、觉发、觉乎、觉头、觉来、觉意、觉着。

该时期“感”“觉”各同素词族的音节、词序、整体词性、搭配词 X 词性、内部结构类型及数量分析和统计整理后见表 3-3。

表 3-3 近代汉语“感”“觉”同素词词族形式统计

X 词性	感			觉			合计
	数量	结构	整体词性	数量	结构	整体词性	
心理动词	12	并列	动词、名词	2			14
非心理动词	11	并列、动补	动词、动名词	3	并列、动补	动词、动名词	15
名词	4	动宾	动词	2	定中、状中偏正	动词	6
短语词	1	动补	动词				1
虚词	1			5		动词	6
合计	5 类，30			4 类，12			42

统计表明，这一时期词典收录的“感”词族有 28 个双音节顺序词和 1 个三音节顺序词，没有逆序词。“感”的整体词类发展为三类：动词（27 个）、名词（1 个，“感情”）、动名兼类词（1 个，“感冒”）。与“感”搭配的词素 X 词性为五类：心理动词（爱、感、悼、忿、服、愧、念、羡、思、佩、戴、纫）、非心理动词（触、发、刻、蒙、泣、切、仰、染、招、泐、冒）、名词

（惠、情、格、荷）、短语词（不过）、虚词（得）。它们与动词“感”合成后分别形成双动并列、动补和动宾句法结构。动补是“感不过”“感得”，动宾是“感惠”“感情”“感纫”，其余是并列结构。“觉”词族只有12个双音节词，没有其他音节词；只有顺序词，没有逆序词。整体词性为两类：名词（2个，“觉头”“觉岸”）和动词（10个）。与“觉”搭配的词素X词性为四类：心理动词和非心理动词（察、撤、发、意、道）、名词（头、岸）、虚词（的、乎、到、来、着）。它们与动词“觉”词汇化后分别形成的内部结构为：偏正，如“觉岸”“觉意”；并列，如“觉察”“觉撤”“觉发”；动补，如“觉到”“觉道”“觉的”“觉着”“觉来”“觉乎”；附加派生，如“觉头”。

三、现代汉语“感”“觉”同素复合词的语言学分析

词典收录的现代汉语“感”“觉”同素词分别有：

倒序：“X感”双音节名词17个，分别是百感、恶感、观感、好感、快感、灵感、美感、情感、手感、同感、杂感、直感（直觉）、质感、遥感、电感、外感、流感；动词4个，分别是善感、伤感、互感、铭感〈书〉；形容词2个，分别是敏感、性感；兼类词3个，分别是痛感（动名词）、预感（动名词）、反感（形名词）。三音节词是责任感。四音节词是多愁善感、百感交集。

倒序：“X觉”双音节名词16个，分别是听觉、视觉、嗅觉、味觉、色觉、肤觉、温觉、冷觉、痛觉、平衡觉、幻觉、错觉、知觉、先觉、直觉、自觉；动词7个，分别是察觉、发觉、倍觉、查觉、警觉、惊觉、悟觉；形容词1个，是乖觉；兼类词2个，分别是感觉（动名词）、触觉（动名词）。

顺序：“感X”双音节名词10个，分别是感触、感抗、感官、感情、感言、感膺、感口、感着、感重、感想；动词26个，分别是感戴、感到、感化、感怀、感激、感恩、感慨、感奋、感愤、感光、感愧、感念、感佩、感染、感世、感召、感叹、感悟、感谢、感应、感发、感德、感荷、感旧、感纫、感喟；形容词3个，分别是感人、感伤、感性；兼类词5个，分别是感动（形动词）、感冒（①名词，②动词，③〈口〉动词，感兴趣）、感觉（动名词）、感受（动名词）、感知（动名词）；三音节词11个，分别是感光片、感光纸、感恩节、感叹词、感叹号、感叹句、感化院、感光度、感染力、感受器、感谢信；四音节词13个，分别是感激涕零、感同身受、感恩戴德、感恩图报、感情用事、感人肺腑、感觉器官、感觉神经、感慨系之、感性认识、

感应电流、感慨万端、感慨万千。

顺序：“觉 X”双音节名词 1 个，是觉书；动词 4 个，分别是觉察、觉得、觉乎、觉醒；形容词 0 个；兼类词 1 个，是觉悟（动名词）。

以上统计见表 3-4、表 3-5。

表 3-4 现代汉语“感”“觉”同素复合词音节统计

音节统计		X感	X觉		感X	觉X
双音节	倒序	26	26	顺序	44	6
三音节		1	0		11	0
四音节		2	0		13	0

表 3-5 现代汉语“感”“觉”同素双音节整体词性统计

双音节整体词性统计	感		觉		合计
词类统计	感X	X感	觉X	X觉	
名词	10	17	1	16	44
动词	26	4	4	7	41
形容词	3	2	0	1	6
兼类词	5	3	1	2	11
合计	44	26	6	26	102

现代汉语顺序双音节词中，“感 X”中的“X”词性为五类：心理动词 10 个，分别是觉、愧、愤、纫、念、悟、想、知、戴、佩；非心理动词 18 个，分别是触、化、动、激、奋、应、召、抗、喟、冒、慨、染、伤、受、叹、谢、发、膺；名词 12 个，分别是人、恩、言、官、光、性、世、怀、情、口、德、荷；虚词 2 个，分别是着、到；形容词 2 个，分别是旧、重。“觉 X”中的“X”词性有四类：心理动词 1 个，是悟；非心理动词 2 个，分别是察、醒；名词 1 个，是书；虚词 2 个，分别是乎、得。

现代汉语逆序双音节词中，“X 感”中的“X”词性为五类：数词 1 个，是百；形容词 11 个，分别是恶、好、快、美、同、杂、敏、痛、反、直、善；动词 6 个，分别是观、遥、流、伤、铭、预；名词 7 个，分别是灵、情、手、质、电、性、外；助词 1 个，是互。“X 觉”中的“X”词性有三类：形容词 8 个，分别是冷、痛、先、直、乖、温、幻、错；动词 13 个，分别是听、视、嗅、平衡、知、察、发、查、警、惊、悟、感、触；名词 3 个，分别是味、色、肤；代词 1 个，是自；量词 1 个，是倍。

以上统计见表3-6、表3-7。

表3-6 现代汉语“感X”“觉X”同素词词族形式统计

X词类	感X			觉X			合计
搭配词类	数量	句法结构	整体词性	数量	句法结构	整体词性	
心理动词	10	并列	动词	1	并列	动词	11
非心理动词	18	并列	动词	2	并列（动补）	动词	20
名词	12	动宾	动词和名词	1	偏正	名词	13
虚词	2			2			4
形容词	2						2
合计	5类，44			4类，6			50

［说明］表中内容为顺序双音节中句法结构、整体词性、X词类统计（顺序中，“感”“觉”词性均为动词）。

表3-7 现代汉语“X感”“X觉”同素词词族形式统计

<table>
<tr><th colspan="5">X感</th><th colspan="5">X觉</th><th rowspan="2">合计</th></tr>
<tr><th>X词类</th><th>数量</th><th>感词类</th><th>结构</th><th>整体词性</th><th>X词类</th><th>数量</th><th>觉词类</th><th>结构</th><th>整体词性</th></tr>
<tr><td>数词</td><td>1</td><td>名词</td><td>偏正</td><td>名词</td><td>数词</td><td>1</td><td>动词</td><td></td><td></td><td>2</td></tr>
<tr><td rowspan="3">形容词</td><td>7</td><td>名词</td><td>偏正</td><td>名词</td><td rowspan="3">形容词</td><td>7</td><td>名词</td><td>偏正</td><td>名词、动名词</td><td rowspan="3">19</td></tr>
<tr><td>1</td><td>动词</td><td>状中</td><td>动词</td><td>1</td><td>动词</td><td>状中</td><td>名词、动名词</td></tr>
<tr><td>3</td><td>名词</td><td>偏正</td><td>名词、名形</td><td></td><td></td><td></td><td></td></tr>
<tr><td rowspan="2">动词</td><td>4</td><td>动词</td><td>状中
并列</td><td>动词、动名词</td><td rowspan="2">动词</td><td>4</td><td>动词、动名词</td><td>并列</td><td>动词、动名词</td><td rowspan="2">19</td></tr>
<tr><td>2</td><td>动词</td><td>偏正</td><td>名词</td><td>9</td><td>名词</td><td>偏正</td><td>名词</td></tr>
<tr><td rowspan="2">名词</td><td>6</td><td>名词</td><td>偏正</td><td>名词</td><td rowspan="2">名词</td><td>3</td><td></td><td>偏正</td><td></td><td rowspan="2">10</td></tr>
<tr><td>1</td><td>名词</td><td>偏正</td><td>形容词</td><td></td><td></td><td></td><td></td></tr>
<tr><td>助词</td><td>1</td><td>动词</td><td>状中</td><td>动词</td><td>量词</td><td>1</td><td>名词</td><td>状中</td><td>名词</td><td rowspan="2">3</td></tr>
<tr><td>代词</td><td>0</td><td></td><td></td><td></td><td>代词</td><td>1</td><td>名词</td><td>状中</td><td>动词</td></tr>
<tr><td>合计</td><td colspan="4">5类，26</td><td></td><td colspan="4">6类，27</td><td>53</td></tr>
</table>

［说明］表中内容为逆序双音节中句法结构、整体词性、X词类统计（逆序中，“感”“觉”词性有动词，也有名词）。

相关音节、词类以及双音顺序、逆序等统计见上述表格。词典收录统计表明，古代、近代“感”“觉”同素词词族在语表形式分布上有较高的一致性，与现代汉语时期则有较大的不同。

从音节类型与数量上看，古代、近代汉语时期，双音节词均占绝对优势，只收录一个三音节词，没有四音节同素词；现代汉语时期则不同，“感”“觉”词族均既有双音节词，又有三音节和四音节词。现代汉语两词族的音节类型和数量都比古代、近代多。

从搭配词词类及数量等级来看，古代、近代汉语时期，“感”“觉”词族中双音节各词整体词性及数量等级均依次为动词、动名词、名词；与词素“感”“觉”搭配的词类及数量等级均依次为非心理动词、心理动词、名词、其他词类，两时期合计数量分别是 28、26、11、9。由于“感”“觉”词自身的动词词性以及搭配词素的动词词性的绝对优势，且词典只收录顺序词，不收录逆序词，故而动词性顺序语义结构词较多，名词性顺序语义结构词极少，仅出现 3 次。现代汉语词典既收录顺序词，又收录逆序词，“感”“觉”词族中双音节各词整体词性及数量等级依次为名词 44、动词 41、形容词 6、兼类词 11；与词素“感”“觉”搭配成顺序双音节的词类及数量等级依次为心理动词 11、非心理动词 20、名词 13、虚词 4、形容词 2；与词素“感”“觉”搭配成逆序双音节的词类及数量等级依次为数词 1、形容词 19、动词 19、名词 10、助词 1。

从词序类型与由此产生的句法结构来看，古代、近代汉语时期“感”“觉”词词序表现为以动词为主的顺序句法结构，其句法结构类型及数量等级由多到少依次为并列、动宾、动补，少量有以名词为主的顺序偏正结构。现代汉语时期“感”“觉”词词序既有以动词为主的顺序句法结构，又有以名词为主的偏正逆序句法结构。董秀芳指出，并列、动宾、偏正都是汉语句法造词的强势词序。

古代、近代、现代汉语，“感”“觉”词族也有一致的方面。双音节占绝对优势，这是双音造词的结果。从整体词性类别和数量等次上看，都是实词，且以动词、名词、动名词兼类为主，动词最多，兼类词最少，现代汉语则多发展了形容词。这是人类心理活动的指称和陈述、描述的需要。与“感”“觉”搭配的词素由多到少依次为动词、心理动词、名词、其他词类（形容词、虚词、数词、助词、短语等）。从数量上看，“感”词族数量多于“觉”词族，语素“感”构词能力似乎强于“觉”，但现代汉语“感”“觉”逆序双音节词数量相当，说明现代汉语中两者的逆序构词能力相当。

从“感”词族、“觉”词族整体来看，表层形式分布既出现共时平面基本一致的规整性现象，又出现历时平面发展变化差异性现象。从“感”“觉”个体来说，因各自的构词能力差异，分布出现不平衡性。此外，它们都是感知义心理动词，在义位上具有同类聚合关系，为什么古代汉语中两者没有组合，现代汉语中却组合成为“感觉”一词？表层形式是深层语义的投射。可能的原因是，同类近义语素虽然有着相近的义位，但往往因深层语源的不同，语义范畴、语义类别的差异，导致在表层结合分布上形成差异。

第三节　“感”“觉”同素词词族语义范畴规律

语义类别及其层次的形成是语言使用者范畴化的结果。“感”“觉”作为合体象形字，是汉先民对自身的认知借助于汉字形体表达出来的。随着认知的不断深入和语义的迁移，“感”“觉”词通过词义构词产生的义项不断扩大，同时随着表达的精细化、语言的丰富化以及复音构词词汇化的发展，人们又创造出大量复合词来表达相关语义，词性也由单纯的动词发展出动词、名词、动名兼类词、形容词等，这些词义构词义项和复合句法构词产生的义项之间有着千丝万缕的联系，体现出汉民族独特的认知方式。

下文从语义范畴的角度，概括不同时代的“感”“觉”词各自词义构词义项及其语义范畴特征，复合句法构词产生义项及其语义范畴特征，讨论词族系统性与认知深化问题。鉴于前文分析古代、近代汉语“感”“觉”词族有较大的相似性，与现代汉语有较大的不同，下文的分析分为古代汉语和现代汉语两个时期，古代汉语所指包括近代汉语。语料仍以前文所用的 14 部词典、词表，分析对象为“感”“觉”双音节同素词。

一、古代汉语“感”“觉”词族语义范畴分析

认知范畴作为认知概念存储于人类的大脑中，被看作词义。范畴又可以扩大，从而使词义范围扩大。心理动词是人类基本的认知范畴，汉语感知义心理动词“感”“觉”词具有使用范围广、构词能力强的特点，而越是普遍使用，其派生意义就越多。受汉语单音构词和复音构词影响，形成一词多义和词族共现现象。“感”“觉”均是词义义项多，又带词素义的多义词。下面分别统计归纳“感”“觉”各自单音构词义项及其语义范畴和复音同素词词族的构词义项及其语义范畴。

（一）古代汉语“感”词族语义范畴归纳

古代汉语词典中关于“感”的构词义项统计如下：本义是心受声音刺激

产生的触动、震动。“感”的引申义项有：①感应，感受。②感动。③感情；又，感慨、感伤。④感谢，感激。⑤通“撼”。动。⑥通“憾”。恨，不满。

“感”的构词义项表明，“感”的本义属于原初概念，陈述人心受外界刺激下产生触动、震动的心理行为。引申义项①指人受外界刺激产生的触动、震动的回应心理行为和生理触动感知。②既陈述内心触动、震动的心理行为，又描述受到积极场景刺激产生的触动、震动的正面心理状态。③指称人受外界不同刺激而产生的不同的触动情感，同时又描述人受外界消极场景刺激而产生的负面触动情绪状态。④指情感中的一种，为正面、高级的心理情感状态。这些情感多高于人的生理层面，偏重于内心体验，比较深沉。⑤陈述外在可见的移动、震动动作行为。⑥表示恨，不满。专指消极情绪中的一种。这个负面心理动词集中反映了先秦人的忧患意识。总之，就“感”的构词义项的词义范畴而言，①②③④⑥涉及人受到外界刺激后产生的关于身体、思想、社会情感、情绪等方面的生理感受、心理触动行为或心理情感、情绪状态。⑤指人的外显触动动作行为。

相应地，就词类而言，本义、引申义①属于感知类心理行为动词；引申义②既可以看作感知类心理行为动词，也可以看作情感大类高级情感小类心理状态动词；引申义③④⑥属于情感大类高级情感小类心理状态动词；⑤属于动作行为动词。同时③有转类名词用法，属于心理情感名词。

词典共收录有46个双音节“感X”顺序词条，参照词典词条解释，同素词“感”词族词义范畴以动词词义范畴为主、名词词义范畴为辅。动词词义范畴包括：①表人内心受外界影响后产生的负面心理情绪状态，如感怆、感恸、感忽、感忿、感愧；②表人内心受外界影响后产生的正面心理情绪状态，如感悦；③表人内心受外界影响后产生的心理思维行为，如感通、感彻、感悟（感寤）、感念、感思、感铭、感刻、感泐；④表人内心受外界影响后产生的心理行为，如感触、感动、感应、感发、感化、感得（“得”虚词标记）；⑤表人内心受外界影响后产生的正面社会情感，如感招、感激、感戴、感服、感荷、感佩、感爱、感悼、感蒙、感羡、感感、感奋、感格、感仰；⑥表人内心受外界影响后产生的外在行为，如感叹、感咽、感慨、感泣；⑦表人内心受外界影响后产生的生理感受，如感冒、感染；⑧表“感”的原因或方所，如感旧、感遇、感怀、感惠；⑨表“感”的程度，如感切。共九类。名词词义范畴只有一类，“感”的正面、负面情绪状态总称——感情。

（二）古代汉语“觉”词族语义范畴归纳

《古代汉语词典》中关于“觉”的构词义项统计如下：

（1）jué，①觉悟，省悟。引：有觉悟的人。又，使觉悟，省悟。②感觉，感到。③发觉，察觉。④表明，表示。⑤高大，正直。⑥姓。

（2）jiào，⑦睡醒。⑧通“较”。差。

“觉”的构词义项表明，“觉”（jué）①是本义，属于原初概念。用学习行为后的所见转指在客观事理的认识方面，思维意识由迷惑、不明白到清醒、明白的心理行为。②凸显身体感受方面，由无感知到有感知、清醒的生理－心理行为，语义指向“清醒”这个认知行为的终点。③凸显事件感知方面，思维意识由不清醒、发现到清醒、发觉的心理行为，语义指向“清醒”这个认知行为的起点。④是觉悟结果的再引申，觉悟之后，事情就可以表明表示。⑤是对事物正面状态的描述。“觉”（jiào）⑦是通过本义隐喻造词产生，指大脑思维意识由睡着、不清醒到清醒的生理行为。⑧通“较”。通过音转转喻造词，较差。⑥则不在我们的讨论之列。总之，就“觉”的构词义项的语义范畴而言，主要涉及事理认识、身体感知、事件感知、睡眠等方面，是思维意识由迷惑、不明白到清醒、明白的心理行为，以及思维清醒后的行为或状态。

相应地，就词类而言，本义①和引申义项②③④⑦均是心理感知类动词，同时①通过使用，又引申出名词和使动用法。⑤⑧是再引申产生的表状态的形容词。陈平（1988）指出，动词的本质特征在于它的陈述性，具体地说，即动词的本质特点体现在它的内部时间结构上。作为与指称性成分相对的陈述性成分，它所表示的情况（活动或状态）必须有一个可供这些情况展开的内部过程。既然是一个过程，就应该包含起点、过程和终点，也就是陈平所说的起始阶段、持续阶段和结束阶段。上文词义表明，①是指称整个意识清醒的心理行为阶段，②表心理行为结束阶段，③是心理行为起始阶段。因此，“觉”的语义范畴特征表现出动词内在的时间结构性。

词典共收录有16个双音节“觉X”顺序词条，参照词典词条解释，同素词“觉”词族表现为动词语义范畴：①“觉”后心理思维行为，如觉悟、觉寤。②“觉”时伴随动作行为，如觉察、觉撤、觉发（实际是发觉）、觉意（心愿、意向）、觉道（知道）。③“觉”后结果，如觉露；“觉”后结果，虚词标记，如觉的、觉乎、觉到、觉着。④佛教“觉悟”修辞用法，如觉剑；佛教“觉寤”的境界，如觉岸。⑤“睡醒”状态，如觉来、觉卧。

二、现代汉语“感”“觉”词族语义范畴归纳

（一）现代汉语“感”词族语义范畴归纳

《现代汉语词典》（第6版），“感”语义有：①动词，觉得。②感动。

③对别人的好意怀着谢意。④中医指感受风寒。⑤感觉；情感；感想。⑥受外界某种因素影响而发生变化。

“感”的构词义项的语义范畴：②是本义，是原初概念的历史延续，陈述外界刺激下的触动、震动心理行为。①包括两个方面，一是身体感受，泛指任何外界刺激通过感觉器官产生的一切生理感受；二是人受外界刺激产生主观认为的心理行为。③属于正面社会高级情感心理状态。④指人受外界刺激后产生的生理病痛感受行为。⑤是名词，指称人受外界刺激通过感觉器官产生的，在生理、情感、思想上的各种不同的体验感受。⑥是指外界刺激产生的物体震动、反应、变化。总之，①②③④⑤指人受到外界刺激后产生的关于身体、病痛、思想、社会情感、情绪、主观认识等方面的生理、心理行为或心理状态。⑥指物体受到外界刺激后产生的变化、反应。

相应地，就词类而言，①②属于感知类心理行为动词；③是情感大类高级情感小类心理状态动词；④是生理感知动词；⑤为心理名词；⑥是行为动词。就词类范畴特征而言，“感”表现出动词的陈述性和名词的指称性。

词典收录有70个双音节“感X”顺序和“X感”逆序词条，参照词典词条解释，同素词“感”词族语义范畴包括动词、名词和形容词词义范畴。

“感”词族动词语义范畴包括：①表人内心受外界影响后产生的负面低级心理状态，如感愤、感愧；②表人内心受外界影响后产生的心理思维行为，如感悟（感寤）、感念，都是抽象思维行为；③表人内心受外界影响后产生的心理行为，如感动、感应、感到（行为终点）；④表人内心受外界影响后产生的社会情感心理行为，如感激、感戴、感召、感荷、感化、感佩、感纫、感奋；⑤表人内心受外界影响后产生的动作行为，如感谢、感叹、感慨、感喟、感发（行为起点）；⑥表人内心受外界影响的原因，如感怀、感旧、感恩、感德、感世；⑦表人内心受外界影响后产生的生理体验，如感染、感冒；⑧表物体受外界影响后产生的反应变化，如感光；⑨表“感”的方式，如善感、伤感、互感、铭感〈书〉。

“感”词族的名词语义范畴包括：

（1）“感X”名词语义，如感口（方言，味道）、感着（方言，感冒）、感重（方言，重感冒）、感触（总称）、感抗、感官、感情、感言、感膺、感想。

（2）“X感”的名词语义范畴：表对人自身体验产生的感觉分类，如百感、恶感、好感、快感、灵感、美感 、情感、杂感；表方式分类，如观感、直感（直觉）、遥感、外感、同感、流感（流行性感冒的简称）；表工具分类，如手感、质感、电感。这些都是指称人自身通过感知世界的体验结果的分类。

“感”词族的形容词语义范畴包括描述人感知自身和外部客观世界产生的心理状态，如敏感、性感、感人、感伤、感性。

兼类词：痛感（动名词）、预感（动名词）、反感（形名词）、感动（形动词）、感觉（动名词）、感受（动名词）、感知（动名词）、感冒（①名词，②动词，③〈口〉动词，感兴趣）。

（二）现代汉语“觉”词族语义范畴归纳

《现代汉语词典》（第6版），“觉”语义有：①（人或动物的器官）对刺激的感受和辨别；感觉。②觉得；感到。③〈书〉睡醒。④觉悟。⑤名词，姓。⑥名词，睡眠。

“觉”的构词义项的语义范畴：④是本义，是原初概念的历史延续，陈述思维意识由迷惑、不明白到清醒、明白的心理行为；①是名词，指称人或动物不同的感知器官对刺激产生的不同的生理感受和辨别；②陈述人综合外界刺激产生主观认为的心理行为；③陈述大脑思维意识由睡着、不清醒到清醒的生理行为；⑤不在讨论范围之内；⑥是指称大脑思维意识睡着、不清醒的状态。总之，①②③④陈述大脑思维意识由迷惑、不清醒到清醒的心理行为；陈述大脑思维意识由睡着、不清醒到清醒的生理状态；指人受到外界刺激后产生的关于身体、病痛、思想、社会情感、情绪、主观认识等方面的生理、心理行为或心理状态。⑥指物体受到外界刺激后产生的变化、反应。

就词类而言，②③④属于动词，陈述生理感知、思维感知心理行为；①是动名词，既指称又陈述，通过接受外部刺激首先形成对外部事物个别属性的认识心理行为；⑥属于名词。

词典收录有32个双音节“觉X”顺序和“X觉”逆序词条，参照词典词条解释，同素词“觉”词族语义范畴包括动词、名词和形容词词义范畴。

“觉”词族的动词语义范畴包括：①“觉”后心理思维行为，如悟觉；②“觉”时伴随动作行为，如觉察、察觉、发觉、惊觉、查觉；③“觉”后结果，如觉得、觉乎；④“觉”的程度，如倍觉；⑤“睡醒”状态，如觉醒。

“觉”词族的名词语义范畴包括：①人体接触世界的、敏感的体验部位，如听觉、视觉、嗅觉、味觉、色觉、肤觉、触觉；②与体验部位感觉器官相应的感受与辨别的生理感知，如温觉、冷觉、痛觉；③超感觉器官的感受与辨别的生理感知，如平衡觉、幻觉、错觉、知觉、先觉、直觉、自觉，这些都是来自对人自我认知的指称；④觉书，外交文书的一种。

“觉”词族的形容词语义范畴包括对感知世界状态的描述，如乖觉。

兼类词4个：感觉（动名词）、触觉（动名词）、觉悟（动名词）、警觉（名形词）。

三、“感”“觉”词族语义范畴系统性与认知思维

张博（2003）在研究汉语同族词时指出，“‘系统性’是汉语同族词的本体特征”①。因为“语言是一个具有很强的自组织性的系统，在语言系统内部，语音、语义和语法等各个结构层面的发展变化都是有规律的。这种规律性的主要表现是，具有聚合关系的某种语言成分或要素，会在一定的条件下、在一定的时空范围内发生方向一致的有序变化，从而形成新的聚合关系或改变原有的聚合关系”②，即“同场同模式”③。前文分析的单音感知义心理动词同类词族，其构形思维就是集体有序的、规整的，因而是批量的、有系统性的。那么同为感知义心理动词“感”“觉”词，其各自形成的同素词族是否也有系统性？这取决于词汇“感”“觉”在由单音构词到复音构词的发展过程中是否具有以下特征：

（1）语义范畴发展的类别、层次对应性。语义类别及其层次的形成是语言使用者范畴化的结果，如果语义范畴类别及其层次出现有序对应发展，那么这个词族就是系统的。

（2）词族的词义衍化的规律性。词义衍化有词义引申、词义分化、词义虚化。如果具有聚合关系的词语发生方向一致的对应性引申、分化和虚化，那么词族的系统性就得到验证。

（3）构词规律的相互选择性。如果在合成组合词化过程中，词义相应衍化在义位、义素和义位组合等层面上，表现出同类类聚和同义类聚构词特征，那么这个词族就是系统的。

（4）词源意义的统摄性。同源词和同素词的历时发展构成连续统，但词源义的意象和语义取象管控其发展轨迹，决定其组配框架和组配选择。如果“感”“觉”同源词和同素词都统摄于词源义，那么，这个词族就是系统的。

（一）“感”“觉”词族共时平面语义范畴发展的类别、层次对应性

前文统计表明，古代汉语“感”词单音词义范畴涉及人的心理行为、心理状态、外显行为三个大类，其中心理行为范畴涉及心理动作次范畴“触动”“感应”2个词义，生理感知次范畴“感受”1个词义。心理状态范畴涉及情

① 张博．汉语同族词的系统性与验证方法［M］．北京：商务印书馆，2003：29.

② 张博．汉语同族词的系统性与验证方法［M］．北京：商务印书馆，2003：7.

③ 张志毅，张庆云．词汇语义学［M］．北京：商务印书馆，2005：233.

绪和情感两个次范畴，情绪次范畴又包括正面情绪次次范畴“感动”1个词义，负面情绪次次范畴“怨恨”“感伤”“感慨”3个词义；情感次范畴包含“感谢”1个词义，以及所有情绪、情感总称义“感情”。外显行为范畴只有“触碰”1个词义。“感”词复音同素词族词义范畴承继上述范畴类别层次，只是心理动作范畴次类增加“感”的原因方所范畴、“感”的程度范畴和“感”后思维范畴。总之，“感”词单音词义范畴与复音词义范畴大类、次类及其层次对应规整，大类没有变化，小类略有增加，且所含词义、词语数量增多，如负面心理情绪动词有5个，“感”后思维心理动词有9个、心理动作行为动词有6个，“感”后正面社会情感动词有14个，“感”后外在行为动词有4个。词族次类词义、词语数量多，表意更加精细化。

前文统计显示，现代汉语“感”词单音词义范畴也涉及心理行为、心理状态和外显行为三个大类。其中心理行为范畴涉及心理动作次范畴本义“感动”1个词义，生理感知次范畴“觉得”和“感受风寒”2个词义，生理—心理思维交叉次范畴“主观认识”1个词义；心理状态范畴只涉及社会情感次范畴“感谢”1个词义，“感”后各类情绪、情感范畴总称1个词义（如感言、感想中的“感”）；外显行为涉及物体行为范畴，有“感应”1个词义。现代汉语复音同素词族词义范畴承继上述单音词义范畴类别层次，但同时大类、次类均有较大发展。大类外显行为范畴中既有人的外显行为次范畴又有物体的行为次范畴。人的外显行为次范畴有“感”后人的行为次次范畴（如感叹、感泣），物体的行为次范畴有“感应”“感光”等词义。心理动作范畴次类增加“感”的原因方所范畴（如感恩、感怀）、感知感觉范畴（如感觉、感官）、“感”的方式（如铭感、互感）和“感”后思维范畴（如感悟）；心理情感状态增加负面情绪范畴、情绪描述范畴两个次范畴（包括描述心理状态功能的形容词词义范畴）。名词情感范畴急剧增加，分化为人自身体验感觉结果分类、人感觉方式分类、人感觉工具分类三个次范畴，且数量众多。总之，现代汉语“感”词单音词义范畴与复音词义范畴大类对应规整，次类及其层次复音词义范畴则有增加。增加了名词性范畴和形容词性范畴，且名词性词义范畴及其次类词语词义数量多，范畴更加细化，使整个词族表意更加精准。

与“感”的词义范畴相比，“觉”的词义范畴相对单一得多。古代汉语“觉”词单音词义范畴涉及人的心理行为、外物状态两个大类。其中心理行为范畴涉及心理动作—思维次范畴“觉悟”“发觉”2个词义，生理感知次范畴“睡醒”1个词义；外物状态范畴涉及正面状态和负面状态两个反义次范畴。由于外物状态范畴是引申范畴，使用频率不高，在双音化发展中消亡，所以复音词义范畴中只承继心理行为范畴，涉及“觉”后思维次范畴，如“觉悟”义；“觉”后结果次范畴，如“觉露”义；“觉”时行为次范畴，如“察觉”义；生理感知范畴，如“睡醒”义等。总之，“觉”词单音词义范畴与复音词义范畴大类、次类均有所变化，小类略有增加，且所含词语数量增多，如“觉”时行为次范畴有 5 个词义，“觉”后结果次范畴有 5 个词义，双音化词族表意更加精细化。

现代汉语“觉”词单音词义范畴只涉及人的心理行为范畴，包含心理动作—思维次范畴本义“觉悟”和“主观认识”2 个词义，生理感知次范畴“感受辨别”“睡醒”和“睡眠”3 个词义。现代汉语复音同素词族词义范畴承继上述单音词义范畴层次，但次类则有较大发展。心理动作—思维次范畴涉及“觉”后思维次次范畴，“觉”后结果次次范畴，“觉”时行为次次范畴，“觉”的程度次次范畴。生理行为次范畴涉及三个名词次次范畴：感官部位次次范畴，如“肤觉”义；与之相对应的感官感知结果次次范畴，如“冷觉”义；与之不对应的超感官感知结果次次范畴，如“错觉”“幻觉”义等。这些名词词义范畴的发展得益于科学的进步，使得人类对“感知”有了进一步的认识——感知世界的结果有了对应的感觉器官的归属。如声音对应耳朵的听觉，色觉对应眼睛的视觉，酸甜苦辣对应舌头的味觉，香臭对应鼻子的嗅觉，冷热对应皮肤的肤觉等，所有这些总称为知觉。知觉，客观性较强，强调用什么方式下的体验以及对应的结果，即人体接触世界的、敏感的体验部位，如头上的眼、耳、鼻、舌，其他为触觉、皮肤等，感觉（肤觉）进一步分类为温觉、冷觉（空缺“热觉”）。对不同感觉自身也可以进一步分类，如平衡觉、错觉、幻觉、痛觉等。总之，现代汉语“觉”词同“感”词词义范畴发展规律相似，单音词义范畴与复音词义范畴大类对应规整，次类及其层次复音词义范畴则有增加。增加了大量的名词性词义范畴，且名词性词义范畴及其次类词语词义数量多，范畴更加细化，使整个多音词族表意更加精准。

上文分析表明，“感”“觉”词族在单音构词向复音构词发展过程中，除了古代汉语“觉”词的单音词义范畴与复音词义范畴的类别与层次变化较大外，两词族在古代、现代汉语共时平面的词义范畴类别与层次发生对应性延伸。具体为范畴大类、次类类别对应规整，小类层次则有所增加，尤其是现代汉语名词性词义范畴及其次类层次大量增加，且所含词语数量增多，范畴更加细化，表意更加精准。这是因为社会发展需要更多的词汇对关于人类自我和客观世界的新认识进行陈述和指称。

从语义上讲，心理动词直接图示人的认知世界，是语义决定因素最充分的，也是语义模糊度最大的词。复音化准确表意是词汇发展的必然道路。具有聚合关系的感知义心理动词“感”“觉”同素词词族，在复音词化过程中，在古代、现代汉语共时平面内部词义与外部词义建立同类、同层次的词义范畴并有序对应性发展，这都是词义系统性表现和认识深化的结果。

（二）“感”“觉”词族共时平面语义范畴的引申、分化、虚化方向的一致性

观察前文《古代汉语词典》中关于本义、引申义及其通假义的解释和词族词义解释，可以看出，“感”词义引申方向是由本义心理行为范畴向心理情绪、情感状态范畴，向生理感知范畴，向外显动作行为范畴延伸。其中心理行为范畴自身又分化为心理动作范畴和心理思维范畴，心理动作范畴和心理思维范畴再向“感”后思维、结果、行为、程度、主观认识等细节深化，心理情绪、情感范畴又各自包含正面、负面范畴。上述心理动词类情感范畴又引申出名词类范畴，分化为人自身体验感觉结果分类、人感觉方式分类、人感觉工具分类三个次范畴。心理动词类情感范畴再引申出形容词类范畴，描述人类自身和感知世界的状态，以及名、动、形三类兼类词范畴。“觉”词则由人的心理行为向心理动作—思维范畴和生理感知范畴引申。心理动作—思维次范畴向“觉”后思维、结果、行为、程度、主观认识等细节深化，生理行为次范畴又引申出名词类词义范畴，如感官部位感觉以及与之相对应的感官感知结果，与之不对应的超感官感知结果等。人的心理行为范畴又引申出形容词词义范畴，描述人类自身和感知世界的状态，以及名、动、形三类兼类词范畴。虚化包括两种情况：一是“感”“觉”自身的词义虚化。古代汉语出现大量动词连用的“感 X”“觉 X”顺序词序，这些并列双音节词的语义重心在后面的后置词上。如“感谢”，语义重心在“谢”而不在“感”，其他如“感怆”“感恸”“感忽”“感忿”“感愧”都是如此。邹韶华、张俊萍（2000）统计上百万字的语料指出，古代汉语动词连用，语义中心在后占了绝对的优势①。二是与其搭配的后置词“X”的虚化。动词并列连用的“感 X”“觉 X”顺序词序分裂出动补结构，后置词“X”虚化为补语标记。如“感得”和“觉的”“觉乎”“觉到”“觉着”中的后置词都是虚词。

总之，“感”“觉”词族的词类范畴、词义范畴向引申、分化、虚化方向趋同。就词类而言，都由动词类范畴向名词、形容词类及这些实词的兼类范

---

① 邹韶华，张俊萍．试论动词连用的中心［M］//中国语文杂志社．语法研究和探索：九．北京：商务印书馆，2000：128.

畴发展。就词义范畴而言，都向感知世界产生的思维、结果、行为、程度、主观认识等细节发展，向自身感知体验及原因的认识等细节发展，词义范畴重合成为必然。这就是“感”“觉”都是感知义心理动词，在义位上具有同类聚合关系，古代汉语两者没有、现代汉语却组合在一起为“感觉”一词的原因。

当然，“感”“觉”词族不仅有共时层面的词义范畴的层次性和对应性，而且有历时层面的继承性和发展性。这主要集中在词义和语词两个方面。上述古代汉语大部分词义范畴类别及其层级在现代汉语中继续使用并成为主流，同时成为新范畴的起点。如本义从古代一直沿用到现在，并成为词义引申的源头；现代汉语名词类、形容词类词义范畴都是古代汉语动词词义范畴引申的结果。语词的继承，很多双音节词从古代一直沿用至现代。“感”“觉”同素词族源于两类，一类是单音词义的双音化替代，如“感动”“感应”“感伤”“感谢”“感慨”等；一类是词义范畴次类因精细化而分化的词，如负面心理状态词，原来只有表不满的“恨”，复音化后产生“感怆、感恸、感忽、感忿、感愧”。这些双音节词数量稳定，使用频率较高，逐渐成为基础词汇。这些词族延续与发展的根源在于复音句法造词的继承。

（三）“感”“觉”词族合成词词素选择性搭配规律

同素词词族以双音合成词的形式出现，而合成词主要来源于句法合成。因此，词义在句法层面的组合是有规律的。心理动词“感”“觉”的构词搭配规律主要是聚类选择和原型选择。

聚类选择指的是心理动词“感”“觉”在线性句法组合搭配时，优先选择的语词是与自身的语义特征相似的词素，形成同义聚类和同类聚类特征。

前文统计显示，古代、近代汉语与“感”词搭配的双音节词素有：①心理动词类共 20 个，包括负面心理情绪动词 5 个，正面心理情绪动词 1 个，思维心理动词 4 个，社会情感心理动词 10 个，共四个次类；②行为动词类 18 个；③名词 5 个；④虚词 1 个；⑤形容词 3 个。它们共同组成双音同素顺序“感 X”词族。

现代汉语则有较大变化。顺序双音节词中，“感 X”中的“X”词性分为五类：①心理动词 10 个；②非心理动词 18 个；③名词 12 个；④形容词 2 个；⑤虚词 2 个。

逆序双音节词中，“X 感”中的“X”词性分为五类：①数词 1 个；②形容词 11 个；③行为动词 6 个；④名词 7 个；⑤助词 1 个。它们共同组成双音同素“感X”和“X感”词族。古代、现代汉语各类词素117个，其中心理动词词素30个，动词词素42个，其余共计45个，心理动词和行为动词与“感”搭配得最多。

前文统计显示，古代、近代汉语与“觉”词搭配的双音节词素有：①心理思维行为词3个；②动作行为词7个；③虚词4个；④名词2个。它们共同组成双音同素顺序“觉X”词族。现代汉语“觉X”中的“X”词性有四类：①心理动词1个；②非心理动词2个；③名词1个；④虚词2个。“X觉”中的“X”词性有六类：①形容词8个；②动词12个，分别是听、视、嗅、平衡、察、发、查、警、惊、触；③心理动词3个；④名词3个；⑤代词1个；⑥量词1个。它们共同组成双音同素“觉X”和“X觉”词族。古代、现代汉语各类词素50个，心理动词词素7个，动词词素21个，其余共计22个，心理动词和行为动词与“觉”搭配得最多。

观察统计发现，各类搭配词素中，心理动词“感”“觉”优先与同有“动作”义的行为动词词素组合，形成同义类聚；优先与同属心理动词类的心理情绪、情感词素、心理思维等词素组合，形成同类类聚，它们共同搭配成连动并列式。古代、近代汉语词典只收录顺序词，“感”“觉”词族合成词内部语素的语法关系以并列、动宾、动补等动词性句法结构类型为主，构词语素之间却体现为聚合关系。现代汉语词典顺序、逆序词都收录，“感”“觉”词族合成词内部语素的语法关系则是动词性、名词性句法结构并举，但动词性结构中构词语素之间的聚合关系占主导，即在线性组合关系上主要体现着语义类聚关系。

同义、同类类聚内部普遍容易结合，是因为语义类聚关系最为亲近，最符合语义和谐原则。从发生学角度来说，这是因为同义语素所反映的客观事实相伴而生，如“感”的伴生思维行为是“悟”，“觉”的伴生思维行为也是“悟”，所以“感悟”“觉悟”组合成词；同类词义所反映的客观事实相通而生，如心理“感”后多是悲伤情绪，那么“感怆”“感恸”“感忽”“感忿”“感愧”义通成词。原因在于生理—心理的连通性。各种生理感官感觉最终都是通过心知来实现的。人的感官可以相互连通，五觉虽然各司其职，但也是相互联系的。当一个感觉发生作用，其他感觉会起连锁感应，但它们都在心知上沟通起来了。从心理学角度来说，是完形组织合成。心理学的完形知觉理论认为，完形感知对信息具有一定的组织作用，其中的相似原则是概念和语言形成中的最重要的原则，指的是人们容易将相同或相似的东西看成一个单位。同义、同类语素最易组合成词，正是如此。

原型选择指的是同义类聚中，词义原型特征的典型性差异使类聚内部也有层次性。典型性强的原型词素构词能力也强。因为类聚内的中心成员作为原型（prototype）是各自内部词义系统的代表，往往体现着成员词义的共性，具有义域更宽、使用频率比其他成员高、分布范围比其他成员大、语义往往是基础范畴的中性词等特征。在复音词化过程中，由内部词义系统向外部词义系统延伸时的构词能力最强。

具体而言，表现在两个方面：

（1）在类聚内部，原型成员往往可以和其他成员结合成词，而其他成员之间结合的可能性要小得可怜。如，同为感知类心理动词的知、识、觉、悟、解、释、谙、悉、审、憭、憬、感，其原型“感”“知”义域更宽、使用频率高、分布范围广。因此原型“感”“知”与其他成员组词较多，如感知、感觉、感悟、感感、知觉、知识、知悉、感知等，其他成员之间组合较少或难以组合。

（2）在类聚外部，与其他类聚发生结合关系时，原型成员往往以本类聚代表的身份出面参与构词，因此其结合范围和构词能力也要强于其他成员。感知类心理动词“感”与非心理动词，如触、动、应、到、激、化、召、谢、叹、发可以组合，但其他成员难以与上述非心理动词组合。

（四）“感”“觉”词源义对词义造词和句法造词的管控

同义语素虽然有着相同的义位，但词源不同，语义特征不同，因而在构词规律上形成差异。“本义或词源义不同的词，尽管发展出相同的概念义，但往往或多或少地保留着某些基因型的语义特征，正是这些语义特征，有可能潜在地制约着词语的组合关系。”[①] 本研究定义感知义心理动词为：通过身体感官作用于客观世界，在传递、加工、获取信息的认知行为中产生的知晓、明确等心理行为的词。“感”会喊杀声震天之意，凸显刺激作用于感觉器官产生的实时、短暂心理感受，而“觉”凸显通过视域观察、学习后有所领悟和发现而生成的省悟、使明白的心理感受，有一段时间是不明白的，后来才领悟和醒悟。因此，从心理学角度而言，“感”“觉”虽然都是认知类心理行为动词，但分属不同的认知阶段：“感”是认知过程中信息获取阶段的词，主要陈述获取信息时的起始体验、混沌抽象的心理感受。“觉”是认知过程中信息加工阶段的词，是陈述思维由不明白到明白的心理行为。两词词源意义各不

① 张博．张博词汇学论文集［M］．北京：北京语言大学出版社，2012：231-232．

相同，各自原初本义凸显的语义特征不尽相同，因而在构词规律上形成差异。

参考王宁（1995）词源意义探求方式①，本研究将前文古代汉语“感”词的9个单音构词义项进行词义的内部结构划分，得到的类义与核心义划分见表3-8。

表3-8　古代汉语“感”词的9个单音构词义项结构划分

类义		核心义	
感（本义）	外界刺激影响	触动、震动	心理动词
感应	人祈祷影响神	回应触动、震动	
感受	外界刺激身体感官	触动引起生理感知	
感伤	消极场景影响	触动引起情绪感伤	心理情绪
感慨	消极场景影响	触动引起思想感伤	
憾	消极不满场景	触动引起怨恨	
感动	积极场景影响	触动引起感动	
感谢	他人帮助场景影响	触动引起感谢、感激	
撼		触动物体	行为动词

“感”词的词义衍化以及“感”“撼”“憾”的同源关系都是建立在词源义“触动、震动”相同的基础上的，它们因为类义素的不同而区别分化为不同的词义或不同的词。原初本义作为词源义直接被吸收做派生词的核义素。

同样，我们将前文古代汉语“觉”词的9个单音构词义项进行词义的内部结构划分，得到的类义与核心义划分见表3-9。

表3-9　古代汉语“觉”词的9个单音构词义项结构划分

类义		核心义
觉悟（本义）	客观事理类	思维意识由迷惑、不明白到清醒、明白
感觉	身体感知类	生理意识由无感知到有感知
发觉	客观事件类	思维意识由迷惑、不明白到清醒、明白
睡醒	睡眠类	思维意识由不清醒到清醒
其他引申：有觉悟的人、使觉悟、表明、高大、正直、差		

① 王宁．汉语词源的探求与阐释［J］．中国社会科学，1995（2）：167-178.

心理动词“觉悟”是对不明显的客观事理“由迷惑、不明白到清醒、明白”，“感觉”是身体对外界刺激的“由无感知到有感知”，“发觉”是对客观事件等的认识由迷惑转为“清醒、明白”，“睡醒”是思维意识由不清醒到清醒。可见“觉”的各个引申义均由核心义素“清晰”引申而出，“由迷惑、不明白到清醒、明白”是“觉”的核心义素、造词理据。

观察整个古代汉语“感”“觉”单音构词形成的内部系统词义造词方式可以看出，两词均以各自的原初本义为核心义素进行相似引申和相关引申。以相似为主，其他相关引申、语法造词（使动、专类等）为辅，如本义“觉悟、醒悟”引申出“有觉悟的人”“使觉悟”“高大、正直”等；两词均以原初本义心理行为的条件和结果再范畴化为不同的类义素，与核义素结合而分化为不同的义项或同源词。词源义降格为核心义素管控整个内部词义系统。

汉语词汇由古代单音走向近现代复音，词义造词以复音句法造词为主，语词系联成词族，形成词义的外部系统。复音句法构词实质是客观认知关系在思维上的概念合成。认知语言学认为，是概念间的具体联系——而不是同义、反义、近义之类的抽象关系——使词汇联系在一起，储存在人脑中，构成联想关系的。董秀芳称之为“语义组块”。这些关系包括空间关系，如偏正结构“参照物—目的物”，“粗感”“精感”；时间关系，如连动结构“感通”“感激”；因果关系，如“感动”。“感”“动”，前者是心理动词，后者是行为动词，受“感”本义心理“触动”义感染，后者同化为心理动词，共同组合为心理动词。由于“感”后行为出现的语境多是社会正面的，且“感”后的心理行动多是激动等心理状态，“感动”转喻成为心理正面表状态的心理动词，范畴等级下移。无论是哪种关系，都是词源义与其他事物构成的、在概念上的具体联系。词源义隐含在词汇意义之中，管控整个词族所反映的外部词义系统。

复音复合词的构词基础是单音节词，单音节词构词能力的强弱与词义义域的广狭有密切关系。词义义域宽广的词，构词能力强。一是因为词义宽广，表意抽象模糊，必然向表意精准的复音词发展；二是正因为单音节词的意义宽广，就给双音节词的合成提供了可能，使得广义的单音节词能够较为自如地与修饰限定的连带成分凝合成一个复合词。另外，复合也不是随意复合的，受到单音节词词源义域的管控。如“感”的语义范畴就是“感”的管控义域，所以在汉语词汇由单音构词向复音构词转化过程中发生对应性扩展。广义性与构词能力密切相关，就汉语来说，最强的句法形式是联合和偏正。总之，词源义的意义内涵和特征管控词义范畴发展的类别、层次对应性和引申、分化、虚化方向以及词素选择搭配的规律性，也就管控语表形式的分布。

汉语的历史传承性使我们从词源角度分析作为原初概念的原始语义及其类别对词义构词产生的义项和复音构词产生的词族的制约。本章在词汇系统内部对比分析“感”“觉”词族语表分布规律，概括语义范畴、类别及其层次的对应性，继而讨论双音合成词各自构词语素的语义关系，概括语素结合并凝固成词的现象，总结词义结合规律，讨论其语素结合的理据性，从而证明词源义和词义系统性是语义组合具有规律性的根本原因，词族是词源义管控的词义系统性支配语义结合规律在构词层面的具体表现。

语言既独立于某些思维形式，同时又包含在某些思维形式之中。深层的概念范畴是人类认知能力在语言层面上的投射，是民族认知思维的集中体现。词汇学研究可从发生学和认知—文化语言学角度探索词的深层意义，以词族为单位，把分散的词语系统化、规范化，挖掘背后的民族文化内涵和民族认知思维个性。

第四章　“感”“觉”词族演化的历时分析

只有进行共时研究，才能真正找到语言的系统。只有进行历时研究，才能看到语言的演变。共时的差异源于历时状态的不同。词典只能静态反映共时词族词汇聚合系统，要理清词族词义演化及其源流族属关系必须结合历时动态演化过程来考察。本章主要从历时层面考察“感”“觉”族词各自的词族演化过程，目的是描述“感”词、“觉”词各自不同历史时期的词族形态及其规律。所选例句均来自北京大学中文系汉语语言学研究中心 CCL 语料库。语料包括从周朝到现代共 16 个时段，按朝代抽取“感”“觉”词族，示例不足 1000 的，全部抽取，示例超过 1000 的，只抽取到 1000。

“感”“觉”词汇词典统计表明，“感”“觉”词汇系统语形有单音节、双音节、三音节和四音节，但主要以双音节为主。汉语史上，“感”“觉”词汇系统主要是以双音同素词形式聚合为词族的，词族中的双音韵律短语和复合词既是历时产生的共现现象，也是区分的难点。关于复合词的出生地，黄月圆（1996）、董秀芳（2011）均认为，从历史角度看，汉语最早的复合词是来源于句法的。当复合词不断地从句法中衍生出来后，复合构词法就产生了。结合董秀芳复合词判定标准，本研究认为双音节词词化的基本条件如下：

（1）原有的两个分立成分必须在线性顺序上紧邻构成一个双音节音步（foot），即原来的句法单位或跨层结构中的两个分立的组成成分都必须是单音节的，二者双音化为一个音步。

观察显示，周朝时期的四字句是“觉”词双音化的主要源头之一。如：

①无竞维人，四方其训之。有［觉］德行，四国顺之。（《诗经》）

②殖殖其庭，有［觉］其楹。哙哙其正，哕哕其冥。（《诗经》）

例句①②的四字句多为主谓结构，由于双音韵步的建立，其中的双音主语使谓语双音化或者双音谓语使主语双音化。例①中，偏正双音主语“四国”使得谓语、宾语“顺之”双音化，并列双音主语“德行”使单音谓语“觉”加上发语词“有”构成双音韵律词，促成 4 字主谓句。再如例②，由发语词“其”“有”构成的双音主语“其楹”和双音谓语“有觉”一起形成 4 字主谓句。只是这一时期语序灵活，如例①中的主语“德行”在后，谓语“有觉”

在前。例②中主语“其楹”在后，谓语“有觉”在前。

再如春秋时期：

③王若不得志于齐，而以［觉］寤王心，而吴国犹世。(《国语》)

④叔向曰：“……其独遗我乎？《诗》曰：‘有［觉］德行，四国顺之。’夫子［觉］者也。”(《左传》)

⑤子曰：“不逆诈，不亿不信。抑亦先［觉］者，是贤乎！”(《论语》)

例③中的“觉寤”由两同义单音节词“觉”“寤”并列意合为双音联合动词谓语；又例④，由前面双音主语“夫子”和后面单音语气词“也”共同使谓语“觉者”双音化；再例⑤，前面单音副词“亦”使“先觉”组成双音偏正结构，共同修饰“者”。

（2）语义上有改造，透明程度低。如战国时期出现 3 次“感动”一词，“感”为心理动词，“动”为行为动词，但语境显示，“感”“动”语义均指向心动。广义上说，“感”“动”都是动词，是同义关系并列式语义组合。张博认为，并列式是上古汉语强势造词法，同义关系又是并列式中的强势语义聚合，由此推知，同义连用是上古汉语双音节组合中的强势组合①。人们习惯将两个组合在一起的语义关系理解为同义关系，从而用其中一个词的意义去类推另一个词的意义。“感”“动”可以看作具有类义并列关系的动词，但由于“感”的语素地位高于“动”，因此，受心理动词“感”义组合同化，行为动词“动”产生“心动”义，整体指向“心动”。语义透明与否，也是判断双音节词的一个标准。如“已觉”“不觉”虽然使用频率很高，但与“觉”搭配的“已”“不”都是修饰性的副词，语义非常透明，所以认为是短语，不是词。

（3）语法现象。带宾语，如词类转化，“感伤”合成后为形容词，由心理动词转为状态形容词。

（4）使用频率高。传统汉语史研究上有“例不十，不立法”的说法。因此，除必要说明外，我们判定使用超过（包括）10 次的双音韵律词为双音节词，否则为双音短语。

下文所选双音语形，如果只同时符合条件（1），那么它们是双音短语（韵律词），如果再符合（2）（3）（4）中的一个以上，则是双音节词。

---

① 张博．张博词汇学论文集［M］．北京：北京语言大学出版社，2012：117.

第一节 “感”族词的词族演化历程

汉语词汇由单音走向复音，这是汉语发展史上的一大变化。“感”族词也经历过这样的过程，其词汇化过程也必然产生词族和一词多义现象。下文首先对“感”在各个时期的词义及其对应的词类、语形类型、语义范畴及其使用频率进行统计，然后概括其由单音走向复音过程中的词族演化历程。

一、周朝时期（9例）

这一时期，语料库选取的是《今文尚书》《周易》和《诗经》，大致反映周朝书面语言使用情况。因为只有9例，且可能是较早的词源义，本研究全部列举如下：

①《象》曰：“贞吉悔亡，未［感］害也。憧憧往来，未光大也。”（《周易》）

②《彖》曰：“咸，［感］也。柔上而刚下，二气［感］应以相与……”（《周易》）

③我闻曰：“至治馨香，［感］于神明。黍稷非馨，明德惟馨。”（《今文尚书》）

④祗载见瞽叟，夔夔斋栗，瞽亦允若。至诚［感］神，矧兹有苗。（《今文尚书》）

⑤爱恶相攻而吉凶生，远近相取而悔吝生，情伪相［感］而利害生。（《周易》）

⑥往者，屈也；来者，信也。屈信相［感］而利生焉。（《周易》）

⑦无思也，无为也，寂然不动，［感］而遂通天下之故。（《周易》）

⑧舒而脱脱兮，无［感］我帨兮，无使尨也吠！（《诗经》）

《辞海》（上）：感，哥坎切，感韵。其意义包括（一）心应于外物而动也；（二）动人之心也；（三）身有所受亦曰感；（四）亦作“憾”，恨也；（五）通“撼”，动也。比照《辞海》解释，例①③④⑦为（二），以下简称为“心动”义，例⑤⑥为（一），以下简称为“心应”义，例②为“男女相互之事”，简称“男女感”义。例⑧，通“撼”，动也，“动摇”义。

综上，“感”词的义项、词类、语形类型及使用频率等归纳、统计见表4-2。

表 4-2 “感”词的义项、词类、语形类型及使用频率统计

义项	词类	语形类型	使用频率
心动	动词	单音节	5
心应	动词	单音节	2
动摇，通“撼”	动词	单音节	1
男女感	动词	单音节	1
合计（4）			9

统计表明，“感”是单音多义动词，只有单音语形，有动词义项“触动、震动”“男女感”“感应”和“动摇”4 类，其中义项“触动、震动”使用频率最高。另，“感”通“撼”。

二、春秋时期（4 例）

这一时期，语料库选取的是古代正统书面语代表性典籍——《墨子》和《左传》，大致反映从公元前 770 年至前 476 年的书面语言使用情况。因为只有 4 例，且是较早的词源义，本研究全部列出如下：

①得其所以自养之情，而不［感］于外也。（《墨子》）

②窕则不咸，槬则不容，心是以［感］，［感］实生疾。（《左传》）

③蔡大夫曰：“王贪而无信，唯蔡于［感］。今币重而言甘，诱我也。不如无往。”（《左传》）

其中例①②中的“感”指本义，例③中的“感”，杜注：蔡，近楚之大国，故楚常恨其不服顺。《辞海》认为“感”与“憾”通，恨也。咸有感义，故感字从咸。《通假大字典》认为“感，通憾，恨”。

综上，这一时期“感”词的义项、词类、语形类型及使用频率等归纳、统计见表 4-3。

表 4-3 “感”词的义项、词类、语形类型及使用频率统计

义项	词类	语形类型	使用频率
心动	动词	单音节	3
恨，通“憾”	动词	单音节	1
合计（2）			4

统计表明，“感”为单音多义动词，也只有单音语形，没有多音语形。语义为 2 项，增加“恨”义。从使用频率上看，“触动、震动”义最高，有 3 次，“恨”义 1 次。另，“感”通“憾”。

三、战国时期（57 例）

战国时期，语料库选取的是《吕氏春秋》《中庸》《礼记》《楚辞》《荀子》《鬼谷子》《逸周书》《管子》《孝经》《晏子春秋》和《庄子》等古代正统书面语代表性典籍，大致反映从公元前 475 年至前 221 年的书面语言使用情况。这一时期“感”词的义项、词类、语形类型及使用频率等归纳、统计见表 4-4。

表 4-4 “感”词的义项、词类、语形类型及使用频率统计

义项	词类	语形类型及使用频率			合计
		单音	双音		
			感 X	X 感	
心动	动	32	感动 3、感私 1		41
			感哀 1、感忽 2		
	名	1		悲感 1	
心应	动	3	感应 2	相感 1、应感 1	7
身有所受	动	5			5
男女感	动	1			1
与外界触碰接触	动	1			1
动摇，通“撼”	动	2			2
合计（6）		45	8 个/12 次		57

统计表明，“感”仍表现为单音多义动词。从语形类型及其使用频率来看，单音语形使用频率为 45 次，开始出现“感动”等双音语形 8 个，共使用 12 次。其中“感动”“感应”“应感”不仅线性紧邻，而且带上了宾语，且同期有非词形式出现，所以词化倾向明显。从语义的角度看，有 6 类义项，相较于前朝，增加“身有所受”和“与外界触碰”两个义项。从词类的角度来看，“感”为动词，偶现名词性用例，因此只出现并列、连动、动补、动宾等动词语义结构的“感 X”双音语形，双音短语化、词化倾向明显。

总结上述先秦 70 例语料发现，先秦汉语“感”词是单音多义动词，出现“感”“憾”“撼”同源词现象。单音语形使用 58 次，带“感”词素的双音语形 8 个，使用 12 次。先后出现的 7 个义项及其使用频率依次为：“心动”义 41 次，“心应”义 5 次，“动摇”（“撼”）义 2 次，“男女感”义 2 次，“身有所受”义、“与外界触碰”义各 1 次。词义所对应的语义范畴依次由心理行为向动作行为、心理状态扩展。同时也因双音化语境，开始出现少量有并列、连动、动补、动宾等动词语义结构的双音“感 X”语形。“X”均为实词。

四、两汉时期（273 例）

两汉时期，语料库选取的是《太平经》《古诗十九首》《阿难问事佛吉凶经》《全汉文》《前汉纪》《佛经选》《论衡》等古代正统书面语代表性典籍，大致反映从公元前 206 至 280 年的语言使用情况。该时期“感”词的义项及其对应的词类、语形类型、语义范畴及使用频率收集、整理见表 4-5。

表 4-5 “感”词的义项、词类、语形类型及使用频率统计

义项	词类	语形类型及使用频率		
		单	双	
			感 X	X 感
心动	动	108	感动 59、感起 1、感移 2、感吞 1	动感 2
			感召 1、感激 3、感服 1	激感 1
			感悟 5、感念 2、感惟 1	
			感变 1、感通 1、感突 1	
			感类 2、感德 2	
	名	13		X 之感
伤感	动	1	感伤（形、专化）7、感惭 2、感怨 1	
			感恨 1、感哀 1、感惧 1、感忿 2	
感慨	动	3	感慨 1	（连动）
感谢	动	4		
心应	动	1	感应 4、感动 2	应感 4、交感 1、相感 6
身有所受	动	8		动感 1
				自感 1、悲感 2
感生	动	7	感动 4、感梦 1	
合计（7）		145	25	8

“感”词在该时期有单音、双音两种语形，但有的双音语形是词，有的双音语形是短语。我们把“感动、动感，感应、应感、感伤”看作词，理由是：两个分立成分组成双音音步，线性紧邻，或者语义发生变化。如“感动”

的两个分立成分都是指心理行为，不是指行动行为，或者词类发生变化。如“感伤”的意义是“因感触而悲伤”，如“恨”义一样，也是由于先民的忧祸趋福意识，因心理触动、震动引起悲伤情绪造成的，是描述心理状态的形容词，或者语法上有成词特点，如“感动”带宾语。此外，使用频率相对较高。两汉语料只有 273 例，尽管“感应”“应感”共 8 次，“感伤”只有 7 次，我们仍认为使用频率相对较高。因而，上述各义项所对应的词类、语形类型及使用频率统计见表 4-6。

表 4-6 “感”词的义项、词类、语形类型及使用频率统计

义项	词类	语形类型及使用频率			合计
		单	双		
			短语	词	
心动	动、名	108＋13	14/24＋3/4	1/59＋1/2	210
伤感	形	1	6/8	1/7（形）	16
感慨	动	3	1/1	0	4
感谢	动	4	0/0	0	4
心应	动	1	2/7	2/6＋1/4	18
身有所受	动	8	0	1/1	9
感生	动	7	1/1	1/4	12
合计	3	145	27/45	8/83	273

273 例语料统计显示，“感”为单音、双音并重的兼类多义词。

从语形类型及使用频率来看，单音节词 145 次，带“感”词素的双音语形 128 次，未见其他语形。其中双音节短语 27 个，使用 45 次，双音节词 8 个（包括同素异序），使用 83 次。可见，汉代双音短语多于双音节词，但双音新词使用频率却高于双音短语。

从语义角度看，单音词义构词使得“感”新增因感触而悲伤的“伤感”义、对他人的帮助或好意而感动产生谢意的“感谢”义、因感触而慨叹的“感慨”义、有感而孕生的“感生”义四个义项。出现的 7 项语义及其使用频率依次为：“心动”义 210 次，“心应”义 18 次，“伤感”义 16 次，“感生”义 12 次，“身有所受”义 9 次，“感慨”义 4 次，“感谢”义 4 次。前两项为这个时期的常用义。复音结构构词，使双音短语韵律化，但尚未成词，词项所对应的语义范畴包括感后行为、感后社会情感、感后结果、感后思维等，以及感的原因对象、自我感知、感后负面情绪、感后思想状态等。

从词类角度看，“感”作动词占绝对优势，使用252次；其次是名词，使用13次；最后是形容词，用例8次。出现“感动”与“动感”、“感应”与“应感”同素异序词，这种被许慎《说文解字》描述成“言语异声，文字异形”的现象，是战国时代列国割据、文字不能统一延续造成的。

统计表明，汉代双音语形的大量产生和双音节词的形成，使同素“感”词族初现雏形。初步形成“感X”顺序词语模和“X感”逆序词语模，“感X”多于“X感”。其中“感X”双音语形延续先秦词语模，语义结构是连动、动宾、动补。开始出现“X感”双音语形，有3个，其中“动感”与“感动”、“激感”与“感激”、“应感”与“感应”是3组同素异序词，是同义并列产生的“X感”双音语模，其余语义结构为主谓、状中，“X”均为实词。“感动”是再生多义词。未见包括“憾”“撼”在内的同源词。

五、六朝时期（764例）

六朝时期，语料库选取的是《全刘宋文》《全梁文》《齐民要术》《大悲莲华经》《五母子经》《三国志裴注》《宝藏论》《佛说孛经钞》《佛说菩萨内戒经》《华阳国志》《世说新语》《搜神记》《陶渊明集》《文心雕龙》《抱朴子》《曹操诗》等古代正统书面语代表性典籍，大致反映从公元280至581年的语言使用情况。该时期“感”词的义项及其对应的词类、语形类型、语义范畴及使用频率收集、整理见表4-7。

表4-7 “感”词的义项、词类、语形类型及使用频率统计

义项	词类	语形类型及使用频率	
		单	双（感X）
心动	动	331	感动11、感往3、感推1、感寻2、感跃1、感接1
	名	39	感叹4、感咽2、感哽1、感恸5
			感变2、感化3、感降5、感通6、感彻2、感和2、感契1、感塞1、感效2
			感激18、感庆1、感报1、感悼1、感咏1、感召2
			感悟（寤）27、感识1
			感恋3、感思1、感念4、感惟9
			感类2、感旧1、感遇2、感果1、感梦3
			感深1、感远3、感贱1、感绝2、感对1
			感悴1、感切4、感痛3

续表

义项	词类	语形类型及使用频率	
		单	双（感X）
伤感	形	0	感伤 7、感恨 2、感怒 1、感愤 3、感结 1、感怆 3、感愧 1
		0	感悦 7、感爱 1、感慰 1、感佩 1、感慕 5
感慨	动	19	感慨 10、感X赋 7、感怀 2
感谢	动	4	感激 3、感荷 1、感分 1、感谢 1、感恩 12
感应	动	0	感应 10、应感 8
身有所受	动	3	感受 1、感疾 1
感生	动	1	意感 1

“感”词在该时期有单音、双音短语、双音节词三种语形。整理发现，出现“X感”双音节词语模，包括表 4-8 中所示的三种情况。

表 4-8 出现“X感”双音词语模的统计

词类	语形类型及使用频率
双音名词	触感 4、幽感 1、资感 1、通感 1、小感 1、机感 2、惭感 2、粗感 2、精感 3、仁感 1、百感 1、情感 4、缘感 3、理感 10、至感 2、玄感 2、私感 1、睿感 1、照感 1、潜感 1、乐感 1、冥感 3、谬感 1、同感 1、妙感 2、属感 1
句法词	相感 13、实感 5、前感 1、犹感 1、难感 1、永感 2、万感 2、不感 4、无感 1
短语词	哀感 5、孝感 5、化感 2、诚感 12、诳感 1、兴感 2、追感 1、真感 1、悲感 7、凄感 1、忧感 2、义感 7、酸感 1、痛感 5、惭感 2（既定中又状中）

“感”词在该时期因双音化语境出现产生大量的双音语形。本研究认为相对动词而言，名词因其指称功能而具有稳定性。因此，无论使用频率如何，本研究把定中名词“X感”双音语形均看作词，把状中或主谓“X感”语义透明的句法词、短语词均看作短语。

该时期成词词语除承袭两汉时期的“感动、动感、感应、应感、感伤”外，新增“感激、感慨、感悟、感恩”。“感激”“感慨”使单音构词的义项有了双音语形，“感悟”“感恩”是复音结构构词产生的新义项。

上述各义项的词类、语形类型及使用频率统计见表 4-9。

表 4-9　“感”词的义项、词类、语形类型及使用频率统计

义项	词类	语形类型及使用频率			合计
		单	双		
			短语	词	
心动	动、名	331 动+39 名	41/83+24/84	3/56+26/53	646
伤感	形	0	11/26+0	1/7（形）	33
感慨	动	19	2/9+0	1/10+0	38
感谢	动	4	3/3+0	2/15+0	22
感应	动	0	0	2/18+0	18
身有所受	动	3	2/2+0	0	5
感生	动	1	0+1/1	0	2
合计		397	84/ 208	35/159	764

774 例语料统计显示，六朝时期的“感”为单、双音并重的兼类多义词。从语形类型及使用频率来看，单音节词 397 次，双音语形 367 次，未见其他语形。其中双音节短语 84 个，使用 208 次，双音节词 35 个，使用 159 次。词类方面，仍是动词占绝对优势，其次是名词 92 次，形容词 7 次。从词义角度来看，单音词义构词义项总类为 7，各义项及其使用频率依次为“心动”义 646 次、“感慨”义 38 次、“伤感”义 33 次、“感谢”义 22 次、“感应”义 18 次、“身有所受”义 5 次、“感生”义 2 次。“心动”义使用频率占绝对优势，是基础义、常用义。“感慨”义和“感谢”义均有所上升，成为这个时期的常用义。复音构词分化出新的义项：“感悟”和“感恩”。

整理发现，“感”词的语形类型在该时期发展为单音、双音短语、双音节词三种类型。双音化和复音构词形成词语模“感 X”和“X 感”。“感 X”延续两汉时期具有动词语义结构的词语模，“X”为实词，产生双音短语 59 个，使用 123 次，双音节词 9 个，使用 106 次。“X 感”则有较大发展，两汉时期定中结构“X 之感”双音化为名词“X 感”，共 26 个，使用 53 次；出现双音状中“X 感”句法词，“X”为虚词，9 个，使用 30 次；出现双音状中或主谓“X 感”短语词，“X”为实词，共 16 个，使用 55 次。这个时期，词语模中，与“感”搭配共现的“X”开始出现虚词。显然，多层次双音同素“感”词族形成，未见单音同源词。

六、隋唐时期（993 例）

隋唐时期，语料库选取的是《通典》《唐代墓志汇编续集》《唐文拾遗》《大唐西域记》《首楞严经》《地藏本愿》《华严经》《原人论》《入唐求法》《李白诗》《李贺诗》《白居易诗》《陈子昂诗》《唐诗三百首》等隋唐书面语、口语代表性典籍，大致反映从公元 581 年至 907 年的语言使用情况。该时期“感”词的义项及其对应的词类、语形类型、语义范畴及使用频率收集、整理见表 4-10。

表 4-10 “感”词的义项、词类、语形类型及使用频率统计

义项	词类	语形类型及使用频率	
		单	双
本义	动	447	感动 12、感会 5、感驯 1、感载 1、感离 1、感现 1
			感叹 8、感咽 2、感泣 5、感恸 5
			感通 12、感化 2、感彻 1、感获 1、感溃 1、感见 1、感得 7、感到 1
	名	62	感激 20、感戴 11、感庆 1、感悼 2、感励 1、感服 1、感幸 1
			感悟（寤）13
			感恋 2、感思 3、感念 1、感忆 1
			感旧 2、感遇 6、感德 8、感义 1
			感深 4、感绝 2、感悴 1、感切 4、感极 1、感优 1
			自感 1
伤感	形	0	感伤 16、感惧 10、感愤 1、感怆 1、感凄 1
			感慰 15、感悦 5、感幕 8、感兴 1、感情 1
感慨	动	14	感慨 1、感 X 体 18、感怀 3、感讽 3
感谢	动	6	感激 19、感谢 2、感荷 2
			感恩 37
感应	动	0	感应 12
感生	动	6	感帝 21、感梦 4
身孕	动	1	

双音节词语模“X 感”词项词类、语形类型及使用频率收集整理见表 4-11。

表 4-11 双音节词语模“X 感”词项及使用频率统计

词类	语形类型及使用频率
名词	幽感 1、业感 6、玄感 1、冥感 2、孝感 4、霜感 1、颓感 1、祥感 1、哀感 6、酸感 1、灵感 1、痛感 1、悲感 2、感知 1
句法词	深感 2、早感 1、万感 2、永感 2、益感 1、倍感 1、方感 1、忽感 1
短语词	哀感 11、迥感 1、凄感 4、悲感 11、孝感 6、恸感 1、痛感 4、荐感 3、梦感 1、叹感 1、伤感（形）6、气感 1、睿感 1、载感 1、殁感 1、追感 2、悼感 1

“感”词的语形类型在该时期有单音、双音短语、双音节词三种类型。该时期成词词语新增感通、感帝、感惧、感慰、感戴。

上述各义项的词类、语形类型及使用频率统计见表 4-12。

表 4-12 “感”词的义项、词类、语形类型及使用频率统计

义项	词类	语形类型及使用频率			合计
		单	双		
			短语	词	
心动	动	447 动＋62 名	35/87＋25/67	8/130＋14/29	822
伤感	形	0	7/18	3/41	59
感慨	动	14	1/24	1/1	39
感谢	动	6	2/4	1/19	29
感应	动	0	0	1/12	12
身有所受	动	6	1/4	1/21	31
身孕	动	1	0	0	1
合计		536	71/204	29/253	993

隋唐时期的语料 993 例表明，“感”是以单音为主、双音为次的兼类多义词。从使用频率来看，单音节词 536 次，双音语形 457 次，未见其他语形。其中双音节词 27 个，使用 253 次，双音节短语 71 个，使用 204 次。词类方面，仍是动词占绝对优势，其次是名词，为 91 次，形容词，22 次。

义项及其使用频率依次为“心动”义 822 次、“伤感”义 59 次、“感慨”义 39 次、“身有所受”义 31 次、“感谢”义 29 次、“感应”义 12 次、“身孕”义 1 次。语义义位及范畴延续前朝，总类为 7。“心动”还是绝对的基础义、常用义，增加“身孕”义，因为只有一次，可看作临时产生的。

该时期“感”词族状况延续六朝，为双音同素“感”词族，未见单音同源词。其中词语模“感X”中的“X”由实词构成，双音短语46个，使用137次，双音节词15个，使用224次。词语模“X感”的“X”有的是实词，有的是虚词。由虚词构成的句法动词8个，使用11次；由实词构成的短语词法动词17个，使用56次（包括“伤感”6次）。名词定中结构“X感”中的“X”均由实词构成，14个，使用29次。动词语义结构“感X”中，出现“感得”和“感到”，“得”和“到”均是实词。

七、五代时期（198例）

五代期选取的语料是《敦煌变文选》《敦煌变文集新书》《祖堂集》等作品，该时期“感”词的语义义项、词类、语形类型及使用频率等统计见表4-13。

表4-13 “感”词的义项、词类、语形类型及使用频率统计

义项	词类	语形类型及使用频率		
		单	双	
			感X	X感
本义	动	66	感动2、感出1、感现1、感附2、感招6（招感1）	
			感得42、感戴1、感到1、感取2、感贺2、感臻1、感化3	
			感悟1	
			感惭1、感愧1	
			感深1、感切6、感优1	无感2、方感2
			感果6、感德2	
	名	13		帝感1、孝感1、通感3
感觉（生理）	动	2		
感慨	动	1	感怀2	
感谢	动	6	感激3、感谢1、感荷4	
			感恩5	
感应	动	0	感应1	
感生	动	0		梦感2

成词：感动、感激、感慨、感应、感悟、感伤、感恩、感通、感帝、感惧、感慰、感戴，增加感得。

上述各义项的词类、语形类型及使用频率统计见表4-14。

表4-14　“感”词的义项、词类、语形类型及使用频率统计

义项	词类	语形类型及使用频率			合计
		单	双		
			短语	词	
心动	动、名	66＋13	16/37＋2/4	5/51＋3/5	176
感觉（生理）	动	2	0	0	2
感慨	动	1	1/2	0	3
感谢	动	6	2/5	1/3	14
感应	动	0	0	1/1	1
感生	动	0	1/2	0	2
合计		88	22/50	10/60	198

五代时期，语料比较少。“感”是双音稍多于单音的兼类多义词。从使用频率来看，单音节词88次，双音语形110次，未见其他语形。其中双音节短语22个，使用50次，双音节词10个，使用60次。词类方面，仍是动词占绝对优势，其次是名词，为18次。

义项及其使用频率依次为“心动”义176次、“感谢”义14次、“感慨”义3次、“感觉”义与“感生”义均为2次、“感应”义1次。语义义位及范畴延续前朝，总类为6。“心动”还是绝对的基础义、常用义，增加“感觉”义（生理），仅使用2次，可看作临时产生的。

该时期“感”词族状况延续隋唐，为双音同素“感”词族，未见单音同源词。其中词语模“感X”中的“X”有实词也有虚词，由实词构成的双音短语20个，使用46次，由虚词构成的双音短语1个，使用1次；双音节词中“X”为实词的6个，使用13次，“X”为虚词的1个，使用42次。词语模“X感”的“X”有的是实词，有的是虚词。由虚词构成的句法动词2个，使用4次，由实词构成的短语词法动词1个，使用2次。定中结构名词“X感”中的“X”均由实词构成，出现3个，使用5次。未见同源词。

八、北宋时期（994例）

北宋时期，语料库选取的是《禅林僧宝传》《册府元龟》等北宋口语代表性典籍，大致反映从公元960年至1127年的语言使用情况。该时期“感”词的语义范畴、词类、语形类型及使用频率等统计见表4-15。

表4-15 “感”词的义项、词类、语形类型及使用频率统计

<table>
<tr><th rowspan="2">义项</th><th rowspan="2">词类</th><th colspan="2">语形类型及使用频率</th></tr>
<tr><th>单</th><th>双</th></tr>
<tr><td rowspan="2">本义</td><td>动</td><td>370</td><td>感动41、感寻2、感往3、感震1、感会4、感存1、感摧1、感附1</td></tr>
<tr><td>名</td><td>60</td><td>感叹16、感泣15、感恸15、感哽1、感涕6、感咽4、感通21、感得2、感化3、感致1、感契1、感异1、感达2、感祥1、感激33、感庆7、感悼4、感励7、感昭1、感戴2、感召6、感幸1、感奋2、感悟（寤）29、感思3、感念4、感惟3、感喻1、感旧3、感幽1、感德6、感义1、感说1、感深1、感切6、感优1</td></tr>
<tr><td>伤感</td><td>形</td><td>0</td><td>感伤14、感惧2、感愤2、感怆2、感恨1、感愧1、感怒1、感忿1、感恻2、感痛1、感惨1、感慰5、感悦42、感慕8、感佩1</td></tr>
<tr><td>感慨</td><td>动</td><td>14</td><td>感慨8、感怀3</td></tr>
<tr><td rowspan="2">感谢</td><td rowspan="2">动</td><td rowspan="2">6</td><td>感谢5</td></tr>
<tr><td>感恩23</td></tr>
<tr><td>感应</td><td>动</td><td>0</td><td>感应17、应感1</td></tr>
<tr><td>身有所受</td><td>动</td><td>0</td><td>感疾4、感病2、感受3</td></tr>
<tr><td>感生</td><td>动</td><td>6</td><td>感帝3、感梦6、意感3</td></tr>
<tr><td>身孕</td><td>名</td><td>1</td><td></td></tr>
<tr><td>名词</td><td colspan="3">幽感1、悲感2、灵感3、圣感1、孝感1、玄感1、虔感1</td></tr>
<tr><td>句法词</td><td colspan="3">深感8、相感4、多感2、永感2、外感1、先感1、实感2、极感1、大感1、无感3</td></tr>
<tr><td>短语词</td><td>状中</td><td colspan="2">哀感15、悲感10、孝感13、昭感9、交感2、仰感4、义感3、痛感1、触感3、伤感（形）3、追感7、怀感1、兴感6</td></tr>
</table>

成词：感动、感激、感慨、感应、感悟、感伤、感恩、感通、感帝、感惧、感慰、感戴、感得，增加感叹、感泣、感恸、感悦。

上述各义项的词类、语形类型及使用频率统计见表4-16。

表 4-16 “感”词的义项、词类、语形类型及使用频率统计

义项	词类	语形类型及使用频率			合计
		单	双		
			短语	词	
心动	动、名	370+60	46/113+23/102	13/246+7/10	901
伤感	形	0	0	1/14	14
感慨	动	14	1/3	1/8	25
感谢	动	6	1/5	0	11
感应	动	0	0	2/18	18
身有所受	动	0	2/6	0	6
感生	动	6+1	2/9	1/3	19
合计		457	75/238	25/299	994

统计显示，北宋时期的“感”为双音语形稍多于单音的兼类多义词。从使用频率来看，单音节词 457 次，双音语形 537 次，双音语形使用总量超过单音节词，未见其他语形。其中双音节词 25 个，使用 299 次，双音节短语 75 个，使用 238 次。词类方面，仍是动词占绝对优势，名词为 70 次，形容词为 17 次。

义项及其使用频率由高到低依次为“心动”义 901 次、“感慨”义 25 次、“感生”义 19 次、“感应”义 18 次、“伤感”义 14 次、“感谢”义 11 次、“身有所受”义 6 次。语义义位及范畴延续前朝时期，总类为 7。“心动”义是基础义、常用义。

该时期“感”词族状况延续前朝。其中词语模“感 X”中的“X”由实词构成，共产生双音短语 52 个，使用 136 次；双音节词 18 个，使用 289 次。词语模“X 感”的“X”有的是实词，有的是虚词。由虚词构成的句法动词 10 个，使用 25 次；由实词构成的短语词法动词 13 个，使用 77 次。定中结构名词“X 感”中的“X”均由实词构成，出现 7 个，使用 10 次。未见同源词。

九、南宋时期（86 例）

南宋时期，语料库选取的是《五灯会元》《古尊宿语录》《李清照词》《朱

敦儒词》等南宋口语、词类代表性典籍，大致反映从公元 1127 年至 1279 年的语言使用情况。该时期“感”词的语义范畴、词类、语形类型及使用频率等统计见表 4-17。

表 4-17 “感”词的义项、词类、语形类型及使用频率统计

义项	词类	语形类型及使用频率	
		单	双
本义	动	41	感动 1、感叹 1、感涕 1、感得 2、感化 1、感致 1、感兴 1、感愧 1、感祥 1、感悟（寤）10、感恋 1、忽感 1、感果 2、感恩 3
	名	4	冥感 1、机感 2
感谢	动	6	感荷 1、感格 1
身有所受	动	0	感疾 1
感生	动	6	感梦 2

短语词：（状中）哀感 1、夜感 1、幸感 1、怀感 1、梦感 1、伤感（形）1。

上述各义项的词类、语形类型及使用频率统计见表 4-18。

表 4-18 “感”词的义项、词类、语形类型及使用频率统计

义项	词类	语形类型及使用频率			合计
		单	双		
			短语	词	
心动	动、名	41+4	8/9+7/7	5/17+2/3	81
感谢	动	0	2/2	0	2
身有所受	动	0	1/1	0	1
感生	动	0	1/2	0	2
合计		45	19/21	7/20	86

这里需要说明的是，南宋语料少，南宋时期的“感”为单、双音相当的兼类多义词。从使用频率来看，单音节词 45 次，双音节词 41 次，单、双音节词大致相当，未见其他语形。其中双音节词 7 个，使用 20 次，双音节短语 19 个，使用 21 次。词类方面，仍是动词占绝对优势，名词为 7 次，形容词 1 次。

使用频率高的义项依次为“心动”义 81 次、“感谢”义 2 次、“感生”义 2 次、“身有所受”义 1 次。“心动”仍是基础义、常用义。

该时期“感”词族状况延续前朝。其中词语模“感 X”中的“X”由实词构成，共产生双音短语 12 个，使用 14 次，双音节词 5 个，使用 17 次。词语模“X 感”的“X”有的是实词，有的是虚词。由虚词构成的句法动词 1 个，使用 1 次，由实词构成的短语词法动词 6 个，使用 6 次。定中结构名词“X 感”中的“X”均由实词构成，出现 2 个，使用 3 次。未见同源词。

十、元朝时期（55 例）

元朝时期，语料库选取的是《朴通事》、《倩女幽魂》、《大唐三藏取经评话》、《西厢记杂剧》、《三国志平话》、《大宋宣和遗事》、《白娘子永镇雷峰塔》元曲话本等口语代表性典籍，大致反映从公元 1206 年至 1368 年的语言使用情况。该时期“感”词的语义范畴、词类、语形类型及使用频率等统计见表 4-19。

表 4-19　“感”词的义项、词类、语形类型及使用频率统计

义项	词类	语形类型及使用频率	
		单	双
心动	动	5	感动 3、感起 1、感叹 3、感得 2、感激 2、感承 1、感悟 1
	名	2	（曲名）5
伤感	形	0	感伤 4
感慨	动	0	感慨 4、感怀 1
感谢	动	0	感激 3、感谢 5、感荷 1、感旧 1
感应	动	0	感应 1
感生	动	0	感冒 2
句法词	忽感 1、极感 1、短语“多感”“足感”独立成句		
短语词	状中	哀感 1、夜感 1、幸感 1、怀感 1、梦感 1、伤感（形）1	

上述各义项的词类、语形类型及使用频率统计见表 4-20。

表 4-20　“感”词的义项、词类、语形类型及使用频率统计

义项	词类	语形类型及使用频率			合计
		单	双		
			短语	词	
心动	动、名	5+2	2/2+8/8	5/11+1/5	33
伤感	形	0	0	1/4（形）	4
感慨	动	0	1/1	1/4	5
感谢	动	0	3/7	1/3	10
感应	动	0	0	1/1	1
感生	动	0	0	1/2	2
合计		7	14/18	11/30	55

元朝时间短，语料极少，所以统计出来的数据显示较低。总量为 55 例。

元朝时期的“感”表现为双音为主、单音为次的兼类多义词。从词类数量及其使用频率来看，单音节词 7 次，双音语形 48 次，双音语形使用总量开始超过单音词。其中双音节词 11 个，使用 30 次；双音节短语 14 个，使用 18 次。词类方面，仍是动词占绝对优势，名词为 7 次，形容词 5 次。

使用频率高的义项依次为“心动”义 33 次、“感谢”义 10 次、“感慨”义 5 次、“伤感”义 4 次、“感生”义 2 次、“感应”义 1 次。语义义位及范畴总类为 6。“心动”义是基础义、常用义，“感谢”义使用频率有所上升，正成为这个时期的常用义。

该时期“感”词族状况延续前朝。其中词语模“感 X”中的“X”由实词构成，共产生双音短语 6 个，使用 10 次；双音节词 10 个，使用 25 次。词语模“X 感”的“X”有的是实词，有的是虚词。由虚词构成的句法动词 2 个，使用 2 次；由实词构成的短语词法动词 6 个，使用 6 次。定中结构名词“X 感”中的“X”均由实词构成，出现 1 个，使用 5 次。未见同源词。

十一、明朝时期（843 例）

明朝时期，语料库选取的是《柳如是集》《练兵纪实》《万历野获编》《三国演义》《三宝太监西洋记》《东汉秘史》《周朝秘史》《姜氏秘史》《夏商野史》《两晋秘史》《封神演义》《初刻拍案惊奇》《二刻拍案惊奇》《今古奇观》

《天工开物》《喻世明言》《水浒全传》等口语代表性典籍，大致反映从公元1368年至1644年的语言使用情况。该时期“感”词的语义范畴、词类、语形类型及使用频率等统计见表4-21。

表4-21　“感”词的义项、词类、语形类型及使用频率统计

义项	词类	语形类型及使用频率	
		单	双
本义	动	173	感动33、感起1、感发1、感仰1、感叹35、感泣10
	名	25	感激5、感通9、感得5、感致1、感着1、感奋2、感服2、感孚1、感悟12、感念10、感思1（思感1）、感旧1、感遇1、感深3、感切3
伤感	形	0	感伤31、伤感65、感惧1、感愤5、感怆3、感恨2、感愧1、感忿1、感悦4、感慰1、感幕1、感佩4
感慨	动	14	感慨14、感怀6、感触1、感兴2
感谢	动	6	感激45、感谢70、感格4、感刻2、感蒙8、感感2、感恩33、感德22
感应	动	0	感应13
身有所受	动	0	感疾1、感冒9、感受1
感生	动	6	感梦3、意感1、交感（专化）9

成词：感动、感激、感慨、感应、感悟、感伤、感恩、感通、感帝、感惧、感慰、感戴、感得、感叹、感泣、感恸、感悦，增加感念、感德、伤感、感谢。双音节词语模“X感”词项及其使用频率收集整理见表4-22。

表4-22　双音节词语模“X感”词项及其使用频率统计

词类	语形类型及使用频率	
名词	观感5、异感1、灵感11、义感1、眩感1	
句法词	深感28、相感5、实感2、极感2、忽感1、更感1、无感3、足感3、多感30	
短语词	状中	哀感4、悲感4、孝感8、愧感1、铭感1、受感1

上述各义项的词类、语形类型及使用频率统计见表 4-23。

表 4-23 “感”词的义项、词类、语形类型及使用频率统计

义项	词类	语形类型及使用频率			合计
		单	双		
			短语	词	
心动	动、名	173＋25	21/37＋15/94	13/182＋5/19	530
伤感	形	0	0	1/31＋1/65	96
感慨	动	14	3/9	1/14	37
感谢	动	6	4/16	2/115	137
感应	动	0	0	1/13	13
身有所受	动	0	3/11	0	11
感生	动	6	3/13	0	19
合计		224	49/180	24/439	843

明朝时期的“感”是以双音为主、单音为次的兼类多义词。从音节词类数量及其使用频率来看，单、双音节使用总量为 843 次，单音节词 224 次，双音语形 619 次，单音节词使用总量约占语词使用总量的三分之一，单音节词正在退化，未见其他语形。双音节词 24 个，使用 439 次；双音节短语 49 个（包括“无感”），使用 180 次。双音节词的使用都超过了双音短语，双音短语正在退化。词类方面，仍是动词占绝对优势，名词为 34 次，形容词为 96 次。

义项及其使用频率由高到低依次为“心动”义 530 次、“感谢”义 137 次、“伤感”义 96 次、“感慨”义 37 次、“感生”义 19 次、“感应”义 13 次、“身有所受”义 11 次。语义义位及范畴延续前朝时期，总类为 7。“心动”义是基础义、常用义。

该时期“感”词族状况延续前朝。其中词语模“感 X”中的“X”由实词构成，共产生双音短语 34 个，使用 86 次；双音节词 19 个，使用 420 次。词语模“X 感”中的“X”有的是实词，有的是虚词。由虚词构成的句法动词 9 个，使用 75 次；由实词构成的短语词法动词 6 个，使用 19 次。定中结构名词“X 感”中的“X”均由实词构成，出现 5 个，使用 19 次。未见同源词。

十二、清朝时期（1004 例）

清朝时期，语料库选取的是《宋论》《廿二史劄记》《曾国藩家书》《经学通论》《七侠五义》《七剑十三侠》《三侠剑》《东周列国志》《东度记》《九尾龟》《乾隆南巡记》《二十年目睹之怪现状》《侠女奇缘》《儒林外史》《儿女英雄传》等代表性典籍，大致反映从公元1616年至1911年的语言使用情况。该时期“感”词的语义范畴、词类、语形类型及使用频率等统计见表4-24。

表4-24 “感”词的义项、词类、语形类型及使用频率统计

义项	词类	语形类型及使用频率	
		单	双
本义	动	112	感动53、感动（形）4、感用1、感发8、感仰4、感领7
	名	25	感激5、感戴6、感奋2、感服1、感孚1、感幸2、感颂3、感召8、感令1、感报1、感叹12、感泣5、感涕1、感通2、感化20、感得6、感到27、感胜1、感愤2、感悟12、感念12、感旧4、感精2、感人（形）6、感深2、感切1、感极1、感情12
伤感	形	0	感伤（形）11、伤感（形）27、感悦4、感羡1、感幕1、感佩4、感愧5
感慨	动	0	感慨22、感怀1、感触3、感X体3
感谢	动	61	感激265、感谢15、感格3、感蒙1、感恩47、感德10
感应	动	0	感应15
身有所受	动	6	感疾1、感受3、感觉（动名）5、感冒24
感生	动	8	感生3

成词：感动、感激、感慨、感应、感悟、感伤、感恩、感通、感帝、感惧、感慰、感戴、感得、感叹、感泣、感恸、感悦、感念、感德、伤感，新增成词感冒、感念、感情、感化、感到。“X感”词语模形成的语词见表4-25。

表4-25 “感”词的义项、词类、语形类型及使用频率统计

词类	语形类型及使用频率	
名词	观感5、疑感1、灵感8、悲感1、情感2、恶感1、愚感1、善感1、旧感1、孝感7	
句法词	深感10、相感13、永感1、外感10、很感1、极感1、当感1、足感5	
短语词	状中	哀感3、悲感1、愧感1、可感16、追感（专化）1
三音词	交感脉3	
四音词	感激涕零4、感慨系之1	

上述各义项的词类、语形类型及使用频率统计见表4-26。

表4-26 “感”词的义项、词类、语形类型及使用频率统计

义项	词类	语形类型及使用频率					合计
		单	双		三	四	
			短语	词			
心动	动、名	112+25	24/64+13/64	16/239+10/28	0	0	532
伤感	形	0	0	1/11+1/27	0	0	38
感慨	动	0	2/4	1/22	0	1	27
感谢	动	61	2/4	2/280	0	4	349
感应	动	0	0	1/5	0	0	5
身有所受	动	6	2/4	2/29	3	0	42
感生	动	8	1/3	0	0	0	11
合计	3	212	44/143	34/641	3	5	1004

清朝时期的“感”族词为以复音为主、单音为次的兼类多义词。从音节词类数量及其使用频率来看，音节使用总量为1004，单音节词212次，双音语形784次，三音节词3次，四音节词5次，单音节词使用总量约占语词使用总量的四分之一，单音节词继续退化。双音节词34个，使用641次，双音节短语44个，使用143次，使用频率上双音节词超过了双音短语，双音短语也在退化，新增三音节和四音节语形。

词类方面，仍是动词占绝对优势，名词53次，形容词42次。

义项及其使用频率由高到低依次为“心动”义532次、“感谢”义349次、“身有所受”义42次、“伤感”义38次、“感慨”义27次、“感生”义11次、“感应”义5次。语义义位及范畴延续前朝时期，总类为7。“心动”义是基础义、常用义。“感谢”义继续上升为第二。

该时期“感”词族状况延续前朝。其中词语模“感X”中的“X”由实词构成，共产生双音短语31个，使用79次；双音节词23个，使用613次。词语模“X感”的“X”有的是实词，有的是虚词。由虚词构成的句法动词8个，使用42次；由实词构成的短语词法动词5个，使用22次。定中结构名词“X感”中的“X”均由实词构成，出现10个，使用28次。未见同源词。

十三、民国时期（982例）

民国时期，语料库选取的是《上古秘史》《两晋演义》《元代宫廷艳史》《元代野史》《南北史演义》《五代史演义》《十叶野闻》《古今情海》等近现代代表性典籍，大致反映民国时期的语言使用情况。该时期“感”词的语义范畴、词类、语形类型及使用频率等统计见表4-27。

表4-27 “感”词的义项、词类、语形类型及使用频率统计

义项	词类	语形类型及使用频率	
		单	双
本义	动	81	感动59、感动（形）32、感往1、感叹42、感泣16、感恸1
	名	23	感通1、感化24、感得1、感到50、感痛2、感增1、感奋9、感服2、感诵1、感幸2、感盼1、感召5、感颂1、感悼1、感承2、感悟12、感念12、自感3、感旧2、感遇1、感惠1、感绝1、感切1
伤感	形	0	感伤（形）18、伤感（形）28、感情49、感悦2、感慰1、感佩3、感愤1、感惭1、感愧2、感悯1
感慨	动	0	感慨28、感怀7、感触6、感想4
感谢	动	23	感谢52、感激165、感格6、感蒙1、感荷1、感纫1〈书〉
			感恩21、感德4
感应	动	0	感应8
身有所受	动	6	感冒10、感染1、感受7、感觉（动词）9
感生	动	5	感生3、感梦3、交感1

新增双音成词“感觉”。“X感”词语模形成的语词见表4-28。

表 4-28 “X 感”词的词项及使用频率

词类		语形类型及使用频率
名词		观感 4、灵感 5、悲感 2、同感 1、恶感 2、反感 3、好感 6、旧感 3、孝感 2、潜感 1、情感 6、百感 4、感触 1、感觉 2
句法词		深感 22、相感 4、实感 1、殊感 1、很感 1、极感 4、真感 1、甚感 1、多感 1、稍感 1、痛感 1、更感 3、永感 1、颇感 1、益感 1
短语词	状中	哀感（形）3、悲感（形）4、欣感（形）1、德感 3、可感 4、追赶（专化）1、诚感 2、衔感 3、义感 3、精感 1
	动宾	怀感 1、铭感 2、增感 1
三音节		沧桑感 1、神秘感 1

上述各义项的词类、语形类型及其使用频率统计见表 4-29。

表 4-29 “感”词的义项、词类、语形类型及使用频率统计

义项	词类	语形类型及使用频率				合计
		单	双		三	
			短语	词		
心动	动、名	81＋23	24/53＋25/69	15/319＋14/42	2	589
伤感	形	0	0	2/46	0	46
感慨	动	0	3/17	1/28	0	45
感谢	动	23	4/9	2/217	0	249
感应	动	0	0	1/8	0	8
身有所受	动	6	2/8	2/19	0	33
感生	动	5	3/7	0	0	12
合计		138	61/163	37/679	2	982

民国时期的“感”可以认为是复音为主、单音继续退化的兼类多义词。从音节类型及其使用频率来看，单双音节词使用总量为 982，单音节词 138 次，双音节词 842 次，单音节词使用总量约占语词使用总量的七分之一，单音节词继续退化。双音节词 37 个，使用 679 次；双音节短语 61 个，使用 163 次。使用频率上双音节词大大超过了双音节短语，双音节短语也在退化。偶见三音节语形。

词类方面，仍是动词占绝对优势，名词 65 次，形容词 46 次。

义项及其使用频率由高到低依次为“心动”义 589 次、“感谢”义 249 次、“伤感”义 46 次、“感慨”义 45 次、“身有所受”义 33 次、“感生”义 12 次、“感应”义 8 次。语义义位及范畴延续前朝时期，总类为 7。“心动”义是基础义、常用义。“感谢”义继续上升为第二。

该时期“感”词族状况延续前朝。其中词语模“感 X”中的“X”由实词构成，共产生双音短语 32 个，使用 94 次；双音节词 23 个，使用 637 次。词语模“X 感”的“X”有的是实词，有的是虚词。由虚词构成的句法动词 15 个，使用 44 次；由实词构成的短语词法动词 10 个，使用 25 次。定中结构名词“X 感”中的“X”均由实词构成，出现 14 个，使用 42 次。未见同源词。

十四、现代汉语（1062 例）

现代汉语，语料库选取的是《1982 年北京话调查资料》《姚明——我的世界我的梦》《中国儿童百科全书》《中国北漂艺人生存实录》等书面语和口语代表性作品，大致反映现代汉语的语言使用情况。该时期“感”词的语义范畴、词类、语形类型及使用频率等统计见表 4-30。

表 4-30　“感”词的义项、词类、语形类型及使用频率统计

义项	词类	音节数量	
		感 X	X 感
心动	动	感动（动）14、感动（形）10、感人（形）2、感召 4、感叹 14、感化 4	自感 4、深感 8、可感 2、常感 1
伤感	形	感伤 2	伤感 5
感慨	动	感慨 5、感念 1、感想 3	性感（形）3
感谢	动	感谢 30、感激 7	
感觉	动名	感觉 129、感性 12、感知 17、感官 10	敏感（形）49
感情	名	感情 87	情感 29
觉得（生理）	动	感兴趣 40、感觉 87、感到 164	
觉得（主观认识）	动	感觉 30、感到 40	
身感	动	感受 35、感染 35、感冒 21	
感应	动	感应 36	遥感 15、交感 3

单音节“感”仅出现 3 次，其余多音节都已成词。形成“X 感”名词及使用频率为：同感 2、好感 3、快感 2、美感 1、质感 1、滑感 1、观感 1、球感 2、手感 1、灵感 9、痛感 4、动感 3。

句法词：深感 8、常感 1。

三音节词及使用频率：孤独感 1、恐惧感 1、优越感 1、成就感 2、神秘感 1、现代感 1、自豪感 5、信任感 1、幽默感 5、挫折感 1、现实感 1、灾难感 1、时代感 1、立体感 9、临近感 1、柔软感 1、自然感 1、责备感 5、成人感 2、节奏感 2、道德感 1、理智感 1、饥饿感 1、温润感 1、粘舌感 1、凉爽感 2、感知觉 1、互感器 1。

四音节词及使用频率：多愁善感 3、百感交集 2、真情实感 1、感觉细胞 1、感觉器官 10、感觉功能 2。

上述各义项词类、语形类型及使用频率统计见表 4-31。

表 4-31 “感”词的义项、词类、语形类型及使用频率统计

<table>
<tr><th rowspan="3">义项</th><th rowspan="3">词类</th><th colspan="5">语形类型及使用频率</th><th rowspan="3">合计</th></tr>
<tr><th rowspan="2">单</th><th colspan="2">双</th><th rowspan="2">三</th><th rowspan="2">四</th></tr>
<tr><th>短语</th><th>词</th></tr>
<tr><td rowspan="2">心动</td><td rowspan="2">动</td><td rowspan="2">3</td><td>1/2＋2/6</td><td>4/36＋12/30</td><td rowspan="2">0</td><td rowspan="2">0</td><td rowspan="2">96</td></tr>
<tr><td>2/9（虚）</td><td>1/10（形）</td></tr>
<tr><td>伤感</td><td>形</td><td>0</td><td>0</td><td>1/2＋1/5（形）</td><td>0</td><td>0</td><td>7</td></tr>
<tr><td>感慨</td><td>动</td><td>0</td><td>2/6</td><td>2/6</td><td>0</td><td>0</td><td>12</td></tr>
<tr><td>感谢</td><td>动</td><td>0</td><td>0</td><td>2/37</td><td>0</td><td>3/13</td><td>50</td></tr>
<tr><td>感觉</td><td>名</td><td>0</td><td>0</td><td>4/168＋1/49（形）</td><td>28/52</td><td>3/6</td><td>275</td></tr>
<tr><td>感情</td><td>动</td><td>0</td><td>0</td><td>1/87＋1/29</td><td>0</td><td>0</td><td>116</td></tr>
<tr><td>觉得（生理）</td><td>动</td><td>0</td><td>0</td><td>2/251</td><td>1/40</td><td>0</td><td>291</td></tr>
<tr><td>觉得（主观认识）</td><td>动</td><td>0</td><td>0</td><td>2/70</td><td>0</td><td>0</td><td>70</td></tr>
<tr><td>身有所受</td><td>动</td><td>0</td><td>0</td><td>3/91</td><td>0</td><td>0</td><td>91</td></tr>
<tr><td>感应</td><td>动</td><td>0</td><td>1/3</td><td>1/36＋1/15</td><td>0</td><td>0</td><td>54</td></tr>
<tr><td>合计</td><td></td><td>3</td><td>8/26</td><td>39/922</td><td>29/92</td><td>6/19</td><td>1062</td></tr>
</table>

现代汉语的“感”是复音为主、单音消失的兼类多义词。从音节类型及其使用频率来看，使用总量为 1062，单音节词仅 3 次，已近乎消失。双音语

形948次，双音节词39个，使用922次，双音节短语8个，使用26次，使用频率上双音节词大大超过了双音短语，双音短语也在退化。三音节语形大大增加，有29个，使用92次，同时出现四音节语形，有6个，使用19次。词类方面，仍是动词占绝对优势，名词、形容词为次。

现代汉语时期义项有很大的发展，总类为10。其使用频率由高到低依次为“觉得”（生理—心理感知）义291次、“感觉”义（名词）275次、“感情”义（动名词）116次、“心动”义96次、“身有所受”义91次、“觉得”（主观认识）义70次、“感应”（物体）义54次、“感谢”义50次、“感慨”义12次、“伤感”义7次。“觉得”（生理—心理感知）义是基础义、常用义。“感觉”义（名词）上升为第二。

现代汉语时期，“感”词族状况与前朝大不相同。形成双音节词语模和三音节词语模。其中双音节词语模“感X”中的“X”由实词构成，共产生双音短语4个，使用11次，双音节词23个，使用794次。词语模“X感”的“X”有的是实词，有的是虚词。由虚词构成的句法动词2个，使用9次，由实词构成的短语词法动词2个，使用6次。“X感”中的“X”均由实词构成，出现16个，使用128次。三音节词语模表现为名词“XY感”，出现29个，使用92次。四音节词6个，使用19次。未见同源词。

十五、小结

“感”词的词族化历程大致可分为下面的几个阶段：

（1）先秦时期，“感”词为单音动词。呈现一词多义和“感”“憾”“撼”同源词现象。郭锡良（2005）指出，汉语词汇是由单音走向复音，构词方式也由单音构词向复音构词转变①。西周已经开始向复音化过渡，春秋战国是汉语复音化迅速发展的第一个时期。但是单音节词义构词和音变构词始终是先秦重要的构词方式，一词多义和同源词也大都产生在这个时期。

（2）汉代至隋唐时期，“感”词均为单音、双音并重的兼类多义词。这一时段，由于双音语形的大量产生和双音节词的出现，使构词方式由单音构词向复音构词转变，结构构词的大量使用使“感”词汇系统逐渐形成“感”词素词族，“感X”顺序词语模和“X感”逆序词语模也随之形成。与“感”搭配的“X”，开始是实词，后“X”既有实词又有虚词。多层次双音同素“感”词族形成，未见包括“憾”“撼”在内的同源词词族现象。

① 郭锡良. 汉语史论集：增补本［M］. 北京：商务印书馆，2005：258.

(3) 五代至明朝时段，“感”逐渐为以双音为主、单音为次的兼类多义词。单音节词使用总量逐步退化，双音节词的使用逐步超过了双音短语，双音短语也在逐步退化。词类方面，仍是动词占绝对优势，名词、形容词为次。该时段“感”词族状况延续前朝。其中词语模“感X”和“X感”的“X”有的是实词，有的是虚词。未见同源词。

(4) 清朝至民国时段的“感”是以复音为主、单音为次的兼类多义词。单音节词继续退化，带“感”语素双音节词在使用频率上超过了双音短语，双音短语也在退化，新增三音节和四音节语形。词类方面，仍是动词占绝对优势，名词、形容词为次。该时期“感”词族状况仍为同素“感”词词族，未见同源词。其中词语模“感X”和“X感”的“X”有的是实词，有的是虚词。

(5) 现代汉语时期，“感”词是以复音为主、单音消失的兼类多义词。“感”词族状况与以往大不相同。形成双音节词语模和三音节词语模。三音节词语模表现为名词“XY感”。多层次、多音节同素“感”词族形成，未见同源词。

第二节 “觉”族词的词族演化历程

“觉”词族也经历过单音走向复音的过程，其词汇化过程也必然产生词族和一词多义现象。下文首先对“觉”在各个时期的语义及其对应的词类、语形类型、语义范畴、使用频率进行统计，然后概括其由单音走向复音过程中的词族演化历程。

一、西周时期（4例）

这一时期，语料库选取的是《今文尚书》和《诗经》，大致反映从公元前1046年至前771年书面语言使用情况。因为只有4例，且可能是较早的词源义，本研究全部列举如下：

①惟敩学半，念终始典于学，厥德修，罔[觉]。(《今文尚书》)

②我生之后，逢此百忧，尚寐无[觉]！(《诗经》)

③无竞维人，四方其训之。有[觉]德行，四国顺之。(《诗经》)

④殖殖其庭，有[觉]其楹。哙哙其正，哕哕其冥。(《诗经》)

《辞海》解释：觉，【甲】吉狱切，音角，觉韵。(一) 悟也；(二) 发觉也；(三) 知也；(四) 凡有所接触而能辨别者皆曰觉；(五) 明也；(六) 大也，直也；（七）智也；（八）较也。【乙】戒孝切，音教，效韵。寤也。谓眠后觉也。比照《辞海》中的解释，例①中的“觉”是（三），疏曰“日有所益，不能自知也”，以下简称“自知”义；例②中的“觉”是“寤”，以下简称“睡醒”义。例③ ④中的“觉”是（六），以下简称“正直”义。综上，“觉”词的义项及其所对应的词类、语形类型及使用频率等统计见表 4-32。

表 4-32　“觉”词的义项、词类、语形类型及使用频率统计

义项	词类	语形类型及使用频率			合计	语义范畴
		单	双			
			觉 X	X 觉		
自知	动	1	0	0	1	心理行为
睡醒	动	1	0	0	1	生理行为
正直	形	0	0	2	2	行为状态
合计		2	2		4	

统计表明，“觉”是单、复音兼类多义词。语料少，单音语形 2 次，发语词“有”与“觉”组成双音节韵律词；身兼动词、形容词两种用法；有两个动词义项“自知”“睡醒”和一个形容词义项“正直”。

二、春秋时期（10 例）

这一时期，语料库选取的是古代正统书面语代表性典籍——《国语》《左传》和《论语》，大致反映从公元前 770 年至前 476 年的书面语言使用情况。因为只有 10 例，且是较早的词源义，本研究全部列出如下：

①王若不得志于齐，而以［觉］寤王心，而吴国犹世。(《国语》)

②王寐，畴枕王以墣而去之。王［觉］而无见也，乃匍匐将入于棘闱……(《国语》)

③公拜稽首，［觉］，召史嚚占之，对曰：“如君之言……”(《国语》)

④公惧，入于室。又坏户。公［觉］，召桑田巫。(《左传》)

⑤王于是乎赐之彤弓一、彤矢百、玈弓矢千，以［觉］报宴。(《左传》)

⑥齐人责稽首，因歌之，曰：“鲁人之皋，数年不［觉］，使我高蹈。”(《左传》)

⑦周任有言曰：“为政者不赏私劳，不罚私怨。”《诗》云：“有［觉］

德行，四国顺之。”(《左传》)

⑧叔向曰：“……其独遗我乎？《诗》曰：‘有［觉］德行，四国顺之。’夫子，［觉］者也。”(《左传》)

⑨子曰：“不逆诈，不亿不信。抑亦先［觉］者，是贤乎！”(《论语》)

例①中，“觉寤王心”，“觉”意义为（一），以下简称“省悟”义，《说文解字》曰“觉，寤也”，所以例①中的“觉”“寤”是同义并列；例②③④似可为“睡醒”义；例⑤，杜注“觉，明也，以明报功宴乐”，属于意义（五）；例⑥为意义（二）；例⑦⑧，杜注“觉，较然正直”，意义为（六）；例⑨，为（一）“省悟”义。综上，“觉”词的义项、词类、语形类型及使用频率等统计见表 4-33。

表 4-33　“觉”词的义项、词类、语形类型及使用频率统计

义项	词类	语形类型及使用频率			合计	语义范畴
		单	双			
			觉 X	X 觉		
省悟	动	0	1	1	2	心理行为
睡醒	动	3	0	0	3	生理行为
正直	形	0	1	2	3	行为状态
表明	动	1	0	0	1	动作行为
发觉	动	1	0	0	1	心理行为
合计		5	5		10	

统计表明，“觉”为单、复音兼类多义词。单音节词“觉”使用 5 次，因线性组合产生双音节短语 4 个，分别是“觉寤”“觉者”“先觉”“有觉”，使用频率共 5 次。之所以说其是双音化短语而不是双音节词，是因为虽然出现了双音化语境，但是各双音语形的整体意义基本上等于部分之和，词义完全透明，是词组，尚未成词。词类仍为动词和形容词。

例①中的“觉寤”是双音同义意合并列短语，例⑨中的“先觉”是偏正（状中）双音化短语，这是汉先民心理组块的开始，也是上古汉语单音词义构词时产生的并置结构在复音句法构词后的延续。

三、战国时期（48例）

战国时期，语料库选取的是《吕氏春秋》《公羊传》《孟子》《管子》《韩非子》《楚辞》《晏子春秋》和《庄子》等古代正统书面语代表性典籍，大致反映从公元前475年至前221年的书面语言使用情况。该时期"觉"词的义项、词类、语形类型及使用频率等统计见表4-34。

表4-34 "觉"词的义项、词类、语形类型及使用频率统计

义项	词类	语形类型及使用频率		合计
		单	双	
省悟	动	9	觉悟3、先觉4、后觉2（并列、状中）	25
	使动	7		
睡醒	动	14	觉卧2（并列）	16
正直	形	1		1
比较	动	0	觉浩1（并列）	1
发觉	动	3		3
差距	名	1		1
自然	形	0	自觉1（状中）	1
合计		35	6个/13次	48

统计表明，"觉"仍表现为以单音节为主的兼类多义词。从语形使用频率来看，单音节词35次，双音节短语5个，使用12次。"自觉"的意义是"自然"，语义不透明，看作双音节词，初现"觉X""X觉"语形。从语义的角度看，义项为7类，增加"差距""比较""自然""发觉"4个义项，没有出现"表明"义项。从词类的角度来看，仍以动词为主，形容词、名词为次，并出现使动用法。

总结上述62例先秦语料发现，先秦时期"觉"为单、复音兼类多义词。单音节词形出现42次，语义完全透明的双音节短语词形出现19次，语义完全隐晦，可以被认为是双音节词的1次，即"自觉"。先后出现的9个义项和使用频率分别为："省悟"义27次，"睡醒"义20次，"正直"义6次，"发觉"义4次，"自知"义1次，"比较"义、"表明"义、"差距"义、"自然"义各1次。词义所对应的语义范畴依次由心理行为向生理行为、事件状态扩展。同时也因双音化语境，开始出现少量有并列、连动、状中等动词语义结构的双音“觉X”和“X觉”语形。“X”均为实词。

四、两汉时期（268例）

两汉时期，语料库选取的是《战国策》《淮南子》《新序》《法言》《新书》《全汉文》《前汉纪》《佛经选》《太平经》《论衡》《新论》《风俗演义》等古代正统书面语代表性典籍，大致反映从公元前206年至280年的语言使用情况。该时期“觉”词的义项及其对应的词类、语形类型及使用频率等统计见表4-35。

表4-35　“觉”词的义项、词类、语形类型及使用频率统计

义项	词类	语形类型及使用频率	
		单	双
发觉	动	27	发觉37、觉发1、觉知4
	被动	3	不觉1、惊觉1
省悟	动	12	觉悟20、觉寤5
	使动	1	不觉6、觉德1、觉视2
省悟（佛）	动	17	觉悟25、觉知14
			先觉1、少觉1、早觉1、自觉1、小觉1（状中）
	使动	2	未觉1、大觉10（状中）、已觉27、不觉4
	名	5	善觉1、灵觉1、正觉1、觉经1
睡醒	动	16	不觉1、觉见1、寤觉1、大觉1（名词偏正）
分辨、辨别	动	0	不觉1（对举例54）
知道、明白	动	0	觉晓2、不觉2
感觉（到）	动	1	不觉2、自觉3
通“较”，比较	动	0	觉浩1

“觉”词在该时期因双音化语境出现产生大量的双音语形，但有的双音语形是词，有的双音语形是短语。本研究认为“发觉”（“觉发”）、“觉悟”（“觉寤”）、“觉知”、“觉浩”等双音语形因使用频率较高和语义不透明成词。“善觉”“灵觉”“正觉”“觉经”等双音定中语义结构名词性语形，尽管使用频率未到10，但均认为是词。因为相对动词而言，名词因其指称功能而具有

较高的稳定性；“未觉”“不觉”“已觉”等具有状中动词语义结构的双音语形尽管使用频率较高，但因其语义透明不认为是词，而是双音短语。

上述各义项的词类、语形类型及使用频率统计见表 4-36。

表 4-36　“觉”词的义项、词类、语形类型及使用频率统计

义项	词类	语形类型及使用频率			合计
		单	双		
			短语	词	
发觉	动	30	0＋ 2/2	2/5＋1/37	74
省悟	动	13	2/3＋1/6	2/25＋0	47
省悟（佛）	动名	24	0＋9/47	3/41＋3/3	115
睡醒	动	16	1/1＋3/3	0	20
分辨、辨别	动	0	0＋1/1	0	1
知道	动	0	1/2＋1/2	0	4
感受	动	1	0＋ 2/5	0	6
比较、差	动	0	0	1/1＋0	1
合计		84	23/72	12/112	268

两汉时期，“觉”词是复音多于单音的兼类多义词。语形类型及其使用频率方面，单音语形 84 次，复音语形 184 次，复音语形使用总量超过单音语形。其中双音节词 12 个，使用 112 次；双音节短语 23 个，使用 72 次。可见，汉代双音新词使用频率高。词类方面，“觉”作动词占绝对优势，使用 258 次，其次是名词，为 9 次。语义方面，义项继续增加，语义范畴继续扩大，总类为 8。使用频率依次为：佛理“省悟”义 115 次，“发觉”义 74 次，事理“省悟”义 47 次，“睡醒”义 20 次，“感受”义 6 次，“知道”义 4 次，“分辨、辨别”义 1 次，“比较、差”义 1 次。前四项为这个时期的常用义，佛教领域的“省悟”义是最常用义。新增“感觉（到）”、“分辨、辨别”、“知道”、佛理“省悟”四个动词义项。“觉知”“觉悟”是再生多义词。多义双音语形“不觉”则需要根据语境理解。

统计表明，“觉”词的语形类型在该时期发展为单音、双音短语、双音节词三种类型。双音化和复音构词形成顺序词语模“觉 X”和逆序词语模“X 觉”，同素“觉”词族初现雏形。其中，“觉 X”延续前朝具有动词语义结构的词语模，“X”为实词，产生双音短语 4 个，使用 6 次；双音节词 8 个，使用 72 次。“X 觉”则有三种类型：有定中结构佛语名词“X 觉”3 个，共使用 3 次；出现状中“X 觉”句法词，“X”为虚词，有 3 个，使用 45 次；出现双音状中或主谓“X 觉”短语词，“X”为实词，共 10 个，使用 21 次，双音节词 1 个，使用 37 次。显然，多层次双音同素“觉”词族形成，未见同源词。

五、六朝时期（415 例）

六朝时期，语料库选取的是《全刘宋文》《全梁文》《东晋译经》《齐民要术》《北凉译经》《北魏译经》《三国志》《华阳国志》《世说新语》《搜神记》《搜神后记》《文心雕龙》《列子》《抱朴子》等古代正统书面语代表性典籍，大致反映从公元 280 年至 581 年的语言使用情况。该时期“觉”词的义项及其对应的词类、语形类型及使用频率等统计见表 4-37。

表 4-37 “觉”词的义项、词类、语形类型及使用频率统计

义项	词类	语形类型及使用频率	
		单	双
发现、察觉	动	58	发觉 10、觉知 2、先觉 3
			不觉 11、猜觉 1、悉觉 1、惊觉 3
感受	动	39	自觉 12、觉知 2
	名	1	不觉 79、弥觉 5、实觉 1、能觉 1、方觉 2、犹觉 1、渐觉 2、忽觉 1、稍觉 1、常觉 1、未觉 5、便觉 6、无觉 1、愈觉 1、所觉 1、苦觉 1、日觉 1、先觉 3、大觉 1、小觉 1、晚觉 2
省悟	动	27	觉悟 14、觉寤 3、觉知 3、先觉（动名词）13
	名	4	省觉 1、有觉 1、真觉 1、觉兴 1、觉者 1、至觉 2、机觉 2、前觉 2、大觉 5、惊觉 1、不觉 13、未觉 1
睡醒、叫醒	动	30	自觉 1
			梦觉 3、觉梦 1、觉己 4、惊觉 3
		1	
知道	动	4	觉知 2、（短语）不觉 3

续表

义项	词类	语形类型及使用频率	
		单	双
差距	名	5	所觉 1
认为、觉得	动	2	

按照前文条件，新增“自觉”“先觉”成词。上述各义项的词类、语形类型及使用频率统计见表 4-38。

表 4-38 “觉”词的义项、词类、语形类型及使用频率统计

义项	词类	语形类型及使用频率			合计
		单	双		
			短语	词	
发觉	动	58	0+4/16	1/2+2/13	89
感受	动名	40	0+21/117	1/2+1/12	171
省悟	动名	31	2/2+10/29	3/20+1/13	95
睡醒	动	31	1/4+3/7	0+1/1	43
知道	动	4	0+1/3	1/2+0	9
差距	名	5	0+1/1	0	6
认为	动	2	0	0	2
合计		171	43/ 179	11/65	415

统计显示，六朝时期的“觉”为以复音多于单音的兼类多义词（不记佛语词）。从使用频率来看，单音节词 171 次，复音词 244 次，复音词使用总量超过单音节词。其中双音节词 11 个，使用 65 次；双音节短语 43 个（包括“不觉”），使用 179 次。词类方面，仍是动词占绝对优势，其次是动名词 15 次，名词 15 次。词义及其使用频率依次为“感受”义 171 次、“省悟”义 95 次、“发觉”义 89 次、“睡醒”义 43 次、“知道”义 9 次、“差距”义 6 次、“认为”义 2 次。语义义位及范畴延续两汉时期，总类为 7。前 4 项是基础义、常用义，“感受”义使用频率由两汉时期的第四上升为第一，成为这个时期的常用义。

统计表明，“觉”词的语形类型在该时期仍为单音、双音短语、双音节词三种类型。双音化和复音构词形成顺序词语模“觉 X”和逆序词语模“X

觉”，“X 觉”多于“觉 X”。其中，“觉 X”延续前朝具有动词语义结构的词语模，“X”为实词，产生双音短语 3 个，使用 6 次；双音节词 6 个，使用 26 次。“X 觉”则有三种类型：定中结构名词“X 觉”10 个，共使用 12 次；出现状中“X 觉”句法词，“X”为虚词，共 20 个，使用 137 次；出现双音状中或主谓“X 觉”短语词，“X”为实词，共 20 个，使用 36 次；双音节词 5 个，使用 39 次。多层次双音同素“觉”词族形成，未见同源词。多义双音语形“不觉”则需要根据语境理解。

六、隋唐时期（473 例）

隋唐时期，语料库选取的是《信心铭》《唐代墓志汇编续集》《唐文拾遗》《大唐西域记》《六祖坛经》《首楞严经》《禅源诠序》《地藏本愿》《楞伽师资》《霍小玉传》《明皇杂录》《游仙窟》《朝野佥载》《五代新说》《隋唐嘉话》《唐国史补》《大唐创业起居注》《唐诗三百首》《小止观》《大唐新语》《神会语录》《镇州临济慧照禅师语录》等隋唐书面语、口语代表性典籍，大致反映从公元 581 年至 907 年的语言使用情况。该时期“觉”词的义项及其所对应的词类、语形类型及使用频率等统计见表 4-39。

表 4-39　“觉”词的义项、词类、语形类型及使用频率统计

义项	词类	语形类型及使用频率	
		单	双
发现、察觉	动	13	发觉 4、觉察 15（官方行为）
			不觉 5、猜觉 1、忽觉 1、警觉 1、早觉 1
感受到	动	43	自觉 14、知觉 7、觉知 1
			不觉 86、甚觉 2、更觉 3、便觉 1、唯觉 1、少觉 1、已觉 4、尤觉 1、尚觉 1、但觉 8、未觉 6、颇觉 3、靡觉 1、弥觉 3、渐觉 6、忽觉 4、稍觉 3、愈觉 1、最觉 1、实觉 2、顿觉 5、每觉 2、足觉 1、始觉 14、遂觉 2、独觉 4、才觉 1、先觉 2、转觉 1、超觉 1、旋觉 1、喜觉 1、苦觉 1、坐觉 1、感觉 1、深觉 1、不知不觉 1
感觉	名	14	觉知 3
省悟	动	14	觉悟 8、觉知 15
	使动	4	自觉 3、后觉 1、先觉（名词）20、先觉（动词）9、不觉 5、省觉 1

续表

义项	词类	语形类型及使用频率	
		单	双
知道、明白	动	1	觉知 9
认为、觉得	动	25	觉知 1、自觉 1
			不觉 8、未觉 1、觉得 2
睡醒	动	23	惊觉 4、觉来 7
			不觉 2、觉梦 1、梦觉 1、睡觉 3、卧觉 1、既觉 1
	量	2	
佛语词：净觉、正觉、善觉、宝觉、恶觉、不觉、空觉、顿觉、灵觉、缘觉、妙觉、大觉、本觉、先觉、有觉、无觉、七觉、直觉、慧觉、欲觉、回觉、佛觉、白觉、智觉、觉观、觉身、觉了、觉岸、觉路、觉照、觉明、觉徒、觉取、觉触、觉忍、觉道、觉悟、觉胤、觉死、觉识、觉性、觉意、觉南、觉心、觉剑、觉齿、觉体、觉知			

按照前文条件，除前文“发觉（觉发）”“觉悟（觉寤）”“觉知”“觉浩”“自觉”“先觉”成词外，新增“觉察”成词。上述各义项的词类、语形类型及使用频率统计见表 4-40。

表 4-40　“觉”词的义项、词类、语形类型及使用频率统计

义项	词类	语形类型及使用频率			合计
		单	双		
			短语	词	
发觉	动	13	0+5/9	0+2/19	41
感受	动	43	0+35/177	1/1+2/21	242
感觉	名	14	0	1/3+0	17
省悟	动	18	0+3/7	2/23+2/32	80
知道	动	1	0	1/9+0	10
认为、觉得	动	25	1/2+2/9	1/1+1/1	38
睡醒	动	23	2/8+6/12	0	43
	量	2	0	0	2
合计		139	54/224	13/110	473

隋唐时期，“觉”是以复音为主、单音为次的兼类多义词。从使用频率来看，单音节词139次，复音词334次，复音词使用总量超过单音节词。其中双音节词13个，使用110次；双音节短语54个（包括“不觉”），使用224次。词类方面，仍是动词占绝对优势，其次是名词，为15次，新产生量词，仅2次。

词义及使用频率依次为“感受”义242次、“省悟”义80次、“睡醒”义45次、“发觉”义41次、“认为、觉得”义38次、“感觉”义17次、“知道”义10次。语义义位及范畴延续前朝时期，总类为7。前5项是基础义、常用义，“认为、觉得”义使用频率几乎与“睡醒”义、“发觉”义相同，成为这个时期的常用义。

统计表明，“觉”词的语形类型在该时期仍为单音、双音短语、双音节词三种类型。双音化和复音构词形成顺序词语模“觉X”和逆序词语模“X觉”。其中，“觉X”延续前朝具有动词语义结构的词语模，“X”为实词，产生双音短语3个，使用10次，双音节词6个，使用37次。“X觉”则有三种类型：有定中结构名词“X觉”7个，共使用9次；出现状中“X觉”句法词，“X”为虚词，共32个，使用189次；出现双音状中或主谓“X觉”短语词，“X”为实词，共20个，使用25次，双音节词7个，使用73次。显然，多层次双音同素“觉”词族固化，未见单音同源词。“不觉”则需要根据语境理解。

七、北宋时期（902例）

北宋时期，语料库选取的是《禅林僧宝传》《册府元龟》《太平广记》《无果故事》《南北朝杂记》《南迁录》《大金吊伐录》《苏轼词》《秦观词》《欧阳修词》《李煜词》等北宋口语、词等代表性典籍，大致反映从公元960年至1127年的语言使用情况。该时期“觉”词的义项及所对应的词类、语形类型及使用频率等统计见表4-41。

表4-41 “觉”词的义项、词类、语形类型及使用频率统计

<table>
<tr><th rowspan="2">义项</th><th rowspan="2">词类</th><th colspan="2">语形类型及使用频率</th></tr>
<tr><th>单</th><th>双</th></tr>
<tr><td rowspan="2">发现、察觉</td><td rowspan="2">动</td><td rowspan="2">145</td><td>发觉140、觉察36、觉知16、知（之）觉33</td></tr>
<tr><td>不觉25、已觉4、惊觉6、始觉5、既觉3、觉告1、觉露1、觉动1、警觉1、先觉16、疑觉1（连动）</td></tr>
</table>

续表

义项	词类	语形类型及使用频率	
		单	双
感受（到）	动	54	自觉 17
			不觉 103、甚觉 1、忽觉 2、稍觉 9、猜觉 1、顿觉 5、始觉 6、还觉 1、先觉 14、早觉 2、尚觉 1、未觉 1、时觉 1、似觉 2、深觉 2、弥觉 2、罔觉 1、颇觉 2、偏觉 1、初觉 1、唯觉 1、必觉 2、已觉 3、实觉 2、方觉 14、便觉 13、微觉 4、渐觉 5、所觉 1、但觉 3、转觉 3（转为实词）
感知、知觉	名	0	觉知 1
主观认为	动	0	不觉 4、觉以为 3
省悟	动	7	觉悟 37、觉知 1、先觉（名词）1、先觉（动词）8
	使动	1	自觉 3、后觉 1、不觉 6、省觉 1
知道、明白	动	1	觉知 6
正直	形	3	
睡醒	动	62	惊觉 12、忽觉 2、觉来 1
			不觉 2、未觉 2、梦觉 9、睡不觉 1、先觉 1、既觉 8、睡觉 3、觉寤 2、寤觉 1
	量	2	
佛语词：宝觉、照觉、普觉、智觉、大觉、真觉、缘觉、本觉、圆觉、正觉、净觉、觉塔、觉心、觉妄、觉性、觉范、觉难、见闻觉知			

按照前文所述条件，该时期新增“知觉”“惊觉”成词。上述各义项的词类、语形类型及使用频率统计见表 4-42。

表 4-42　“觉”词的义项、词类、语形类型及使用频率统计

义项	词类	语形类型及使用频率			合计
		单	双		
			短语	词	
发觉	动	145	3/3+8/61	2/52+2/173	434
感受	动	54	0+31/209	0+1/17	280

续表

义项	词类	语形类型及使用频率			合计
		单	双		
			短语	词	
感知	名	0	0	1/1+0	1
主观认为	动	0	0+1/4	0	4
省悟	动	8	0+3/8	2/38+2/12	66
知道	动	1	0	1/6 +0	7
正直	动	3	0	0	3
睡醒	动	62	2/3+8/28	0+1/12	105
	量	2	0	0	2
合计		275	56/316	12/311	902

统计显示，北宋时期的“觉”为以复音为主、单音为次的兼类多义词。从使用频率来看（不计佛语词使用频率），单音节词 275 次，复音词 627 次，复音词使用总量超过单音节词。其中双音节词 12 个，使用 311 次；双音节短语 56 个（包括“不觉”），使用 316 次。词类方面，仍是动词占绝对优势，名词 1 次，量词 2 次。

词义及使用频率由高到低依次为“发觉”义 434 次、“感受”义 280 次、“睡醒”义 107 次、“省悟”义 66 次、“知道”义 7 次、“主观认为”义 4 次、“正直”义 3 次、“感知”义 1 次。语义义位及范畴延续前朝时期，总类为 8。前 4 项是基础义、常用义，“发觉”义使用频率上升为第一，成为这个时期最常用义。

统计表明，“觉”词的语形类型在该时期仍为单音、双音短语、双音节词三种类型。双音化和复音构词形成顺序词语模“觉 X”和逆序词语模“X 觉”。其中，“觉 X”延续前朝具有动词语义结构的词语模，“X”为实词，产生双音短语 5 个，使用 6 次；双音节词 6 个，使用 97 次。“X 觉”则有三种类型：定中结构名词“X 觉”12 个，共使用 12 次；状中“X 觉”句法词，“X”为虚词，共 41 个，使用 268 次；双音状中或主谓“X 觉”短语词，“X”为实词，共 10 个，使用 42 次，双音节词 6 个，使用 214 次。显然，多层次双音同素“觉”词族继续固化，未见单音同源词。“不觉”则需要根据语境理解。

八、南宋时期（268例）

南宋时期，语料库选取的是《五灯会元》《古尊宿语录》《话本选集》《辛弃疾词》等南宋口语、词等代表性典籍，大致反映从公元1127年至1279年的语言使用情况。该时期“觉”词的义项、词类及所对应的词类、语形类型及使用频率等统计见表4-43。

表4-43　“觉”词的义项、词类、语形类型及使用频率统计

<table>
<tr><th rowspan="2">义项</th><th rowspan="2">词类</th><th colspan="3">语形类型及使用频率</th></tr>
<tr><th>单</th><th>双</th><th>四</th></tr>
<tr><td>发现、察觉</td><td>动</td><td>0</td><td>发觉1、知觉1、警觉1、未觉1</td><td></td></tr>
<tr><td rowspan="2">感受到</td><td rowspan="2">动</td><td rowspan="2">9</td><td>自觉5</td><td rowspan="2">不知不觉3、无知无觉1、不觉不知8、不动不觉2、见闻觉知27</td></tr>
<tr><td>不觉69、顿觉4、方觉3、独觉2、才觉2、还觉1、徒觉1、始觉7、但觉5、便觉4、觉得2、渐觉4、已觉4</td></tr>
<tr><td>感觉、知觉</td><td>名</td><td>1</td><td>知觉1、觉知7、少觉1、觉触4</td><td></td></tr>
<tr><td rowspan="2">省悟</td><td>动</td><td>8</td><td>觉悟4、觉知1、先觉（名词）1、先觉（动词）8</td><td></td></tr>
<tr><td>使动</td><td>1</td><td>不觉（名词）1、不觉（动词）2、妄觉1、莫觉2、省觉1、觉路1、洞觉1、觉人1、觉了4、觉疾1</td><td></td></tr>
<tr><td>知道、明白</td><td>动</td><td>1</td><td>觉知7</td><td></td></tr>
<tr><td rowspan="2">睡醒</td><td rowspan="2">动</td><td rowspan="2">12</td><td>梦觉12、知觉3、惊觉4（醉醒）</td><td rowspan="2"></td></tr>
<tr><td>觉时2、既觉1、忽觉1、未觉1、觉来5</td></tr>
</table>

这里需要说明的是，大量带“觉”的人名、地名、佛教名未计入其中，加上本身语料较少，所以统计出来的数据显示较低。成词有发觉（觉发）、觉悟（觉寤）、觉知、觉浩、觉察、自觉、惊觉、知觉、先觉，新增梦觉。上述各义项的语形类型及其使用频率统计见表4-44。

表 4-44 “觉”词的义项、词类、语形类型及使用频率统计

义项	词类	语形类型及使用频率				合计
		单	双		四	
			短语	词		
发现	动	0	0+2/2	0+2/2	0	4
感受	动	9	1/2+12/106	0+1/5	5/41	163
感觉、觉知	名	1	1/4+1/1	1/7+1/1	0	14
省悟	动	9	4/7+5/8	2/5+1/9	0	38
知道	动	1	0	1/7+0	0	8
睡醒	动	12	2/7+3/3	0+3/19	0	41
合计		32	31/140	12/55	5/41	268

南宋时期的“觉”仍为以复音为主、单音为次的兼类多义词。

从使用频率来看，单音节词 32 次，复音词 236 次，复音词使用总量大大超过单音节词。其中双音节词 12 个，使用 55 次；双音节短语 31 个（包括“不觉”），使用 140 次；四音节词 5 个，使用 41 次。词类方面，仍是动词占绝对优势，名词为 2 次，量词 2 次。南宋总语料是 667 例，如果单音节词总使用量为 32 次，有的甚至为零，说明这一时期单音节词使用开始退化。

词义及使用频率依次为“感受”义 163 次、“睡醒”义 41 次、“省悟”义 38 次、“感觉、觉知”义 14 次，“知道”义 8 次、“发现”义 4 次。语义义位及范畴延续前朝时期，总类为 6。前 3 项是基础义、常用义，“感受”义使用频率上升为第一，成为这个时期最常用义。

统计表明，“觉”词的语形类型在该时期仍为单音、双音短语、双音节词、四音语词四种类型。双音化和复音构词形成顺序词语模“觉 X”和逆序词语模“X 觉”。其中，“觉 X”延续前朝具有动词语义结构的词语模，“X”有实词也有虚词。“X”为实词，产生双音短语 7 个，使用 19 次；“X”为虚词，产生双音短语 1 个（“得”），使用 2 次，双音节词 4 个，使用 19 次。“X 觉”则有三种类型：定中结构名词“X 觉”16 个，共使用 20 次；状中“X 觉”句法词，“X”为虚词，共 18 个，使用 115 次；双音状中或主谓“X 觉”短语词，“X”为实词，共 5 个，使用 5 次，双音节词 8 个，使用 36 次。

四音词模式“单音否定词＋知＋单音否定词＋觉”使用14次，“见闻觉知”一词使用27次。显然，多层次多音同素“觉”词族形成，未见单音同源词。“不觉”则需要根据语境理解。

九、元朝时期（125例）

元朝时期，语料库选取的是《朴通事》《元代话本选集》《老乞大新释》《西厢记杂剧》《三国志平话》《大宋宣和遗事》等口语代表性典籍，大致反映从公元1206年至1368年的语言使用情况。该时期“觉”词的义项及所对应的词类、语形类型及使用频率等统计见表4-45。

表4-45　“觉”词的义项、词类、语形类型及使用频率统计

义项	词类	语形类型及使用频率	
		单	双
发现、察觉	动	1	觉察1、不觉4
感受到	动	4	自觉7
			不觉50、渐觉3、已觉1、先觉2、偏觉1、初觉1、惶觉1、更觉1、便觉4、忽觉1、觉得（道）9、不觉的4
知道、明白	动	1	知觉2
睡醒	动	2	惊觉5、觉来7
睡眠	动	0	睡觉5（词法词）
	量	8	

成词有发觉（觉发）、觉悟（觉寤）、觉知、觉浩、觉察、自觉、惊觉、知觉、先觉、梦觉。上述各义项的词类、语形类型及使用频率统计见表4-46。

表4-46　“觉”词的义项、词类、语形类型及使用频率统计

义项	词类	语形类型及使用频率			合计
		单	双		
			短语	词	
发觉	动	1	0＋1/4	1/1＋0	6
感受	动	4	1/9＋10/69	0＋1/7	89

续表

义项	词类	语形类型及使用频率			合计
		单	双		
			短语	词	
知道	动	1	0	0+1/2	3
睡醒	名	2	1/7+0	0+1/5	14
睡眠	动	0	0	0+1/5	5
	量	8	0	0	8
合计		16	13/89	5/20	125

元朝时间短，语料极少，所以统计出来的数据显示较低，总量为 125 例。元朝时期的“觉”仍为以复音为主、单音为次的兼类多义词。

从词类数量及其使用频率来看，单音节词 16 次，复音词 109 次，复音词使用总量大大超过单音节词。其中双音节词 5 个，使用 20 次；双音节短语 13 个（包括“不觉”），使用 89 次。词类方面，仍是动词占绝对优势，名词为 2 次，量词 8 次。元朝总语料是 125 例，如果单音节词总使用量为 17 次，有的甚至为零，说明这一时期单音节词使用继续退化。

词义义项及使用频率依次为“感受”义 89 次、“睡醒”义 14 次、“睡眠”义 13 次、“发觉”义 6 次、“知道”义 3 次。语义义位及范畴有所减少，总类为 5。前 4 项是基础义、常用义，“感受”义使用频率上升为第一，成为这个时期最常用义。

由于语料少，“觉”词的语形类型在该时期仍为单音、双音短语、双音节词三种类型。双音化和复音构词形成顺序词语模“觉 X”和逆序词语模“X 觉”，“觉 X”多于“X 觉”。其中，“觉 X”延续前朝具有动词语义结构的词语模，“X”有实词也有虚词。“X”为实词，产生双音短语 1 个，使用 7 次；“X”为虚词，产生双音短语 1 个（“得”），使用 9 次，双音节词 1 个，使用 1 次。“X 觉”则有三种类型：定中结构名词“X 觉”4 个，共使用 6 次；状中“X 觉”句法词，“X”为虚词，共 11 个（“不觉”重复计算），使用 71 次；双音状中或主谓“X 觉”短语词，“X”为实词，共 1 个，使用 2 次，双音节词 4 个，使用 19 次。该时期，同素“觉”双音多层次词族形成，未见同源词。“不觉”则需要根据语境理解。

十、明朝时期（963例）

明朝时期，语料库选取的是《柳如是集》《练兵纪实》《纪效新书》《万历野获编》《三国演义》《三宝太监西洋记》《东汉秘史》《两晋秘史》《五代秘史》《初刻拍案惊奇》《二刻拍案惊奇》《今古奇观》《包公案》《云中纪变》等口语代表性典籍，大致反映从公元1368年至1644年的语言使用情况。该时期“觉”词的义项及所对应的词类、语形类型及使用频率等统计见表4-47。

表4-47 “觉”词的义项、词类、语形类型及使用频率统计

义项	词类	语形类型及使用频率		
		单	双	四
发现、察觉	动	23	觉察6、发觉18、惊觉3、知觉51、先觉3、觉得1、不觉17、觉举2、未觉1、警觉1、晓觉1、始觉1、已觉1、神不知鬼不觉4、为—所觉5	
感受（到）	动	17	反觉19、自觉50、觉得（的、道）275	
			不觉301、未觉2（主观）、太觉1、大觉1、颇觉1、已觉8、益觉1、更觉8、能觉1、甚觉10、只觉6、徼觉1、顿觉4、愈觉5、便觉14、也觉8、实觉2、俱觉1、偶觉1、还觉3、略觉3、忽觉4、方觉1、渐觉3、似觉6、但觉6、越觉4、虽觉1、又觉2、乖觉8	不知不觉13、神不知鬼不觉2、无知无觉1、不觉不知8、不动不觉2
认为（主观）	动	7		
知觉	名	2	知觉8	
			不觉2、少觉1、苦觉1（名词）	
省悟、明白	动	6	先觉2、觉悟3	
			及物2	
睡醒	动	8	梦觉1	
			忽觉1、醒觉2、先觉1、觉来9、睡觉6	
睡眠	动	25	睡觉6（成词）	
	量	8		
知道	动	2		
佛语词：觉道、觉路、觉海、觉义、正觉、大觉、圆觉				

成词有发觉（觉发）、觉悟（觉寤）、觉知、觉浩、觉察、自觉、惊觉、知觉、先觉、梦觉，新增反觉、觉得、睡觉。上述各义项的语形类型及其使用频率统计见表 4-48。

表 4-48　“觉”词的义项、词类、语形类型及使用频率统计

义项	词类	语形类型及使用频率				合计
		单	双		四	
			短语	词		
发觉	动	23	1/2+6/22	2/7+4/75	0	129
感受	动	17	0+30/344	1/275+2/69	5/26	731
认为（主观）	动	7	0	0	0	7
知觉	名	2	0+3/4	0+1/8	0	14
省悟	动	8	0	1/3+1/2	0	13
睡醒	动	8	1/9+4/10	0+1/1	0	28
睡眠	动	25	0	0+1/6	0	31
	量	8	0	0	0	8
知道	动	2	0	0	0	2
合计		100	45/391	14/446	5/26	963

明朝时期的“觉”仍为以复音为主、单音为次的兼类多义词。

从音节词类数量及其使用频率来看，单音节词 100 次，复音词 863 次，单音节词使用总量约占语词使用总量的十分之一，单音节词正在退化。其中双音节词 14 个，使用 446 次；双音节短语 45 个（包括“不觉”），使用 391 次。无论是数量上还是使用频率上双音节词都超过了双音节短语，双音节短语也在退化。四音节语词 5 个，使用 26 次。词类方面，仍是动词占绝对优势，名词为 2 次，量词 8 次。

词义及使用频率依次为“感受”义 731 次、“发觉”义 129 次、“睡眠”义 39 次、“睡醒”义 28 次、“知觉”义 14 次、“省悟”义 13 次、“认为（主观）”义 7 次，“知道”义 2 次。语义义位及范畴延续前朝时期，总类为 8。前 4 项是基础义、常用义，“感受”义使用频率上升为第一，成为这个时期最常用义。“觉”增加义项“认为”。

统计表明，“觉”词的语形类型在该时期仍为单音、双音短语、双音节词、四音语词四种类型。双音化和复音构词形成顺序词语模“觉X”和逆序词语模“X觉”，“觉X”多于“X觉”，同素“觉”词族继续固化。其中，“觉X”延续前朝具有动词语义结构的词语模，“X”有实词也有虚词。“X”为实词，产生双音短语2个，使用11次，产生双音节词2个，使用9次；“X”为虚词，产生双音节词2个（“得”重复计算），使用276次。“X觉”则有三种类型：定中结构名词“X觉”13个，共使用16次；状中“X觉”句法词，“X”为虚词，有36个（“不觉”重复计算），使用367次；双音状中或主谓“X觉”短语，“X”为实词，共7个，使用13次，双音节词9个，使用155次。四音词模式“单音否定词＋知＋单音否定词＋觉”使用26次。该时期“觉”词词族形态为多音多层次同素词词族，未见单音同源词。“不觉”则需要根据语境理解。

十一、清朝时期（716例）

清朝时期，语料库选取的是《宋论》《文史通义》《经学通论》《七侠五义》《三侠剑》《东周列国志》《七剑十三侠》《曾国藩家书》《廿二史劄记》等书面语和口语代表性典籍，大致反映从公元1616年至1911年的语言使用情况。该时期“觉”词的义项及所对应的词类、语形类型及其使用频率等统计见表4-49。

表4-49　“觉”词的义项、词类、语形类型及使用频率统计

<table>
<tr><th rowspan="2">义项</th><th rowspan="2">词类</th><th colspan="3">语形类型及使用频率</th></tr>
<tr><th>单</th><th>双</th><th>四</th></tr>
<tr><td rowspan="2">发现、察觉</td><td rowspan="2">动</td><td rowspan="2">12</td><td>觉察2、惊觉1、发觉3、知觉15</td><td></td></tr>
<tr><td>不觉6、无觉1、为—所觉1</td><td></td></tr>
<tr><td rowspan="3">感受到</td><td rowspan="3">动</td><td rowspan="3">10</td><td>反觉9、自觉13、乖觉2、感觉（动）4、感觉（名）1</td><td rowspan="3">不知不觉14、神不知鬼不觉13</td></tr>
<tr><td>觉得（的）146、觉着56</td></tr>
<tr><td>尚觉5、犹觉3、才觉2、便觉15、转觉4、更觉64、殊觉9、益觉2、独觉1、尤觉7、顿觉5、遂觉5、终觉4、实觉2、乃觉1、倒觉3、又觉4、甚觉6、亦觉6、方觉8、已觉12、颇觉6、略觉5、只觉12、愈觉2、忽觉6、微觉1、常觉2、也觉35、又觉3、总觉2、可觉2、却觉1、太觉1、始觉1、徒觉1、皆觉1、究觉1、惟觉1、先觉2、很觉1、但觉5、越觉1、虽觉3、就觉21、稍觉7</td></tr>
</table>

续表

义项	词类	语形类型及使用频率		
		单	双	四
认为（主观）	动	7		
省悟、明白	动	4	觉悟 2、不觉 1	
睡醒	动	3	惊觉 4	
			初觉 1、方觉 1、醒觉 1、卧觉 1、梦觉 1、既觉 1	
睡眠	动	9	睡觉 75	
	量	6		
少量佛语词：正觉、皇觉				

成词有发觉（觉发）、觉悟（觉寤）、觉知、觉浩、觉察、自觉、惊觉、知觉、先觉、梦觉、反觉、觉得、睡觉，新增乖觉、感觉、觉着。

上述各义项的词类、语形类型及使用频率统计见表 4-50。

表 4-50 “觉”词的义项、词类、语形类型及使用频率统计

义项	词类	语形类型及使用频率				合计
		单	双		四	
			短语	词		
发觉	动	12	0+2/7	1/2+3/19	0	40
感受	动	10	0+46/291	2/202+4/29	2/27	559
认为（主观）	动	7	0	0	0	7
省悟	动	4	0+1/1	1/2+0	0	7
睡醒	动	3	0+6/6	0+1/4	0	13
睡眠	动	9	0	0+1/75	0	84
	量	6	0	0	0	6
合计		51	55/305	13/333	2/27	716

清朝时期的“觉”仍为以复音为主、单音为次的兼类多义词。

从音节词类数量及其使用频率来看，音节使用总量为 716 次，单音节词

51次，复音节词638次，单音节词使用总量不到语词使用总量的十分之一，单音节词正在退化。双音节词13个，使用333次；双音节短语55个（包括“不觉”），使用305次。无论是数量上还是使用频率上双音节词都超过了双音短语，双音短语也在退化。四音节词2个，使用27次。词类方面，仍是动词占绝对优势，名词为2次，量词6次。

词义义项及使用频率依次为“感受”义559次、“睡眠”义90次、“发觉”义40次、“睡醒”义13次、“认为（主观）”义7次、“省悟”义7次。语义义位及范畴延续前朝时期，总类为6。前4项是基础义、常用义，“感受”义使用频率仍为第一，成为这个时期最常用义。

统计表明，“觉”词的语形类型在该时期仍为单音、双音短语、双音节词、四音节语词四种类型。双音化和复音构词形成顺序词语模“觉X”和逆序词语模“X觉”，“觉X”多于“X觉”，同素“觉”词族固化。其中，“觉X”延续前朝具有动词语义结构的词语模，“X”有实词也有虚词。“X”为实词，产生双音短语0个，使用0次，产生双音节词2个，使用4次；“X”为虚词，产生双音节词2个（“得”重复计算），使用202次。“X觉”则有三种类型：定中结构名词“X觉”10个，共使用17次；状中“X觉”句法词，“X”为虚词，共48个（“不觉”重复计算），使用289次；双音状中或主谓“X觉”短语，“X”为实词，共5个，使用9次，双音节词9个，使用127次。四音词模式“单音否定词＋知＋单音否定词＋觉”使用27次。该时期“觉”词词族形态为多音多层次同素词词族，未见单音同源词。“不觉”则需要根据语境理解。

十二、民国时期（1036例）

民国时期，语料库选取的是《上古秘史》《两晋演义》《乾隆休妻》《五代史演义》等口语代表性典籍，大致反映民国时期的语言使用情况。该时期“觉”词的义项及所对应的词类、语形类型及使用频率等统计见表4-51。

表4-51　“觉”词的义项、词类、语形类型及使用频率统计

义项	词类	语形类型及使用频率		
		单	双	四
发现、察觉	动	0	觉察5、察觉6、发觉4、知觉1、查觉1（词法词）	
			不觉2	

续表

义项	词类	语形类型及使用频率		
		单	双	四
感受到	动	14	知觉 16、觉着 9、自觉 22、乖觉 1 觉得（及物 292，不及物 7） 不觉 205、乃觉 2、甚觉 4、殊觉 9、更觉 24、总觉 10、又觉 5、顿觉 20、很觉 14、便觉 6、尤觉 7、颇觉 43、但觉 44、太觉 11、也觉 43、都觉 20、忽觉 17、已觉 8、益觉 13、尚（还）觉 12、真觉 4、只觉 8、终觉 5、大觉 1、独觉 1、深觉 2、略觉 1、渐觉 2、陡觉 1、稍觉 2、倒觉 1、方觉 2、反觉 1、未觉 1、先觉 1、始觉 2、实觉 1、才觉 4、似觉 2、倍觉 1、愈觉 11、倏觉 1、越觉 17	不知不觉 31（四音节）
省悟、明白	动	1	觉悟 16	
睡醒	动	0	（如梦）方觉 1	
睡眠	动	9	睡觉 3	
	量	5		
知道	动	0	知觉 1	
少量佛语词：正觉				

成词有发觉（觉发）、觉悟（觉寤）、觉知、觉浩、觉察、自觉、惊觉、知觉、先觉、梦觉、反觉、觉得、睡觉、乖觉、感觉、觉着，新增查觉。上述各义项的语形类型及其使用频率统计见表 4-52。

表 4-52 “觉”词的义项、词类、语形类型及使用频率统计

义项	词类	语形类型及使用频率				合计
		单	双		四	
			短语	词		
发觉	动	0	0＋1/2	1/5＋4/12	0	19
感受	动	14	0＋43/589	2/308＋3/39	1/31	981
省悟	动	1	0	1/16＋0	0	17
睡醒	动	0	0＋1/1	0	0	1
睡眠	动	9	0	0＋1/3	0	12
	量	5	0	0	0	5
知道	动	0	0	1/1	0	1
合计		29	45/592	13/384	1/31	1036

民国时期的“觉”可以认为是复音为主、单音几乎消失的兼类多义词。

从音节词类数量及其使用频率来看，音节使用总量为 1036，单音节词 29 次，复音节词 976 次，单音节词使用总量几乎可以忽略不计，几乎完全退化。双音节词 13 个，使用 384 次；双音节短语 45 个（包括“不觉”），使用 592 次。无论是数量上还是使用频率上双音节词都超过了双音节短语，双音节短语也在退化，有四音节词 1 个，使用 31 次。词类方面，仍是动词占绝对优势，名词为 2 次，量词 5 次。

词义义项及使用频率依次为“感受”义 981 次、“发觉”义 19 次、“省悟”义 17 次、“睡眠”义 17 次、“睡醒”义 1 次、“知道”义 1 次。语义义位及范畴延续前朝时期，总类为 6。前 4 项是基础义、常用义，“感受”义使用频率一枝独秀，成为这个时期最常用义。统计表明，“觉”词的语形类型在该时期仍为单音、双音短语、双音节词、四音节语词四种类型。双音化和复音构词形成顺序词语模“觉 X”和逆序词语模“X 觉”，“觉 X”多于“X 觉”，同素“觉”词族初现雏形。其中，“觉 X”延续前朝具有动词语义结构的词语模，“X”有实词也有虚词。“X”为实词，产生双音短语 0 个，使用 0 次，产生双音节词 2 个，使用 21 次；“X”为虚词，产生双音节词 2 个（“觉得”“觉着”），使用 308 次。“X 觉”则有三种类型：定中结构名词“X 觉”14 个，共使用 17 次；状中“X 觉”句法词，“X”为虚词，共 43 个（“不觉”重复计算），使用 590 次；双音状中或主谓“X 觉”短语，“X”为实词，共 2 个，使用 2 次，“X”为实词，双音节词 9 个，使用 55 次。四音词模式“单音否定词＋知＋单音否定词＋觉”使用 31 次。该时期“觉”词词族形态为多音多层次同素词词族，未见单音同源词。

十三、现代汉语（977 例）

现代汉语，语料库选取的是《1982 年北京话调查资料》《中共十大元帅》《中国历代名将》《周恩来传》《姚明——我的世界我的梦》《中国儿童百科全书》《中国农民调查》等书面语和口语代表性作品，大致反映现代汉语的语言使用情况。该时期“觉”词的义项及所对应的词类、语形类型、使用频率等统计见表 4-53。

表 4-53　“觉”词的义项、词类、语形类型及使用频率统计

义项	词类	语形类型及使用频率		
		单	双	四
发现、察觉	动	0	觉察 12、察觉 13、发觉 14、惊觉 1	
感受到	动	0	味觉 8、直觉 3、嗅觉 39、错觉 10、触觉 5	不知不觉 16、浑然不觉 2
			幻觉 10、自觉 47（动词 3，形容词 44）	
			视觉 15、听觉 22、感觉（名词）154	
			觉着 4、觉得 358、感觉（动词）114	
			不觉 7、深觉 1、颇觉 1、愈觉 1	
省悟	动	0	觉悟 21（名词）＋1（动词）、觉醒 7、先觉 1	
睡醒	动	0	觉醒 3、见觉 1、困觉 3	
睡眠	动	0	睡觉 72	
	量	5		
知道	动	0	知觉 1	

现代汉语，多音节都已成词。上述各义项的语形类型及使用频率统计见表 4-54。

表 4-54　“觉”词的义项、词类、语形类型及使用频率统计

义项	词类	语形类型及使用频率				合计
		单	双		四	
			短语	词		
发觉	动	0	0	0＋4/40		40
感受	动	0	0＋4/10	10/313＋3/476	2/18	817
省悟	动	0	0	2/29＋1/1		30
睡醒	动	0	0	1/3＋2/4		7
睡眠	动	0	0	0＋1/77		77
	量	5	0	0		5
知道	动	0	0	0＋1/1		1
合计		5	4/10	25/944	2/18	977

现代汉语的“觉”可以认为是复音为主、单音已经完全消失的兼类多义词。

从音节词类数量及其使用频率来看，音节使用总量为 977，单音节词 5 次，复音节词 954 次，单音节词使用总量几乎可以忽略不计，已经完全退化。双音节词 25 个，使用 944 次，双音节短语 4 个（包括“不觉”），使用 10 次。无论是数量上还是使用频率上双音节词已经取得绝对优势，超过了双音节短语，双音节短语也在退化，有四音节词 2 个，使用 18 次。词类方面，仍是动词占绝对优势，名词 2 次，量词 5 次。

词义义项及使用频率依次为“感受”义 817 次、“睡眠”义 82 次、“发觉”义 40 次、“省悟”义 30 次、“睡醒”义 7 次、“知道”义 1 次。语义义位及范畴延续前朝时期，总类为 6。前 4 项是基础义、常用义，“感受”义使用频率一枝独秀，成为这个时期最常用义。

十四、小结

“觉”词的词族化历程大致可分为下面的几个阶段：

（1）先秦时期，“觉”为单、复音兼类多义词，未见同族词。郭锡良（2005）指出，“春秋战国是汉语复音化迅速发展的第一个时期”[①]。复音化语境使该时期开始出现少量有并列、连动、动补、状中等动词语义结构的双音“觉 X”和“X 觉”语形，“X”均为实词。

（2）汉代至北宋时期，“觉”词均为双音为主、单音为次的兼类多义词。这一时段，尤其是汉代开始的双音化，使得双音语形大量产生，双音多于单音，双音短语多于双音节词，逐渐形成“觉 X”顺序词语模和“X 觉”逆序词语模。与“觉”搭配的“X”，开始是实词，后“X”既有实词又有虚词，由此，多层次双音同素“觉”词族形成，未见同源词词族现象。

（3）南宋至明清时段，“觉”为多音兼类多义词。单音节词使用总量逐步退化，双音短语的使用总量也在逐步退化，双音节词的使用逐步超过了双音短语，出现四音节及其词语模。词类方面，仍是动词占绝对优势，名词、形容词为次。该时段“觉”词族状况延续前朝，多音同素“觉”词族形成。其中词语模“觉 X”和“X 觉”的“X”有的是实词，有的是虚词。未见同源词。

（4）民国至现代时段，“觉”是多音兼类多义词。这一时段，单音节词几乎完全消失，双音短语也在消失，带“觉”语素双音节词无论在地位上、数

---

① 郭锡良. 汉语史论集：增补本 [M]. 北京：商务印书馆，2005：258.

量上，还是使用频率上都绝对超过了双音节短语，四音节语形逐步增加。词类方面，仍是动词占绝对优势，名词、形容词为次。该时期仍为多音同素“觉”词词族，未见同源词。其中词语模“觉X”和“X觉”的“X”有的是实词，有的是虚词。

第三节　“感”“觉”词族形态语素化认知动因

根据“感”“觉”词族化历程所形成的词汇系统轮廓，本研究可描述的历代汉语词汇系统概貌如下：

(1) 远古（殷商）时代，是汉语原生词积累阶段。具体表现是，词汇系统以单音原生词为主，单音再生词为辅；从词的音节上看，以单音节词为主，双音节词为辅；从词的意义上看，以多义词为主，单义词为辅；从语体上看，以文语词为基础。

(2) 上古（西周—两汉）时段，是汉语再生词之发展阶段。词汇系统积累了大量的再生单音节词和再生双音节词。从词的音节上看，以单音节词为主，双音节词为辅；从词的意义上看，以多义词为主，单义词为辅；从语体上看，以文语词为基础。

(3) 中古（六朝—中唐）时段，是汉语双音节词的形成时期。词汇系统积累了很多再生双音节词。从词的音节上看，单音节词与双音节词并重；从词的意义上看，以多义词为主，单义词为辅；从语体上看，以文语词为主，口语词为辅。

(4) 近古（晚唐—晚清）时段，是汉语词汇兴盛发展时期，是汉语双音节词大量积累和发展成熟阶段。从词的音节上看，以双音节词为主，单音节词和三音以上复音词为辅；从词的意义上看，以多义词为主，单义词为辅；从语体上看，文语词、口语词并重。

(5) 1911年以后的现代汉语时期，是汉语词汇繁荣发展时期。具体表现是以近古汉语词汇为基础又创造了大量双音复合词，同时以双音节词和单音节词为基础又创造了很多三音以上的复合词。从词的音节上看，以双音节词为主，单音节词和三音以上复音词为辅；从词的意义上看，以多义词为主，单义词为辅；从语体上看，文语词、口语词并重。

“感”“觉”词族演化说明，词族形态的不尽相同是与词长的发展、构词法息息相关的。

张博（2003）指出，在语言的词汇系统内部，新词的产生主要有两条途径：一是原词向外扩展，按一定的规则与其他构词材料结合，构造出新词；二是变化原词自身的构成要素，由原词孳生出新词①。一种语言侧重以哪种途径发展新词，这取决于语言的类型特征。一般来说，如果词的长度富有弹性，既有单语素—单音节词，又有单语素—多音节词和多语素—多音节词，那么，这种语言主要靠词的外部增生构造新词。反之，如果词的长度短且有限，那么，这种语言主要通过原词的内部变异构造新词。从总体上看，英语和上古汉语的发展依循的就是这样两条不同的途径。英语词汇的长度可短可长，较少受限制，因此，英语多通过派生法（derivation）和复合法（compounding）这类外部增生的方法构造新词。而上古汉语具有单语素—单音节性，从构成成分来看，一个词只含有一个语素，从语音形式看，一个词只用一个音节表示。这种类型特征限制了词的外部增生，迫使新词主要通过原词单语素—单音节格局的内部变异增生。

先秦时代，汉语词长较短，具有单音节—单语素类型特征，词义扩展只能变化原词自身构成要素，由原词孳生出新词。具体为词义构词和形变（音变）构词两种内部构词法，词义构词的具体方式是隐喻和转喻，形变和音变构词的具体方式是假借和形声，结果是，出现一词多义现象和同族词词族形态。

两汉以降，汉语词长扩展且有弹性，既有单语素—单音节词，又有单语素—多音节词和多语素—多音节词（词汇系统以双音为主），原词向外扩展，具体构词方式也由单音内部构词向复音外部构词转变。复音化构词法有两大类：多种形式的双音节音变构词和多种形式的结构构词。双音节音变构词能产性不强，汉代以后，结构复合构词成了汉语构词的主要方式，派生复合构词成为次要方式。结果是同族词日益稀少，复音化和大量双音节同素词产生，系联成词族。复合词总是由两个词素构成，它只存在一个词素相同的同素词，不形成传统意义的同族词。

现代汉语阶段，词汇音节进一步加长。刘楚群统计指出，当代“词媒体”时代，词音节进一步发展，三音节词语占绝对优势，5 年来三音节词语占所有新词语的 46.1%②。沈孟璎（1986）认为，新词有词缀化倾向，“新词缀化的新词普遍以三音节为主”③。结果是，结构构词法产生的新词增长缓慢，而

① 张博. 汉语同族词的系统性与验证方法 [M]. 北京：商务印书馆，2003：1.

② 刘楚群. 近年新词语的三音节倾向及其理据分析 [J]. 汉语学校，2012（3）：50-56；96.

③ 沈孟璎. 汉语新的词缀化倾向 [J]. 南京师大学报（社会科学版），1986（4）：93-99.

属于外部派生的词语模构词法产生的新词增长迅速，形成（多为类词缀）同素词词族。

李宇明（2005）指出，词语模属于构词法范畴，但比一般教科书所讲的构词法又有所不同，汉语的构词法一般首先分为复合式和派生式两种。复合式是指若干实语素依照联合、偏正、动宾、主谓、补充、重叠等结构方式进行构词，派生式是指在实语素的前面或后面加上词缀进行构词。词语模显然比一般教科书所讲的构词法更为具体，它由特定的语素或词语作为标示（模标）。而且，构词法是构词的，词语模不限于构成新词，它也可以构成新的词组。因而词语模既有能产性，又有“现成性”。同时，词语模反映了人们的思维惯性，是一种思维模式。词语模中的模标具有一种类的功能。

而词长、构词法的发展又受到什么因素的制约呢？本研究认为，是汉语的“音节—语素”语言类型特征使然。周光庆（2001）从文字的角度，冯胜利（1998）、吴为善（2003）从韵律的角度认为，从语言类型上说，汉字是“音节—语素”文字。林春泽（2004）从语言自身特征的角度提出：“汉语语素的单音节，即一字一音，是汉语最大、最明显的特征。”① 与俄语相比，汉语的单音节特征主要表现在：

（1）音节是区别意义的单位，一般地说，语言的最小结构单位是音位，其他语言单位都由音位构成，音位具有区别功能。单独的音位在印欧语言里，如在俄语中，不仅能构成语素，具有表意功能，还有区别意义的功能；而在汉语里，单独的音位，无论是元音音位还是辅音音位，却没有这样的功能，只有音节才是有区别意义的单位。

（2）音节有固定性，这种固定性首先体现在汉语音节自身没有音变与语音交替现象；同时，在音节内部，其组成部分的排列次序也总是固定不变的，即按声母＋韵母的模式组成。这些都与俄语相对立。

（3）音节总是有声调的，声调与重音往往被看成节律手段。声调对应的单位是音节，重音对应的单位是词，而语调对应的单位则是句子。对音节语言来说，每个音节都有声调，没有声调的音节是不存在的。

（4）每个音节几乎都有意义，换句话说，音节与语素是重合一致的，这使音节对于汉语来说，成了一个自足的编码单位，一个音节就可以编成一个码（字）。

本研究认为，特征（1）说明，是作为汉语区别意义的最小单位——音节

① 林春泽．论语素对比研究［J］．外语学刊，2004（6）：79-84．

而不是其他音位与语素相对应。特征（2）说明，汉语构词法采取音变方式的可能性很小，即使有，构词能力也不强，只能采取词义构词和形变构词的方式。特征（3）说明，汉语声调具有双重功能，既是区别意义的单位，还是管控音节的标识，它使得音节与音节之间的界限清晰分明。特征（4）是特征（1）（3）的必然结果，即音节与语素重合一致。汉语的音节、语素是以汉字来表示的，所以汉字是音节、语素的形体单位。从汉语史角度来看，汉语词汇自古及今字、音节、语素多是一致的，即多为一个汉字表示一个音节，一个音节表示一个语素，一个语素为一个构词单位。因此吕叔湘先生说：“汉字、音节、语素形成三位一体的‘字’，当然，这只是用于汉语。要是另一种语言，情形就不同了。它的一个语素可能是一个音节，也可能不到一个音节，也可能不止一个音节。”

特征（4）同时还说明，声调的管控和编码的自足，不仅使得音节与语素重合一致、有着稳定的一对一的联系，而且使得语素在组合成词时音形稳定，语素与语素之间的边界清晰，绝大多数情况下语素的边界对应音节的边界。而有些语言中的语素在音形上则是很不稳定的，经常由于出现环境不同而发生语音变化。如阿拉伯语中 katab 表示“已经写了”，其中辅音选择了 k、t、b 就表示“写”，元音 a 表示主动态、过去的事，而元音 u、i 则表示被动态、过去的事。所以，kutib 表示“已经被写了”。

本研究认为，汉语这种单音节、有声调、无形态的语言类型特征，必然导致汉语音节语素化特征。汉语原始语音形式是单音节，受音节管控以及音节—语素对应且稳定关系影响，汉语词汇系统在词化过程中具有音节语素化特征（无形态即兼类词多）。音节语素化，一是指汉语单音节词降格为单音节语素进行词义扩展，二是指汉语单语素复音词音节语素化，即取单语素复音词几个音节中的一个音节而赋之以复音词之整体意义，使该音节成为构词语素，或独立成为一个单音节词，或与其他语素构成一个复合词[①]。这主要是指汉语自源多音节和外来多音节词语的单音语素化。

反映到语言构成上，即是说汉语的音节是语素的构成单位，语素为语言中最小的音义结合体，为词的构成单位。反映到词法上，即是说音节所管控的语素是词法的基本单位，词化的过程是以单音节语素为作用对象的。如重叠和变调是以单音节语素为单位进行，上古汉语的词是独立运用的单音语素，其词义扩展的结果也是边界清晰的单音多义词和单音同源词。中古以后的复

① 陈宝勤. 汉语词汇的生成与演化［M］. 北京：商务印书馆，2011：18-19.

音词义扩展，也是单音语素与单音语素合成为词，词内部语素的意义以及语素与语素之间的关系是比较清晰的。也就是说，汉语合成词大部分都具有比较清晰的内部结构。

董秀芳（2004）从韵律的角度对这种现象加以解释：根据韵律词法学（Prosodic Morphology）的研究，语言的词法过程往往受到韵律的制约。词法过程以韵律单位为模板而进行，而韵律模板往往对应于一个语言中词的最小形式。汉语的最小词形式就是单音节。汉语词汇史表明，古汉语中的词以单音节为主，在近现代汉语中，词法过程基本上是以语素为单位进行的①。

汉语音节语素化特征说明，汉语音节只是在边界上管控着语素，并没有改变语素表意性的本质特征，而语言的最基本的功能就是表意性。因此，不管音节如何发展，词化活动必须围绕语素进行。

思维能力是全人类的，但思维方式却是民族的。汉语社团人与印欧社团人就语言的形式与意义因认知差异实现为表音文字和表意文字。语言现实不同，语言学发展的道路也各自不同，汉语词汇系统彰显了这种语言类型特征。即虽然词汇音节不断增加，但构词思维方式却始终围绕语素表意性本质特征不断调整。其结果是：单音节词形成同族词；多音节词形成同素词；核心词素义聚合，形成同类词。这就是尽管词族形态各不相同，但都能以核心意义或者以核心意义的语表形式——词素进行聚合的根本动因。

① 董秀芳. 汉语的词库与词法［M］. 北京：北京大学出版社，2004：25.

第五章 “感”“觉”词族词义范畴延伸与蕴涵思维

词义发展绵延不绝。“一个词派生出另一个词，逐渐繁衍为词族体系，一词之本义引申出另一些意义，逐渐生成了词义系统……单个词是一个意义系统，同族词是一个更大的意义系统，二者本来是互相联系的。为了研究的便利，通常对这两个系统分别进行考察。”[①] 本章从词族的角度观察词义，把词义体系和词族体系结合起来研究。将“感”“觉”词各自单音构词产生的词义系统称为内部词义系统，将其各自复音构词产生的同素词族体系称为外部词义系统，以“感”“觉”词族的词义范畴为着眼点，考察其词义范畴的扩展和延伸过程及其蕴含的思维关系，从而说明其词汇系统形成的历时机制。

标题使用“延伸”一词，是指以“感”“觉”词族为着眼点的词汇系统中，各相关的词义范畴之间不是离散的关系，而是以一些基本范畴为中心延伸开去的词义特征束（多个词义特征的集合）和范畴家族，彼此之间有涵盖和交叉关系，从而形成各种系统关系。

语义是人类范畴化、概念化的结果。“语义即是对世界进行范畴化和概念化的过程”，“范畴与概念从广义上来说是等同的，但严格来讲，范畴指事物在认知中的归类，而概念指在范畴基础上形成的词语的意义范围，是推理的基础”[②]。据此，本研究认为，人类首先通过感知获得对客观世界的范畴，在此基础上，进而概念化为具体的词义，最后词化为语形。概念比范畴更具体，更凸显词义所指。词义对应相对具体的概念，具体的概念必然属于相对抽象的上位语义范畴之中。也就是说，当一个语形是一个固化的词语，那么它是一个概念词，既包含概念所指的词义，又归属其上位语义范畴；当一个语形仅是一个双音短语韵律词，尚未固化为词，那么它是一个范畴词，只有抽象所属的语义范畴，没有固化为概念获得语义。

---

① 董为光．词义系统中的本源义［J］．语言研究，1998（2）：125-130．

② 赵艳芳．认知语言学概论［M］．上海：上海外语教育出版社，2001：54-55．

单音词义构词构成词义内在系统，复音构词构成词义外在系统。词义内外两个系统词汇化过程中的词义演化和词义范畴演化必然互相影响。本章考察“感”“觉”词族内外词义系统历时演化、词义范畴概念空间历时延伸历程，各自语词范畴化、概念化历时演变，以及概念空间演化的蕴涵思维。

第一节 “感”词族内外系统词义演化、词义范畴延伸历程

“词义的历史演变的结果使多个义项共存于一个共时平面上，构成词语在这一共时平面上的语义范畴。”① “感”词的内部词义系统和外部词义系统的历时变化及词义所涉及的范畴概念空间延伸历程，可参考前文的“感”词族语料库统计，做出如下梳理。

一、先秦时期

周朝时期，“感”词出现 4 个动词义项，即表人内心因受外界刺激产生触动、震动的“心动”义、“男女感”义、“心感应”义和“动摇”义。其中，“心动”义为本义，“心感应”义多指神、他人的心理回应，也是“心动”。白川静解释由人的心理“动作”行为特点引申到人的动作行为和男女结合的动作行为上，分别产生“动摇”义和“交感”义②。

春秋时期，“感”只有“心动”义和“恨”义 2 项。我们知道，先秦时期汉先民具有强烈的忧祸趋福意识，很多心理触动、震动必然引起不满情绪。武振玉（2009)、陈克炯（2000）总结春秋时期负面心理动词共有“怜”系、“怨”系、“厌”系、“忧”系、“惧”系共 5 类，其中“怨”系词有“怨”“怒”“妒”“忌”“尤”5 个，没有不满程度高于“怨”的“恨”词。“恨”词见于战国时期，如《列子》。因此，假借“感”表不满程度高于“怨”的“恨”义，后造形声字“憾”表达。可见，“恨”义是当时先民忧患意识和对“心动”本义的再范畴化共同产生的结果，是心理行为语义范畴向心理状态语义范畴的扩展。

战国时期，出现“心动”义、“心应”义、“动摇”（“撼”）义、“男女感”义、“身有所受”义、“与外界触碰”义。后两项是新增义项。“男女感”

---

① 赵艳芳，周红. 语义范畴与词义演变的认知机制［J]. 郑州工业大学学报（社会科学版)，2000（4)：53-56.

② 白川静. 常用字解［M]. 苏冰，译. 北京：九州出版社，2010：57.

义产生于男女结合的动作行为，而男女结合的动作行为是通过人的身体产生的，这个特点引申出人的身体因受外界刺激产生的“身有所受”义。语义范畴由心理向生理发展，由行为向状态发展。“动摇”的前提是两个物体接触，所以由“动摇”义（原因）引申出“触碰”义。“心动”义和“心应”义仍属于心理行为语义范畴，其他均属于动作行为语义范畴。

语料显示，先秦汉语“感”词是单音多义动词，出现“感”“憾”“撼”同源词现象。单音语形使用58次，带“感”词素的双音语形7个，使用12次。先后出现的7个动词义项及其使用频率依次为：“心动”义41次，“心应”义5次，“动摇”（“撼”）义3次，“男女感”义2次，“恨”（“憾”）义、“身有所受”义、“与外界触碰”义各1次。

“心动”义和“心应”义属于心理行为语义范畴，“男女感”义、“动摇”义、“与外界触碰”义均属于动作行为语义范畴，“身有所受”义属于生理感知语义范畴，“恨”（“憾”）义属于心理状态语义范畴。从范畴化过程来看，心理行为语义范畴向动作行为、心理状态语义范畴扩展，动作行为向自身生理感知语义范畴扩展。先秦时期“感”词的词义衍化和范畴演化历程详见表5-1。

表5-1　先秦时期“感”词的词义和范畴

词　　义		词义范畴
内部词义系统	外部词义系统	
身有所受		生理感知行为
触碰		动作行为
动摇、男女感		动作行为
心动		心理行为
心应		心理行为
恨		心理状态

总之，先秦“感”词只有单音内部词义系统，没有外部词义系统。因为先秦“感”词是单音多义动词，只有词义构词产生的内部词义分化。“感”“憾”“撼”同源，是词源核心义“动”的范畴演化、分化进而语符形式化的必然。词义概念化等于词义范畴化。从产生的过程来看只有词汇词，没有词法词。

二、两汉时期

两汉时期，“感”为单音、双音并重的兼类多义词。这个时期因复音化产生大量双音语形，因此，“感”词既承袭单音词义内部系统扩展，同时又进行复音构词外部系统扩展。

单音词义构词使得“感”新增因感触而悲伤的“伤感”义、因对他人的帮助或好意而感动产生谢意的“感谢”义、因感触而慨叹的“感慨”义、有感而孕生的“感生”义四个义项。出现的7项词义、词义范畴及其使用频率依次为：“心动”义210次，“心应”义18次，“感慨”义4次，“感谢”义4次，属于心理行为范畴；“伤感”义16次，属于心理状态范畴；“感生”义12次，属于动作行为范畴；“身有所受”义9次，属于生理感知范畴。

复音结构构词，使双音短语韵律化，但大部分双音韵律词由于意义尚未凝固，使用频率不高，尚未概念化为词，词项所对应的只是词义范畴，而不是固化的词义。这一时期，双音韵律词所扩展的词义范畴有感后行为、感后社会情感、感后结果、感后思维、感的原因对象、自我感知、感后负面情绪、感后思想状态等。同时动词“感”语法引申为名词，名词类范畴开始形成。显然，该时期动词范畴化程度极高。

当然，复音构词也有概念化为词的，如“感动、动感、感应、应感、感伤”等，但它们是单音词义的双音语形。从词类角度看，“感”作动词占绝对优势，使用252次；其次是名词，使用13次；最后是形容词，用例8次。词类转化也是词义演化。

总之，两汉时期，“感”词内部词义系统，既有词义扩展又有范畴扩展，外部词义系统因为没有成词，只有范畴扩展，没有词义扩展。具体而言，内部词义系统因词义构词，“心动”义产生“伤感”义、“感慨”义、“感谢”义，“男女感”义产生“感生”义，分别对应负面情绪状态、思想状态、社会情感心理行为和动作行为等词义次范畴。外部词义范畴因复音结构构词产生韵律词，将先秦时期的心理动词范畴和心理状态范畴细化为更多的次类。心理动词扩展的范畴次类包括社会情感心理行为、感后心理结果、感的原因对象、感后思维、自我感知生理—心理行为、感后行为等。心理状态范畴分化出的次类有负面心理情绪、感后思想状态、“感谢”心理情绪等。从词类角度来看，动词分化出名词和形容词，词类也在演化。由于名词的出现，指称各种感官体验的“X之感”构式产生，如“哀乐之感”“死丧之感”等。这些复音韵律词由于语义凝固程度不够，透明程度高，且使用频率较低，只是范畴词，还不是概念词，详见表5-2。

表 5-2　两汉时期“感”词的词义和范畴

词义			词义范畴	
内部词义系统	外部词义系统		范畴	次范畴
	概念词	范畴词		
身有所受		自感、悲感	生理感知行为	自我感知心理行为
感生				
男女感	感动	感梦	动作行为	
心动	感动	感起、感移		感后行为
		感召、感激、感服		感后社会情感
		感变、感通、感突	心理行为	感后心理结果
		感类、感德		原因对象
		感悟、感念、感惟		感后思维
感慨	感慨			感后思想状态
谢意				感谢社会情感（专化）
心应	感应		心理行为	
伤感	感伤	感惭、感怨、感恨、感哀	心理状态	负面情绪
		感忿、感惧		
感受（名词）		X之感		各种“感”的指称

总之，单音词义决定内部词义范畴及其自身扩展方向，又影响外部同向扩展方向。但外部系统又有自己扩展的新范畴。词义决定词义范畴。

三、六朝时期

该时期“感”也为单音、双音并重的兼类多义词。单音词义构词义项总类为 7，各义项及其使用频率依次为“心动”义 646 次、“感慨”义 38 次、“伤感”义 33 次、“感谢”义 22 次、“感应”义 18 次、“身有所受”义 5 次、“感生”义 2 次。“心动”义使用频率占绝对优势，是基础义、常用义。“感慨”义和“感谢”义均有所上升，成为这个时期的常用义。单音词义及词义范畴延续两汉时期，且词义概念化等同于词义范畴化。

复音构词分化出新的义项：“感悟”和“感恩”。复音结构构词使双音短语韵律化，扩大词义范畴，同时使使用频率高的双音韵律词固化成词，词义范畴固化成概念。该时期成词词语除承袭两汉时期的“感动、动感、感应、应感、感伤”外，新增“感激、感慨、感悟、感恩”。“感激”“感慨”使单音构词的义项有了双音语形，“感悟”“感恩”是复音结构构词产生的新义项。

六朝时期双音化导致内部词义系统单音词义构词及其范畴扩展停止，外部词义范畴因复音结构构词产生大量韵律词，原心理动词范畴和心理状态范畴再分化为更多的次类。心理动词范畴扩展的次类包括病痛感知、感后哭泣行为、感后事理思维、感后对人的思恋、程度、量级等。心理状态范畴扩展的次类包括正面情绪等。同时，双音名词也扩展出了很多新词义和新范畴，名词范畴化程度极高。具体操作是将两汉时期的“X之感”双音化为“X感”，指称各种人类感官“感觉”体验。双音名词“X感”及其使用频率如下：触感4、幽感1、资感1、通感1、小感1、机感2、惭感2、粗感2、精感3、仁感1、百感1、情感4、属感1、缘感3、理感10、至感2、玄感2、私感1、睿感1、妙感2、照感1、潜感1、乐感1、冥感3、谬感1、同感1等。

双音节词和短语韵律词的纠结，产生很多使用频率高的“X感”句法词，如：相感13、实感5、前感1、犹感1、难感1、永感2、万感2、不感4、无感1等。也有很多“X感”短语词，如：哀感5、孝感5、化感2、诚感12、诳感1、兴感2、追感1、真感1、悲感7、凄感1、忧感2、义感7、酸感1、痛感5、惭感2（既定中又状中）等。这些都是对动词“感”的程度、量级的修饰、限定（“感激”分化出“感谢”义项，有“谢恩”语境），词义范畴更加精细、全面，详见表5-3。

表5-3 六朝时期“感”词的词义和范畴

词义			词义范畴	
内部词义系统	外部词义系统		范畴	次范畴
	概念词	范畴词		
身有所受		感受、感疾、感痛	生理感知行为	病痛、感知
感生		意感		
		感寻、感推、感往	动作行为	
		感叹、感咽、感哽		哭泣行为
心动	感动		心理行为	
	感激	感召、感悼、感庆、感咏		社会情感

续表

词义			词义范畴	
内部词义系统	外部词义系统		范畴	次范畴
	概念词	范畴词		
		感变、感通、感化、感彻	心理行为	感后结果
		感类、感旧、感遇、感梦		原因对象
	感悟	感识		感后事理思维
		感念、感思、感恋、感惟		感后对人的思恋
		感深、感远、感绝、感对		程度、量级
感慨	感慨	感怀、感X赋		思想状态
谢意	感激			感谢他人帮助
	感恩			感谢他人恩德
心应	感应		心理行为	
伤感	感伤	感恨、感怒、感愤	心理状态	负面情绪
		感悦、感爱、感慰、感佩、感慕		正面情绪

词义决定词义范畴。内部系统词义及其范畴扩展停止，但外部系统承接扩展的任务，发展出更加精细化的新范畴。

四、隋唐—明朝时期

这一时段"感"为单、双音并重的兼类多义词。单音语词内部词义系统固化前朝内部词义系统，没有扩展出新的词义和词义范畴（仅有"身孕"义，因为用例少，可以看作临时意义）。复音构词继续加强了外部系统词义扩展和词义范畴扩展。复音结构构词使双音短语韵律化，同时使使用频率高的双音范畴词固化成概念词，将业已产生的词义范畴不断地概念化、词化。该时段成词词语除承袭前朝词语外，依朝代新增"感通、感帝、感惧、感慰、感戴""感得""感叹、感泣、感恸、感悦""感念、感德、伤感、感谢、感生帝"等。

新增的词义范畴延续前朝。词义及词义范畴见表5-4。

表 5-4 隋唐—明朝“感”词的词义和范畴

词义			词义范畴	
内部词义系统	外部词义系统		范畴	次范畴
	概念词	范畴词		
身有所受		感疾、感病、感冒	生理感知行为	病痛感知
感生	感生帝	交感、感梦		身体行为
		感会、感现、感离	动作行为	
	感叹、感泣、感怯	感咽、感便		哭泣行为
心动	感动		心理行为	
	感激、感召、感戴	感庆、感悼		社会情感
	感通、感得	感化、感获、感到	心理行为	感后结果
	感悟			感后事理思维
	感念	感思、感恋、感忆		感后对人的思恋
		感深、感绝、感切、感极		程度、量级
		自感		自我感知
感慨	感慨	感怀、感讽、感 X 体		思想状态
谢意	感激、感谢	感荷		感谢他人帮助
	感恩、感德	感旧、感遇、感义		感谢他人恩德
心应	感应		心理行为	
伤感	感伤、感惧	感愤、感凄	心理状态	负面情绪
	感慰、感悦、感慕	感兴、感情	心理状态	正面情绪

隋唐—明朝时期是词义范畴固化阶段，双音化导致内部词义系统单音词义及其范畴固化并停止扩展。但表意精细化的社会需要使范畴更加精细化、专化，外部词义系统则承担这个责任——复音结构构词产生大量韵律词，越来越多的高频韵律词逐步概念化为词。心理动词范畴次类和心理状态范畴次类逐渐固化、专化。专化的如“感动”“感应”“感谢”“感激”“感悟”“感生”等。双音名词词义范畴继续扩展更多的新词义和新范畴，名词、句法短

语词词义及词义范畴大致同六朝。

五、清代—民国时期

该时段“感”为多音为主、单音退化的兼类多义词。“感”词语义内部系统没有扩展新的语义，固化为前一时段的 7 类，单音节词的使用正在退化。复音构词加强了外部系统词义及词义范畴扩展，更多的高频双音韵律词固化成概念词。该时期成词词语除承袭前朝词语外，新增“感冒、感念、感情、感化、感到、感觉”。语义范畴保持前朝的状态，并不断地概念化成词。出现三音节词、四音节词，但数量较少，未形成相应的构词方式，词义范畴也没有突破。该时段词义及词义范畴见表 5-5。

表 5-5 清代—民国时期“感”词的词义和范畴

词义			词义范畴	
内部词义系统	外部词义系统		范畴	次范畴
	概念词	范畴词		
身有所受	感冒、感觉	感染、感受	生理感知行为	病痛感知
感生	感生帝	交感、感梦		
		感会、感现、感离	动作行为	
	感叹、感泣、感怯	感咽、感哽		哭泣行为
心动	感动		心理行为	
	感激、感召、感戴	感庆、感悼		社会情感
	感通、感得、感化、感到	感获	心理行为	感后结果
	感悟			感后事理思维
	感念	感思、感恋、感忆		感后对人的思恋
		感深、感绝、感切、感极		程度、量级
		自感		自我感知
感慨	感慨	感怀、感讽、感X体		思想状态

续表

词义			词义范畴	
内部词义系统	外部词义系统		范畴	次范畴
	概念词	范畴词		
谢意	感激、感谢	感荷		感谢他人
	感恩、感德	感旧、感遇、感义		感谢他人恩德
心应	感应		心理行为	受刺激回应
伤感	感伤、感惧、感情	感愤、感凄	心理状态	负面情绪
	感慰、感悦、感慕	感兴	心理状态	正面情绪

清代—民国时期内部词义系统单音词义构词及其范畴固化并停止扩展，单音节词本身的使用也逐渐退出历史舞台。外部词义范畴因表义精细化需要发展多音节词，开始有三音节词和四音节词。大量复音韵律词进一步概念化为复音词。心理动词范畴和心理状态范畴大类及其次类逐渐固化，范畴内的概念因专化需要和高频使用逐渐形成新词，新增专化的词语如“感冒”“感念”“感化”“感到”“感觉”等仍是前朝词义范畴的延续。但有一部分范畴化的韵律词始终没有概念化、固化为词，如感后动作行为范畴；有的甚至消失，如程度、量级范畴同素“感”词；部分语词由于专化，数量没有增加，始终单一，如词源义“感动”“感应”和表感后思维的“感悟”。名词、句法短语词词义及词义范畴大致同此前的时期。

六、现代汉语时期

现代汉语时期“感”为复音为主、单音完全退化的兼类多义词。但无论是“感”词的内部词义系统，还是外部词义系统都有词义扩展和词义范畴扩展。此时单音词义有很大的发展，总类为 10。其使用频率由高到低依次为“觉得$_1$”（生理—心理感知）义 291 次、“感觉”义（名词）275 次、“感情”义（动名词）116 次、“心动”义 96 次、“身有所受”（生理感知）义 91 次、“觉得$_2$”（主观认识）义 70 次、“感应”（物体）义 54 次、“感谢”义 50 次、“感慨”义 12 次、“伤感”义 7 次。“觉得$_1$”义是基础义、常用义。“感觉”义（名词）上升为第二。外部词义系统专化使词义和词义范畴都有扩展，双音化新增“感性、感知、感官、感兴趣、感受、感染、遥感、敏感、情感”等词。扩展的名词为各种感知体验的指称，如同感 2、好感 3、快感 2、美感 1、质感 1、滑感 1、观感 1、球感 2、手感 1、灵感 9、痛感 4、动感 3，孤独感 1、恐惧感 1、优越感 1、成就感 2、神秘感 1、现代感 1、自豪感 5、信任感 1、幽默感 5、挫折感 1、现实感 1、灾难感 1、时代感 1、立体感 9、临近感 1、柔软感 1、自然感 1、责备感 5、成人感 2、节奏感 2、道德感 1、理智感 1、饥饿感 1、温润感 1、粘舌感 1、凉爽感 2 等。其他如感知觉 1、互感器 1 等。句法词为动词“感”的限定：深感 8、常感 1。四音词多为状态描述和身体感觉范畴：多愁善感 3、百感交集 2、真情实感 1、感觉细胞 1、感觉器官 10、感觉功能 2 等，详见表 5-6。

表 5-6　现代汉语时期“感”词的词义和范畴

词　　义		词义范畴	
内部词义系统	外部词义系统 概念范畴化	范畴	次范畴
身有所受	感受（书面化）、感冒、感染（身有所受的专化）	动作行为	病痛感知
感叹	感咽、感哽	动作行为	哭泣行为
主观认识	觉得$_2$、感觉、感到、感受	心理行为	知觉认识
感觉	感觉（名动）、感性、感官		生理感知
觉得$_1$	觉得$_1$（口语化）、感觉、感兴趣、感知		生理—心理感知
	心动、感动	心理行为	
	感动（形）、感人（形）、敏感（形）	心理状态	
	感激、感召		社会情感
	感通、感化	心理行为	感后结果
	感悟		感后事理思维
	感念、感思、感恋		感后对人的思恋
感慨	感慨、感怀		思想状态
谢意	感激、感谢（专化）		感谢他人
	感恩、感德		感谢他人恩德
伤感	感伤	心理状态	负面情绪
感情（动名）	感情、情感、感慰		正面情绪
对外物刺激的反应	感应、感光、遥感	动作行为	受刺激回应

现代汉语时期，人类对自我和客观世界进一步的认识，使词义及词义范畴进一步扩散，从心理人域范畴扩展至客观物体域范畴。词类主流实词名动形齐全，既有词义扩展又有范畴扩展。内部词义系统词义范畴概念化，均通过多音节词形表现出来，如“深感不安”，“感”即是“感觉（到）”的意思。多音构词使词义范畴都概念化为新词。新增词义如“心应”义产生“物应”义、“身受”义产生“觉得”义，“觉得”义再产生“主观认识”义，对应的词义范畴为物体反应、身体感知行为、身体—心理思维行为，并均有双音化语形。“感”已经成为一个半自由语素。外部词义范畴中原心理动词范畴和心理状态范畴大类没有变化，小类有增有减。增加的是身体感官感知次范畴和主观认识范畴使用频率，说明人类主观能动性进一步深化。减少的范畴次类包括感的原因对象、感后思维、自我感知、思想心理行为。语形的表现形式也有变化，分化为书面语体和口语语体。

第二节　“觉”词族内外系统词义演化、词义范畴延伸历程

“觉”词的内部词义系统和外部词义系统及词义所涉及的范畴概念空间在汉语史上也发生了不小变化。参考前文“觉”词族语料库统计，可做出如下梳理。

一、先秦时期

西周时期，“觉”词出现3个义项：“自知”义、“睡醒”义、“正直”义。春秋时期，出现的义项及其使用频率依次为“省悟”义2次、“梦醒（睡醒）”义3次、“正直”义3次、“表明”义和“发觉”义各1次。前章论证表明，“省悟”义是本义、词源义，指人对事理的认识由模糊状态逐渐转为清醒，结果是（心理上的）醒悟、明白；“自知”义指人对事件的认识由模糊状态逐渐转为清醒，结果是（心理上的）醒悟、明白；“梦醒”义是指人的意识从模糊的睡眠状态转为清醒，结果是（生理上的）意识清醒。“梦醒（睡醒）”义因本义核心义素“清醒”相似性隐喻产生，形容词义项“正直”因“清醒”结果相关性转喻产生。“表明”义也是“省悟”义的结果引申产生的。因为“醒悟、明白”后的下一步的结果是“正直”，进一步的行为是“表明”。“发觉”义是指人开始对事理、事件的认识由模糊状态逐渐转为清醒，语义重点指向醒悟的起始。“省悟”义和“睡醒”义出现早且使用频率最高，是基础义、常用义。

战国时期，“觉”词新增动词义项“比较”义和“发觉”义、名词义项“差距”义、形容词义项“自然”义。“觉”的“省悟”义强调人的内心对事理的认识从模糊到清醒、明白，这一过程持续时间相对较长，人们可把这一过程看作一个心理完形，即该过程的起点——“醒悟”前的模糊认识和这一过程的终点——“醒悟”后的清醒认识。通过“比较”发现两者的“差距”很大，所以“省悟”义又引申为动词“比较”义和比较的结果——名词“差距、距离”义（词类增加名词用法）。此外，“省悟”义产生使动用法，“自然”义产生途径不明。

前文语料统计显示，先秦时期“觉”为单、复音兼类多义词。先后出现的 9 个单音义项和使用频率分别为：“省悟”义 27 次，“睡醒（梦醒）”义 20 次，“正直”义 6 次，“发觉”义 4 次，“自知”义 2 次，“比较”义、“表明”义、“差距”义、“自然”义各 1 次。复音词“觉浩”“自觉”因语义不透明，被看作双音节词。

从义项所属词义范畴类别来看，9 个义项分属于心理行为动词、状态词和行为动词三个大类。其中心理行为动词涵盖下面的次范畴：“省悟”义属于心理意识动作词义范畴，“睡醒”义属于生理意识动作词义范畴，“自知”义属于自我感知心理行为词义范畴，“发觉”义属于外物感知—思维心理行为词义范畴，“比较”义、“差距”义属于辨别思维心理行为词义范畴，“自然”义、“正直”义属于（包括心理、外物两方面的）状态词义范畴，“表明”义属于动作行为词义范畴。

从范畴化过程来看，心理行为大类语义范畴向心理（物体）状态、动作行为大类语义范畴扩展。心理行为语义范畴以核心义“清醒”为中心依次向生理动作、自我感知—心理行为、外物感知—思维心理行为、动作行为、状态、距离等词义次范畴扩展。先秦时期“觉”词的词义衍化和范畴演化历程详见表 5-7。

表 5-7　先秦时期“觉”词的词义和范畴

词义			词义范畴	
内部词义系统	外部词义系统		范畴	次范畴
	概念词	范畴词		
差距（名）				思维结果
比较	觉浩			辨别思维行为
发觉				外物感知—思维心理行为

续表

词义			词义范畴	
内部词义系统	外部词义系统		范畴	次范畴
	概念词	范畴词		
自知				自我感知—心理行为
（本义）省悟			心理行为	心理意识动作
睡醒				生理意识动作
正直（形）			心理状态	
自然	自觉		心理状态	
表明			动作行为	

从词义系统归属来看，“觉”词与“感”词一样，只有单音内部词义系统，没有外部词义系统。因为先秦“觉”词是单音多义动词，只有词义构词产生的内部词义分化。范畴化等于概念化，只有词汇词，没有词法词。

二、两汉时期

该时期“觉”词是复音多于单音的兼类多义词。单音词义义项及其使用频率依次为：佛理“省悟”义 115 次，“发觉”义 74 次，事理“省悟”义 47 次，“睡醒”义 20 次，“感受”义 6 次，“知道”义 4 次，“分辨、辨别”义 1 次，“比较、差”义 1 次。其中“感觉（到）”义、“分辨、辨别”义、“知道”义、佛理“省悟”义 4 个动词义项为新增义项。单音词义构词，新词义通过原词义语义引申、语法引申、语境引申而产生。语义引申，“省悟”义由一般事理范畴扩展至佛理范畴，因相似引申产生佛语词“觉悟”义。“省悟”义又通过（原因）相关引申产生“感觉（到）”义。“感觉（到）”义，本研究认为是“省悟”义由果推因的转喻产生，即醒悟的前提必须是人先对外界刺激产生生理个别感知和辨别，再综合推理后产生心理行为。语法引申，是指词义在使用中产生兼类词和使动、被动用法。“觉”既是动词，又是名词和形容词。佛教“觉”义从汉语“觉悟”义引申产生，较汉语“觉悟、醒悟”更为抽象，并使用为名词。“省悟”义产生使动用法，“发觉”义产生被动用法。词义语境引申，是说“分辨、辨别”义和“知道”义在对举语境中产生。这个“知道、明白”义与“醒悟、明白”义不一样，前者是通过告知的方式产生的“知晓、明白”，后者是对感知分析推理后产生的“明白”，如：

①何以故？坐不离恶知识故。不［觉］善恶，不计恶知识恶，态不思恶知识恶。（《佛说九横经》）

②有痴狂之疾，歌啼于路，不晓东西，不睹燥湿，不［觉］疾病，不知饥饱，性已毁伤。（《论衡》）

两汉时期是汉语双音化的初始时期，出现双音短语和双音节词，双音语形的使用频率首次超过单音语形。该时期单音词义构词和复音句法构词并用，是造成单音义项增加和双音短语、双音节词增加的根源。但双音节词此时还只是单音词义的双音语形，结果造成词义义项单音、复音语形共现现象，如“觉浩”“发觉”（“觉发”）分别是“比较”义、“发现”义的双音语形。受单音多义词影响，该时段的双音语形也出现再生多义现象，如“觉知”是“发现”义、佛理“省悟”义的语形，“觉悟”是事理“省悟”义和佛理“省悟”义的双音语形。多义双音语形“不觉”则需要根据语境推理才能理解。

此时的复音结构构词，使双音短语韵律化，但大部分双音韵律词尚未概念化为词，词项所对应的只是词义范畴，而不是固化的词义。这一时期，双音韵律词所扩展的词义次范畴有“觉”的否定、程度、量级等。同时动词“觉”语法引申为名词，名词类范畴开始形成。显然，该时期“觉”词范畴化程度比较高。

两汉时期，汉先民对自我的认知又进了一步，不仅认识到心理行为“醒悟”的结果是“发现”“明白”，而且认识到“醒悟”的前提是人自身意识——感知的唤醒，并由此产生客观事物的个别特性在人脑中直接反映的“感觉”义。感知是人类活动的起点，借助于感知，人类才得以获得和积累一切知识。外界事物作用自身感知产生的“感觉”义，是人的感觉器官体验世界所带来的心理结果。在这个意义上，意识到、感觉到自我行为的心理行为，用“觉”“自觉”（双音短语）；没有意识到或感觉到自我行为的心理行为，用“不觉”。如：

③晨坐听之，不［觉］泪下。嗟乎子卿，陵独何心，能不悲哉！（《答苏武书》）

④太守大惊，不［觉］自起，立赐巾延请，甚嘉敬之，即焉出修。南阳士大夫谓茂能救解修。（《风俗通义》）

⑤夫知佞以知贤，知贤以知佞；知佞则贤智自［觉］，知贤则奸佞自得。（《论衡》）

⑥田家老母到市买数片饵，暑热行疲，顿息石人下，小瞑，遗一片饵，去，忽不自［觉］。（《风俗通义》）

⑦冀俗人观书而自［觉］，故直露其文，集以俗言。（《论衡》）

如例④太守自己并没有感觉到自身的起立行为。

从义项所属语义范畴类别来看，8 个动词义项分属于心理行为域的下面几个次范畴："省悟"义（包括佛理）、"知道"义属于心理意识动作词义范畴，"睡醒"义属于生理意识动作词义范畴，"感觉"义属于生理感知行为词义范畴，"发觉"义属于外物感知—思维心理行为词义范畴，"比较"义、"分辨"义属于辨别思维动作词义范畴。先秦时期的"自然"义、"正直"义、"表明"义等状态类和动作类词义范畴消失。同时语法引申动词产生名词，产生对佛理"觉"的认识等抽象概念分类。如"善觉""灵觉""正觉"等词。

从范畴化过程来看，心理行为词义范畴以核心义"清醒"为中心依次向生理意识动作、外物感知—思维心理行为、生理感知行为、思维心理动作等词义次范畴扩展。

总之，两汉时期，"觉"词既有单音内部词义系统，又有双音外部词义系统。内部词义系统，既有词义扩展又有范畴扩展，外部词义系统不少成词，但多为范畴扩展，少有词义扩展。此时期的外部词义范畴因复音结构词产生双音语形，概念化的双音节词是单音词义义项的复音语形。未概念化的韵律短语是词义范畴的复音语形，新扩展出的词义范畴次类有否定、程度、量级、觉后结果范畴等。

词义决定词义范畴，内部词义既决定自身词义及范畴扩展方向，又决定外部词义及范畴扩展方向。此时外部系统开始扩展出新的词义范畴。上述词义及其范畴归纳见表 5-8。

表 5-8　两汉时期"觉"词的词义和范畴

词义			词义范畴	
内部词义系统	外部词义系统		范畴	次范畴
	概念词	范畴词		
分辨		不觉		辨别思维动作
比较	觉浩			辨别思维动作
发觉	发觉（觉发）		外物感知—思维心理行为	
	觉知	不觉、惊觉	外物感知—思维心理行为	动作—结果
感觉（到）		不觉、自觉	生理感知行为	
（本义）省悟	觉悟、觉寤	不觉、觉德、觉视	心理行为	

续表

词义			词义范畴	
内部词义系统	外部词义系统		范畴	次范畴
	概念词	范畴词		
		未觉、大觉、已觉		否定、程度、量级
省悟（佛）	觉悟、觉知	未觉、少觉、早觉		程度、量级
睡醒		不觉、觉见、大觉	生理意识动作	否定、程度、量级
知道、明白		不觉、觉晓		觉后心理结果
	善觉、灵觉、正觉			佛理主观认识
	觉经			佛理抽象思维

三、六朝时期

该时期单音构词词义及其使用频率由高到低依次为“感觉、感受”义171次、“省悟”义95次、“发觉”义89次、“睡醒”义43次、“知道”义9次、“差距”义6次、“认为”义2次。词义义位及范畴基本延续两汉时期。“感受”义使用频率由两汉时期的第四上升为第一，成为这个时期的常用义。新义项产生的途径有语义引申，即在“感觉”义的基础上产生“认为”义；语法引申，即“睡醒”义引申出“叫醒”义和“使睡醒”义；对举语境引申产生“知道”义。

复音结构构词，使双音短语韵律化，扩大语义范畴，同时使使用频率高的双音韵律词固化成词，语义范畴固化成概念。因此，双音节词有三个来源：一是单音词义因复音构词有了双音语形，如“发觉”“觉悟（觉寤）”“觉知”“觉浩”等；二是高频使用的韵律短语固化为词，如“先觉”“自觉”等；三是“觉”词因构式“X觉”名词化产生新的词法词。六朝因佛教的传入和“觉”词的名词化产生大量佛语词：净觉、灵觉、自觉、正觉、缘觉、妙觉、谬觉、七觉、种觉、玄觉、甚觉、元觉、等觉、独觉、知觉、有觉、无觉、觉智、觉应、觉海、觉性、觉相、觉想、觉道、觉尊等。

综上所述，从词义系统归属来看，“觉”词既有单音内部词义系统，又有双音外部词义系统，且都有词义扩展和范畴扩展。内部词义系统词义构词，有语义引申和语法引申，但数量较少。6 个动词义项延续两汉时期的心理行为动词范畴及次范畴，新增“认为”义属于主观评价次范畴。前朝时期的“比较”义、“辨别”义等思维心理类，“自然”义、“正直”义、“表明”义等状态类和动作类词义范畴消失。心理行为动词大类范畴保持，并向生理感知和主观思维方向发展。外部词义范畴因复音结构构词产生双音语形，双音概念词“先觉”“自觉”扩展了词义范畴，未概念化的韵律短语新扩展出的词义范畴次类有对心理动作的否定、程度、量级等，也有对生理动作的方式、原因的说明等。双音名词范畴开始专化，产生对佛理“觉”的认识等抽象概念分类，如“妙觉”“七觉”“元觉”等词，详见表 5-9。

表 5-9　六朝时期“觉”词的词义和范畴

词义			词义范畴	
内部词义系统	外部词义系统		范畴	次范畴
	概念词	范畴词		
发觉	发觉、觉知、先觉	不觉、猜觉、悉觉、惊觉	外物感知—思维心理行为	时间限定
认为				主观认识
感觉（到）	觉知、自觉		感知心理	（自我）感知
		不觉、方觉、稍觉、日觉		否定、程度、量级
（本义）省悟	觉悟、觉寤、觉知	不觉、省觉、机觉、惊觉		否定、范围、限定
	先觉		心理行为	时间限定
睡醒	自觉	梦觉、觉己、惊觉	生理意识动作	原因、方式
知道		不觉、觉知		思维心理行为
差别（名词）				思维心理结果

从范畴化过程来看，心理行为词义范畴除承接前朝心理意识动作、生理意识动作、外物感知—思维心理行为、思维心理动作等词义次范畴外，以核心义“清醒”为中心改向生理感知动作、主观评价等思维心理词义次范畴扩展，向对“睡醒”产生的原因、方式进行说明方向发展。

该时期是“觉”词发展的重要历史时期。“感觉”义高频使用使其成为常用义，形成相关构式，并由此产生主观评价“认为”义，且在使用中由于语境的影响使感觉的结果向生理域、心理域、客观属性域和主观评价域等范畴纵深发展。词义改变决定词义范畴改变，内部词义决定自身词义及范畴扩展方向，又决定外部词义及范畴扩展方向。此时外部系统继续扩展出新的词义范畴。

四、隋唐—宋朝时期

该时期“觉”词是以复音为主、单音为次的兼类多义词。单音词义及使用频率由高到低依次为“感受（到）”义 685 次、“发觉”义 479 次、“睡醒”义 193 次、“省悟”义 184 次、“主观认为”义 42 次、“感觉”义 31 次、“知道”义 25 次、“正直”义 3 次。前 4 项是基础义、常用义，“感觉（到）”义使用频率超出“睡醒”义、“发觉”义，成为这个时段的最常用义，“主观认为”义的使用频率也在增加。新增名词“感觉”义是动词“感受、感觉”义语法引申而来。词义义位尤其是心理动词义位、使用频率及范畴延续前朝并固化。

复音构词继续加强了外部系统词义扩展和词义范畴扩展。复音结构构词，使双音短语韵律化，同时使使用频率高的双音范畴词固化成概念词，将业已产生的词义范畴不断地概念化、词化。该时段的概念词除承袭前朝外，新增“觉察、知觉、惊觉、梦觉”等词。同时语法引申动词产生大量概念名词，产生对佛理“觉”的认识等抽象概念分类，如“妙觉”“七觉”“元觉”等词。

该时段是“觉”词的词义及词义范畴固化时期。从词义系统归属来看，既有单音内部词义系统，又有双音外部词义系统，且都有词义扩展和范畴扩展。内部词义系统词义构词，有语义引申和语法引申，但数量较少，动词“感受、感觉”义语法引申产生名词“感觉”义，属于生理感知词义范畴。心理行为动词类范畴、次范畴均保持，并向生理感知范畴和主观思维范畴方向发展。外部词义系统中，未概念化韵律短语扩展词义范畴，概念化成词的双音节词不断增多，既增加词义，又扩展词义范畴、次范畴。新扩展出的词义范畴次类有语气、关联等，语体也开始有所变化，如“睡醒”义的双音韵律词是“觉来”，“主观认为”义的双音韵律词是“觉得”。名词类产生与佛理认知相关的抽象概念。但总体来说，词义和词义范畴、次范畴延续前朝并固化，详见表 5-10。

表 5-10　隋唐—宋朝时期“觉”词的词义和范畴

词义			词义范畴	
内部词义系统	外部词义系统		范畴	次范畴
	概念词	范畴词		
发觉	发觉、觉知	未觉、猜觉、忽觉、警觉		外物感知—思维心理行为
	觉察、知觉	不觉、已觉、始觉、疑觉		否定
主观认为	觉知、自觉	不觉、觉以为、觉得		否定、口语
感觉（到）	觉知、自觉	不觉、知觉		（自我）感知生理—心理行为
		方觉、稍觉、日觉		否定、程度、量级、语气
		但觉、既觉		关联
感觉（名）	觉知			生理感知
（本义）省悟	觉悟、觉知		心理动词	心理思维
	先觉、自觉	不觉、省觉、后觉		否定、程度、量级、时间限定
睡醒	自觉、惊觉	觉来		自我生理感知行为
	梦觉	不觉、睡觉、觉寤		否定、方式、行为
知道、明白	觉知	不觉		否定、思维心理行为
正直（形）			状态	

五、元朝—清朝时期

元朝—清朝时期“觉”词是以复音为主、单音逐渐消失的兼类多义词。词义及使用频率由高到低依次为“感受”义 1379 次、“发觉”义 169 次、“睡眠”义 142 次、“睡醒”义 55 次、“省悟”义 20 次、“认为（主观）”义 14 次、“知觉”义 14 次、“知道”义 5 次。词义义位及范畴固化，总类为 8。前 4 项是基础义、常用义，“感受”义使用频率上升并固化为第一，成为这个时期最常用义。新增“睡眠”义。

复音构词加强了外部系统词义及词义范畴扩展。该时期成词词语除承袭前朝词语外，新增“反觉、觉得”。其中“觉得”在前朝为范畴词，现在为概念词，词义范畴与前朝保持一致，详见表 5-11。

表 5-11　元朝—清朝时期“觉”词的词义和范畴

词　　义			词义范畴	
内部词义系统	外部词义系统		范畴	次范畴
	概念词	范畴词		
发觉	发觉、觉知	未觉、晓觉、觉得、警觉		外物感知—思维心理行为
	觉察、知觉	不觉、已觉、始觉、疑觉		否定、限定、修饰
主观认为	觉知			
感觉（到）	觉知、自觉	不觉、知觉		（自我）感知生理—心理行为
	反觉、觉得	方觉、稍觉、日觉		否定、程度、量级、语气
		但觉、既觉		关联
知觉（名）	知觉	不觉、少觉、苦觉	生理感知	否定、程度、限定
（本义）省悟	觉悟、觉知			心理思维
	先觉、自觉	不觉、省觉、后觉	否定、程度、量级	时间限定
睡醒	自觉、惊觉	觉来	生理意识行为	生理意识行为
	梦觉			行为原因
睡眠	睡觉			生理休息动作
知道、明白				觉后结果

该时段“觉”词内部词义系统，既有语义扩展又有范畴扩展。外部词义系统不少成词，既有范畴扩展，又有语义扩展。内部词义系统，动词“睡醒”义语义引申产生“睡觉”义，“睡觉”义语法产生量词“觉”。对应的词义范畴为生理行为，外部语义范畴因概念化成词的双音节词不断增多，因复音结构构词产生韵律词，扩展的语义范畴、次范畴延续前朝固化，只是增加语气和关联两个次范畴。

语义决定语义范畴，内部语义既决定自身扩展方向，又决定外部扩展方向，但外部系统又有自己扩展的新范畴。

六、民国—现代汉语时期

民国—现代汉语时期“觉”词是以复音为主、单音几乎消失的兼类多义词。单音词义构词的义项固定在“感受”义、“睡眠”义、“发觉”义、“省悟”义、“睡醒”义、“知道”义6类上。前4类是基础义、常用义，“感受”义使用频率一枝独秀，成为这个时期最常用义，“睡醒”义、“知道”义出现的频率很低。但这些义项只有双音语形，几乎没有单音语形。因此，双音构词一方面将所有义项语形双音化，另一方面，表意精准化产生新的词语。词义范畴详见表5-12。

表5-12　民国—现代汉语时期“觉”词的词义和范畴

词义		词义范畴	
内部词义系统	外部词义系统 概念范畴化	范畴	次范畴
发觉	发觉、察觉、未觉、晓觉、觉得、警觉	动作行为	外物感知—思维心理行为
	觉察、知觉、不觉、已觉、始觉、疑觉		否定
主观认为	觉得、感觉、觉着		主观评价
感觉（到）	感觉、觉着、不觉		（自我）感知生理—心理行为
	反觉、觉得、方觉、稍觉、日觉		否定、程度、量级、语气
	但觉、既觉		关联
知觉（名）	知觉、不觉、少觉、苦觉	生理感知	否定、程度、限定
	味觉、嗅觉、视觉、听觉、错觉、直觉、幻觉		感官感知
（本义）省悟	觉悟、觉知		心理思维
	先觉、自觉、不觉、省觉、后觉		否定、程度、量级、限定
睡醒	自觉、惊觉、觉醒	生理意识动作	
	梦觉		
睡眠，音 jiào	睡觉、困觉〈口〉		生理意识现象
	量词		行为频次
知道、明白			觉后心理结果
	乖觉	状态	

现代汉语时期，人类对自我和客观世界进一步的认识，使词义及词义范畴进一步扩散，从心理域范畴扩展至人体生理域范畴。词类主流实词名、动、形齐全，既有词义扩展又有范畴扩展。内部词义系统词义范畴固化，集中在6个义项上，均通过多音节词形表现出来。多音构词使词义范畴都概念化为新词，新增词义如“感觉”义产生“味觉”义、“错觉”义、“直觉”义等，对应的词义次范畴为身体器官感知域。“感”已经成为一个半自由语素。外部词义范畴中原心理动词大类范畴没有变化，小类有所增加，增加的是身体感官感知次范畴。主观认识次范畴使用频率大量增加，说明人类主观能动性进一步深化。语形的表现形式也有变化，分化为书面语体和口语语体。如“感觉”的口语词有“觉得”“觉着”，“睡觉”的口语词有“困觉”等。

词源义决定词义范畴，内部词义范畴固化决定外部系统范畴，但外部系统在承接内部词义范畴的同时又有自己的新范畴。词的聚合关系反映了人类认知机制对事物及本身生活经验的归类与概括。

第三节 “感”“觉”词族词义范畴延伸蕴涵思维分析

多义性是人类语言的共性。语言词化过程中，一部分词语由于表意精准的需要专化，成为单义词，而另一部分却因为人脑容量的限制而产生经济性，保持多义性。那么，多义词的语形与意义之间的关联、多个义项之间的关联如何？是如何由一个词义演变成多个义项的？

语义地图模型（semantic map model）是建立在跨语言比较的基础上研究语义的分析方法。“其基本假设是，人类语言的多义形式或多功能范畴在语义关联模式上虽颇多歧异，但不同语言对应或相关的多功能形式在语义组织上一定存在相似性，也一定具有共同的制约和限制。”① 语义地图模型是类型学中研究多功能性的最好方法，既可以作用于语言的共时研究，又可以借助共时研究成果，从历时角度描写某个多功能语素的语义演变过程。语义地图模型最早是由Anderson Lloyd B.（1982）提出的，旨在用“地图”的方式来解决语法形式与语义在跨语言研究中遇到的不一致的情况。后张敏（2010）提出，不同语言或方言以及同一语言或方言在不同历史时期的变体都有可能

① 吴福祥．多功能语素与语义图模型［J］．语言研究，2011（1）：25-42.

以不同的方式在这张反映共性的地图上切割出不同的语义地图①。所以语义地图不仅可以用于不同语言或方言之间的比较，也可以用于研究同种语言在不同的历史时期的发展变化。

“语言形式的多功能性是人类语言的一个普遍特征，常见的多功能形式是词汇语素（实义词）和语法语素（语法词及词缀）。”② 语义地图是特定语言中多功能语素在概念空间的分布。当前，无论是国内还是国外，语义地图理论的早期研究对象大多是跨语言的虚词或是语法形式，实词语素的研究比较少。但是随着语义地图理论的逐渐成熟，一些人逐渐将目光投向跨语言、跨时代的实词语素研究。本节主要是借鉴语义地图理论，讨论汉语实词语素“感”“觉”的词义和词义范畴的历时演变及其蕴涵思维关系，讨论词义范畴（lexical semantic category）的扩展和延伸过程，说明其词汇系统形成的历时机制。

吴福祥指出，语义地图理论包含四个重要概念③：

（1）概念空间。概念空间是通过跨语言比较建立起来的普遍的语义空间，是语言中特定编码形式（语法语素、语法范畴、句法结构及词汇形式）的不同功能及其相似关系构成的几何性概念网络。概念空间由节点和连线两部分组成：节点代表不同语言中对应或相关语法形式的不同功能，连线表示两个功能之间的直接关联。

（2）语义地图。语义地图是针对特定语言而言的，它是特定语言相关编码形式的多功能模式在概念空间上的实际表征，体现的是不同语言对同一概念空间的不同切割方式。换言之，概念空间表征的是人类语言的普遍特征，语义地图刻画的是不同语言的变异模式。

（3）邻接性要求。概念空间的一个重要特性是，多功能形式的不同功能在概念空间中的位置必须是毗连的。反映在具体语义地图上则是：任何一个语言中相关编码形式的若干功能必须占据概念空间内的一个邻接区域。

（4）蕴涵关系及其动态化。概念空间及语义地图体现了不同功能之间的蕴涵关系，据此可产生一系列蕴涵共性。这类蕴涵共性可以预测：若两个特定功能在概念空间上处于非邻接位置而享有相同的形式，那么该形式也用来

---

① 张敏．“语义地图模型”：原理、操作及在汉语多功能语法形式研究中的运用［M］//北京大学汉语语言学研究中心《语言学论丛》编委会．语言学论丛：第四十二辑．北京：商务印书馆，2010：3-60.

② 吴福祥．多功能语素与语义图模型［J］．语言研究，2011（1）：25-42.

③ 吴福祥．从“得”义动词到补语标记：东南亚语言的一种语法化区域［J］．中国语文，2009（3）：195-211.

编码上述两个功能之间的功能。由此可知，如果一个多功能语素具有 m_1、m_3 两种功能，那么这个语素同样具有 m_2 功能。

归纳前文所说的语料库、《说文解字》、《康熙字典》、《古汉语常用字字典》、《汉字源流字典》、《现代汉语词典》（第 6 版）以及相关网站资料，笔者认为“感”有以下 17 个义项：①心动（本义，人心受到外界影响而触动、震动）；②心应（心应于外物而动也，相互影响，感应）；③男女感（指男女之事）；④感生（特指女子感而怀孕，身孕）；⑤身有所受；⑥触着，碰着（与外界触碰接触）；⑦通“撼”，动摇；⑧通“憾”，遗憾，恨；⑨伤感，忧伤；⑩感受风寒，感冒（中医所说的感受，即受了风寒等引起的身体不适）；⑪感谢，感激（对别人的好意怀着谢意）；⑫感触、感受、感慨（外界刺激所引起的思想情绪）；⑬感觉（名词，客观事物在人脑中的生理反映）；⑭情感（名词，客观事物在人脑中的心理情绪反映）；⑮感觉$_1$（觉得$_1$，感觉到）；⑯感觉$_2$（觉得$_2$，主观认为）；⑰物体受外界某种因素影响而发生变化，如感光、感应。与此相对应，前文“感”词历时词义及使用频率统计见表 5-13。

表 5-13　“感”词历时词义及使用频率统计

时期	心动	心应	动摇	男女感	恨	身有所受	触碰	感生	伤感	感慨	感谢	觉得$_1$	感觉（名）	感情	觉得$_2$	物感应	感受风寒
周	5	2	1	1													
春秋	3				1												
战国	41	7	2	1		5	1										
两汉	210	18				9		12	16	4	4						
六朝	646	18				5		2	33	38	22						
隋唐	822	12				31			59	39	29						
五代	176	1				2		2		3	14						
北宋	901	18				6		19	14	25	11						
南宋	81					1		2			2						
元	33	1						2	4	5	10						

续表

时期	心动	心应	动摇	男女感	恨	身有所受	触碰	感生	伤感	感慨	感谢	觉得$_1$	感觉（名）	感情	觉得$_2$	物感应	感受风寒
明	530	13				11		19	96	37	137						
清	532	5				42		11	38	27	349						
民国	589	8				33		12	46	45	249						
现代	96					35			7	12	50	291	275	116	70	54	56

根据语义地图理论，把"感"的义项作为节点，构建出"感"的词义概念空间，如图 5-1 所示。

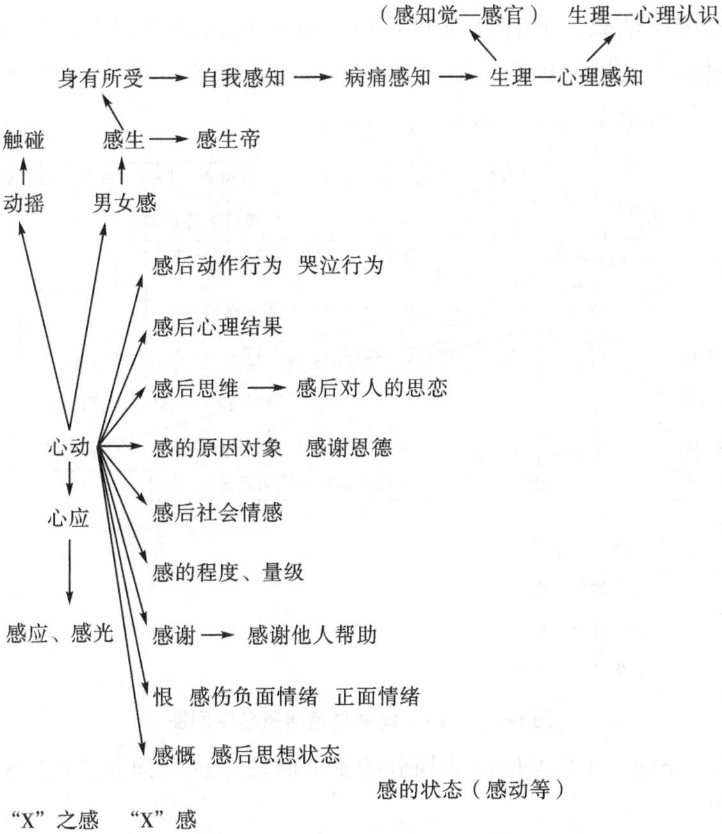

图 5-1 "感"词词义的概念空间

归纳前节内容，“感”的词义范畴可以概括为以下几个层次：

（1）大类：心理行为域、动作行为域、生理域、心理状态域。

（2）大类分为若干次类，依次为：心理动作（“心动”“心应”），感后行为（感移），感后正面社会情感（感戴），感谢他人帮助（感谢），感后结果（感化），感的原因对象（感恩、感类）—感谢恩德（感恩），感后思维（感悟），感后对人的思恋（感思），感后思想情感（感慨），主观认为评价（觉得），感的程度、量级（感深）（12个）；动作行为（触接）、身体行为（感生）、感后哭泣行为、物体回应行为（感光）（4个）；感知觉—感官，生理—心理感知，生理感知（身有所感），生理病痛感知（感染、感冒），自我感知（自感）（5个）；正面情绪（感佩）、负面情绪（感恨）、情感（总称）（3个）。此外增加名词范畴，有生理感知（感觉）、各种“感”和形容词范畴，感的状态（感动、敏感、反感）（3个），共27个。当然，很多划分也不是绝对的，如感后思维、感后哭泣行为都是感后结果，心理状态也可以包括现代汉语“感”的形容词状态范畴。根据语义地图理论，以“感”的词义范畴作为节点，绘制出“感”词义范畴的概念空间图，如图5-2所示。

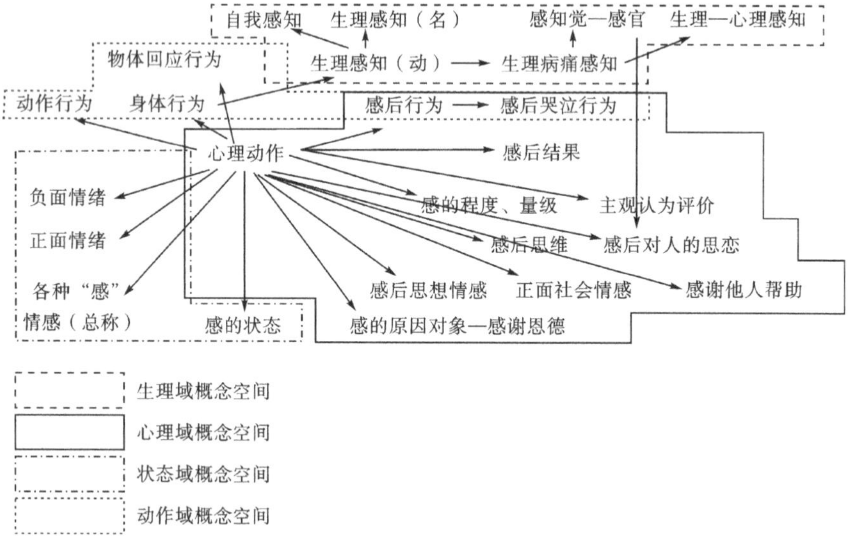

图5-2 “感”词词义范畴概念空间图

图5-3至图5-8是根据前节划分的不同时段“感”词词义范畴概念空间语义地图。

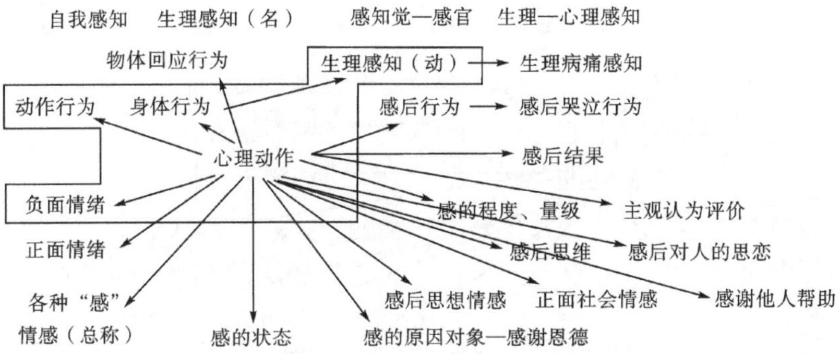

图 5-3 先秦"感"词词义范畴概念空间图

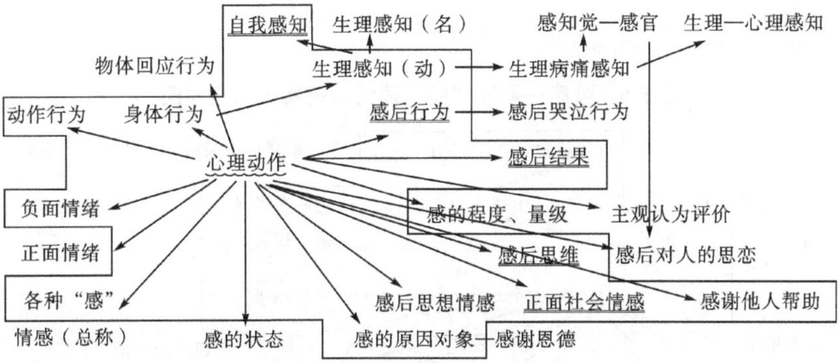

1. 概念词标为"﹏﹏"
2. 范畴词标为"＿＿"

图 5-4 两汉"感"词词义范畴概念空间图

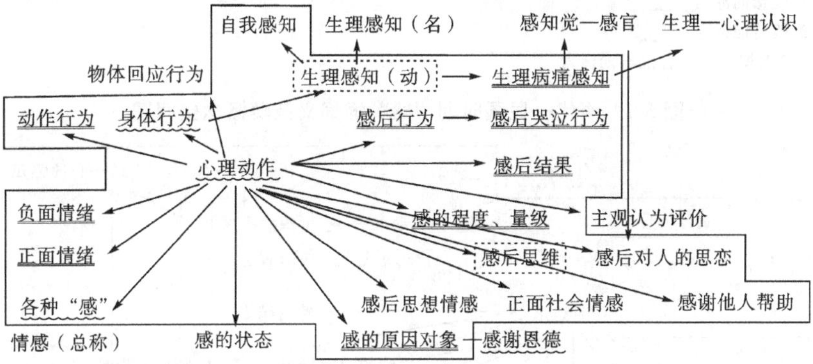

1. 概念词标为"﹏﹏"
2. 范畴词标为"＿＿"
3. 既有概念词又有范畴词标为"┆┄┄┄┆"

图 5-5 六朝"感"词词义范畴概念空间图

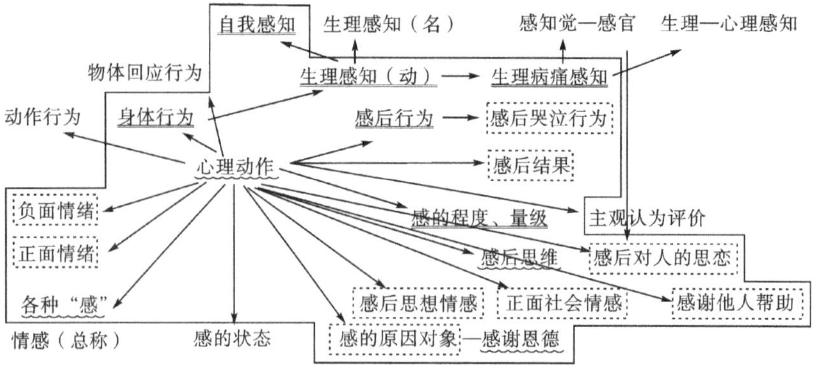

1. 概念词标为“﹏”
2. 范畴词标为“＿”
3.既有概念词又有范畴词标为“┆┄┄┆”

图 5-6　隋唐—明朝“感”词词义范畴概念空间图

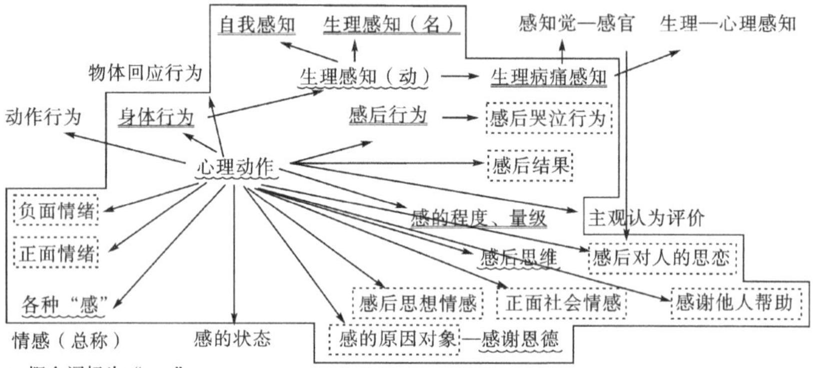

1. 概念词标为“﹏”
2. 范畴词标为“＿”
3.既有概念词又有范畴词标为“┆┄┄┆”

图 5-7　清代—民国时期“感”词词义范畴概念空间图

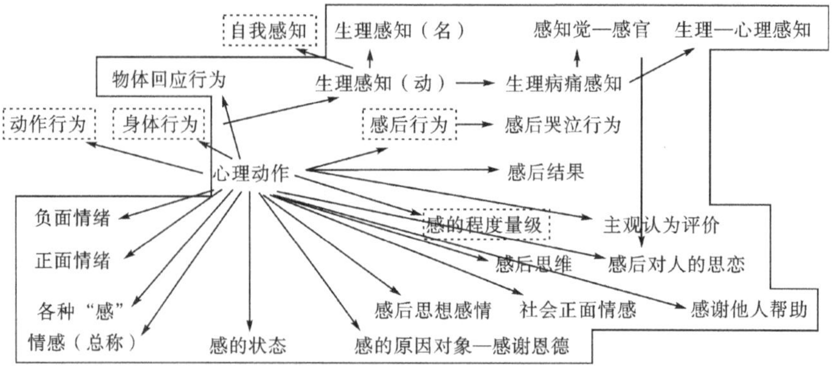

消失的词义范畴概念空间标为“┆┄┄┆”

图 5-8　现代汉语“感”词词义范畴概念空间图

归纳前文所说的语料库、《说文解字》、《康熙字典》、《古汉语常用字字典》、《汉字源流字典》、《现代汉语词典》（第 6 版）以及相关网站资料，笔者认为“觉”有以下 14 个义项：①省悟（本义）；②睡醒；③正直；④表明；⑤发觉；⑥比较；⑦差距；⑧自然；⑨分辨；⑩知道；⑪感受；⑫认为；⑬感觉（名词，客观事物在人脑中的生理反映）；⑭睡眠。与此相对应，前文“觉”词历时词义及使用频率统计见表 5-14。

表 5-14　“觉”词历时词义及使用频率统计

	省悟	睡醒	正直	表明	发觉	比较	差距	自然	分辨	知道	感受	认为	感觉	睡眠
周	1	1	2											
春秋	2	3	3	1	1									
战国	25	16	1		3	1	1	1						
两汉	47 (115)	20			74	1			1	4	6			
六朝	95	43			89		6			9	171	2		
隋唐	80	45			41					10	242	38	17	
北宋	66	107	3		434					7	280	4	1	
南宋	38	41			4					8	163		14	
元		14			6					3	89			13
明	13	28			129					2	731	7	14	39
清	7	13			40						559	7		90
民国	17	1			19					1	981			17
现代	30	7			40					1	817			82

根据语义地图理论，把“觉”的义项作为节点，构建出“觉”的概念空间，如图 5-9 所示。

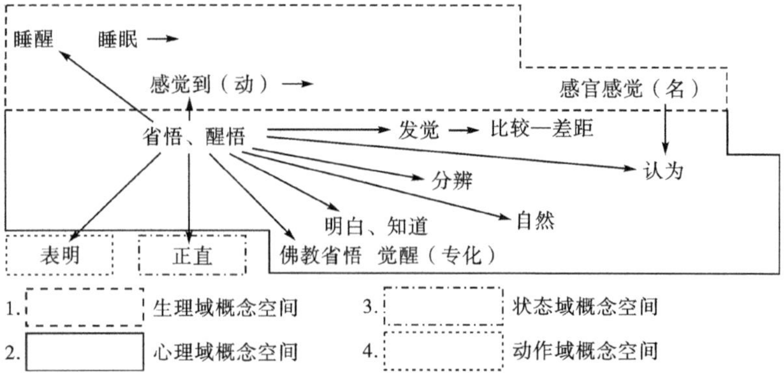

图 5-9 “觉”词词义概念空间图

归纳前节内容，“觉”词义项所对应的词义范畴可以概括为以下几个层次：

（1）大类：心理行为域、生理域、动作行为域、（心理）状态域。

（2）大类分为若干次类，依次为：心理意识动作（省悟），外物感知—思维心理行为（开始、发觉），辨别思维行为［比较、差距（名词）］，觉后心理结果（知道），觉的否定程度、量级（稍觉），佛教思维动作（专化），佛理主观认识，主观认识评价（8 个）；生理意识动作（睡醒），生理休息动作（睡觉），生理意识现象（睡眠），生理感知（感觉到，动词），生理感知（感觉，名词，客观事物在人脑中的生理反映），自我感知（自觉），各种感官感觉（味觉等）（7 个）；动作行为（表明）（1 个）；状态（自然、正直、乖觉）（1 个），共 17 个。根据语义地图理论，以“觉”的词义范畴作为节点，绘制出“觉”词词义范畴的概念空间，如图 5-10 所示。

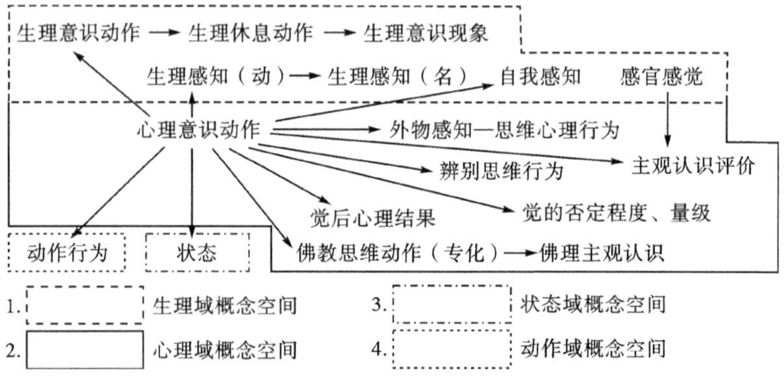

图 5-10 “觉”词词义范畴概念空间图

图 5-11 至图 5-16 是根据前节划分的不同时段“觉”词词义范畴概念空间语义地图。

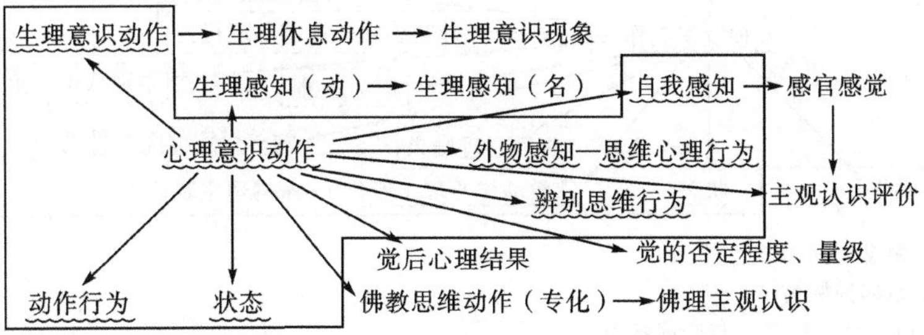

概念词标为“﹏﹏”

图 5-11 先秦时期“觉”词词义范畴概念空间图

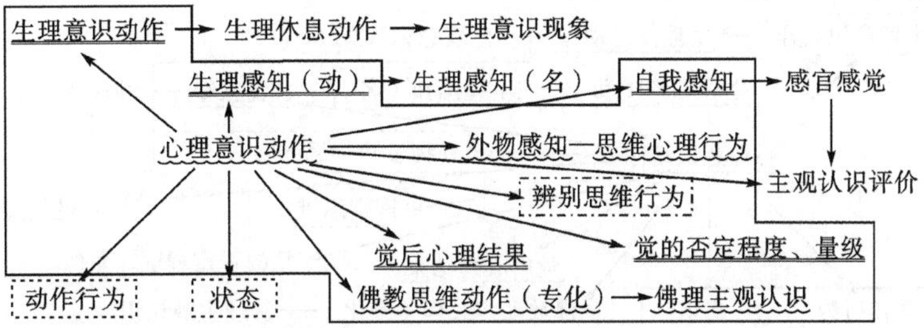

1. 概念词标为“﹏﹏”
2. 范畴词标为“＿＿”
3.既有概念词又有范畴词标为“ ”
4.消失的词义范畴概念空间标为“ ”

图 5-12 两汉时期“觉”词词义范畴概念空间图

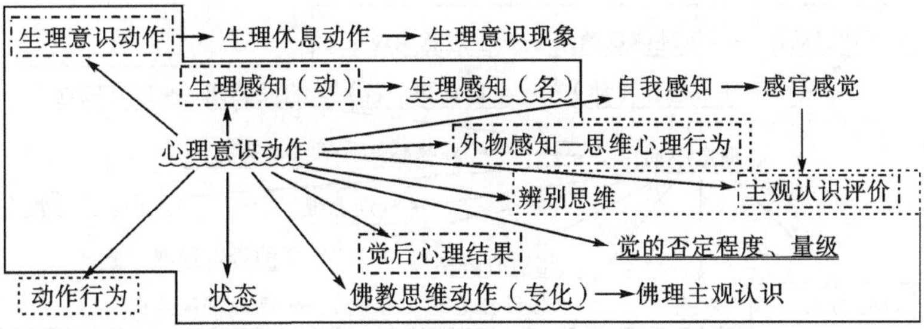

1. 概念词标为“﹏﹏”
2. 范畴词标为“＿＿”
3.既有概念词又有范畴词标为“ ”
4.消失的词义范畴概念空间标为“ ”

图 5-13 六朝时期“觉”词词义范畴概念空间图

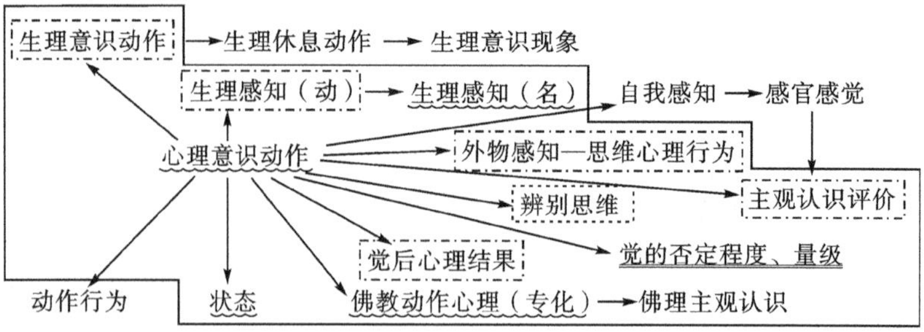

1. 概念词标为“﹏﹏”
2. 范畴词标为“＝＝”
3.既有概念词又有范畴词标为“　　　”
4.消失的词义范畴概念空间标为“　　　”

图 5-14　隋唐—宋时期“觉”词词义范畴概念空间图

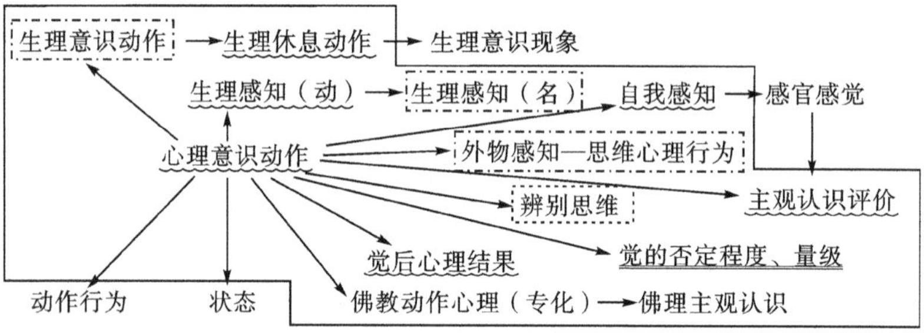

1. 概念词标为“﹏﹏”
2. 范畴词标为“＝＝”
3.既有概念词又有范畴词标为“　　　”
4.消失的词义范畴概念空间标为“　　　”

图 5-15　元—清时期“觉”词词义范畴概念空间图

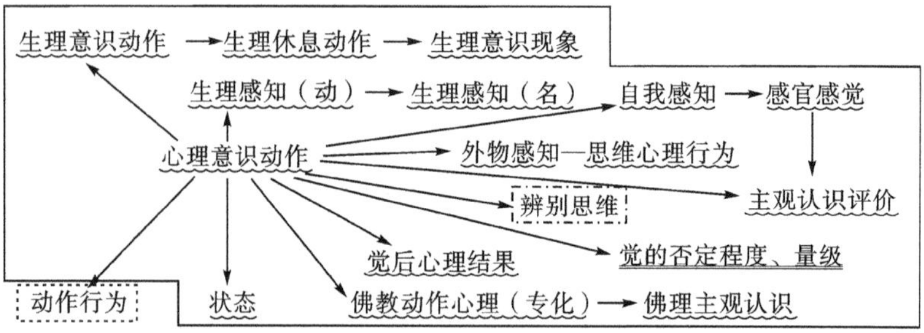

1. 概念词标为“﹏﹏”
2. 范畴词标为“＝＝”
3.既有概念词又有范畴词标为“　　　”
4.消失的词义范畴概念空间标为“　　　”

图 5-16　民国—现代时期“觉”词词义范畴概念空间图

语义地图表明，从单个语言的差异性数据中可以提出蕴涵的思维共性。“感”词、“觉”词的词源义虽各不相同，但其历时演变的历程可以反映出在语义组织上的相似性，即蕴涵的思维共性：

（1）“感”“觉”词概念空间发展轨迹蕴涵相同，都经历了概念空间建立，概念空间扩展分化，概念空间固化，概念空间再分化、专化四个时期。先秦时期是“感”“觉”词心理动作域、行为动作域、心理状态域、生理感受域四大概念空间建立时期，同时这四域也决定了其词义范畴延伸方向。两汉时期则是词义范畴分化扩展时期。如“感”词心理行为域和心理状态域分化扩展明显，而行为动作域和生理感受域分化扩散较慢，词义范畴扩展分布不平衡。同时，“感”的名词词义产生。六朝既是词义、词义范畴继续分化扩展时期，也是双音范畴词概念化的开始时期。这一时期“觉”词的词义核心由心理域“醒悟”转移到生理域“感觉”，同时大量心理范畴的名词产生。隋唐至明清时期，既是概念空间固化时期，又是范畴词概念化、专化时期，词义范畴固化在心理域和生理域中，大量范畴词专化成词。民国—现代汉语时期是概念空间和语词概念化、再分化及专化时期。尤其是生理学的出现，使“感”“觉”的词义范畴同时向生理—心理域扩展，“感”“觉”词词义在生理感知、主观评价等义项方面重合，在词形上组合成“感觉”词，同时很多新范畴词直接专化成概念词。

（2）词义、词义范畴概念空间演化方向蕴涵相同。“感”“觉”词同属感知类心理动词，因其词源义范畴归属及感知类心理动词的身心性质，同时建立心理动作域、行为动作域、心理状态域、生理感受域四大概念空间，在语义地图上所表现的演化方向均是：心理行为域⟶心理状态域⟶生理域⟶生理感知心理域⟶主观评价域。也就是说，心理域向生理—心理域演化，客观向主观演化，客观感知向自我认识演化。“感”“觉”词这些蕴涵共性表明，人类对客观世界和自身的认知并不是同时开始的，而是先认知客观世界，然后在反思认知的因果关系，提高自我意识和自身感官认识基础上形成的。从崇拜神到崇拜人自身，这是人类的进步。

所谓感知类心理动词的身心性质是指这类心理动词的生理、心理基础。从生理学角度来看，人类的五官是相通的，这种生理结构必然表现为心理结构。现代心理学研究表明，人类的感觉器官是一个整体，感情具有身心性质，即身体感受跟感情反应具有不可分割性。以味觉为例，甜的食品让人心里感到高兴，苦的食品让人心里感到难受。因此，感知类心理动词“感”“觉”在词义范畴上都是由心理范畴向生理感知、情感状态、主观认知等范畴扩展，是有着坚实的现实基础的。

（3）词义、词义范畴概念空间演化过程蕴涵相同，即由抽象向具体演化。初始概念是抽象的，分化的概念是下位的、具体的。原初概念具有抽象性。“感”的本义是会心受到震动之意，陈述人心受外界刺激产生的触动、震动的心理行为，“觉”本义为人通过视域观察、学习后内心有所领悟和发现生成的醒悟、使明白等心理行为，均是人类认知世界的“元概念”。本义属于原初概念，是人类起始混沌而抽象的体验感受，因而抽象而模糊。章太炎认为，抽象概念最先发生，黄侃也认为语言之初表抽象意义之词语最先产生。刘师培推测意义的来源说：“上古人民未具分辨事物之能，故观事物以义象区别，不以质体区分。”他的“义象”就是指词义中所含有的抽象的事物特征，并且之初最先有形容词、动词①。范畴化是人脑利用符号系统将混杂的世界转化为有序信息的过程，然而有序并不排除模糊的存在。因为相对于客观世界来说，人们的感知认识能力是有限的。以有限的、非连续的符号承载无限的、连续的外部世界，这是语义范畴边缘不清的根本原因。因此，“感”应泛指一切内心震动、触动的心理行为，“觉”应理解为一切原来不明确、不清晰到明确、清晰的心理行为。

最早发生的抽象概念因模糊性而具有广义性，这使得表意的精细化和语义丰富化成为可能，产生形式不变、义项分化的多义词。如先秦“感”词心理域范畴本义作为原型存在，泛指抽象的、任何震动、触动心理的行为，后这个抽象的、广义的概念分化出若干个下位范畴：思想触动——感慨，情绪触动——恨，社会情感触动——感谢等。同样，先秦“觉”词本义泛指抽象的、表意识由不清楚、不明白到清楚、明白的心理行为，后这个抽象的、广义的概念分化出若干下位范畴：事理“清晰、明白”——省悟，生理“清晰”——睡醒，佛理“清晰”——佛词“省悟”，事件“清晰”——发觉等。随着表意的进一步精细化需要和复合结构构词法产生，形成一形一义和更多的词义的分化，同素词词族产生。理论上认为语义抽象的语根“感”“觉”是一个词族的最早的音义形式，也是最早范畴化的概念。

从范畴化角度来说，“感”词以“触动、震动”义为核心逐步扩展；“觉”词先以“省悟”义为核心逐步扩展，后以“感觉”义为核心逐步扩展。语义地图连续性假说（semantic map connectivity hypothesis）认为，特定语言和/或特定结构的任何相关范畴都应该映射在概念空间中的一个连续区域

① 黄易青．上古汉语同源词意义系统研究［M］．北京：商务印书馆，2007：18-19.

(connected region)(Croft 2003)。既然概念空间是非界限分明的连续统，那就应该允许任何一种语义分类的内部交叉和游移。也就是说，概念空间的核心是明确的，它反映的是典型的、能被普遍认同的语义，而那些边缘的、浮动的概念，也正好体现了各个认知域交叉相联的特征。就“感”词而言，心理“触动”义是核心、典型的，生理感知域的“身有所受”义是边缘、浮动的，边缘义“身有所受”在词义游移中与游移的“觉”词的“感觉(到)”义形成词义认知域交叉相连现象，所以“感觉”“觉得”“感到”诸词的多义都在生理—心理感知义和主观评价义等概念域方面交叉叠合。

“感”“觉”词的核心义具有跨概念空间、跨时段的特点，是最概括、最基本的感知/心理范畴，均具有量级特征，同时具有很强的扩展性，从而成为概念空间的核心。其余词语以此感知/心理义为核心，依词义亲疏关系和搭配能力，向周围扩散，形成“感”“觉”各自的概念空间。

无论是从历时的词汇化角度来看，还是从当前语言运用的活跃程度来看，词汇的变化总是以某些基本的认知概念为核心，沿着不同的方向和路径扩散和渐变，而这些认知核心是清楚、稳固、没有争议的。

(4)词汇化路径蕴涵相同。词义成词，一般是先范畴化，后概念化。尤其以“感”最为明显。如六朝概念词“感悟”“感激”是两汉时期的同形双音范畴词高频使用概念化成词的，隋唐—明朝时期的概念词“感叹”“感召”“感念”“感悦”都是六朝时期的同形双音范畴词高频使用概念化成词的。

语言成分的多功能性是历史演变的产物。一个语言成分在历时过程中先后产生各种意义或功能，如果这些意义或功能并存于某个共时层面，该语言成分就会呈现多功能性。然而多功能词义范畴的蕴涵延伸与认知深化有着密切的关系。词义范畴并非独立于认知能力本身，而是受后者支配的。因为只有认知上的深化，才会有不同的词化方式。因此，认识过程为词义蕴涵的生成提供了基础，为不同的概念空间提供了资源，从而形成复杂的词义网络，通过映射，同一语素既可以诱发新的经验范畴的形成，还能提供更为明确的界定框架。

词义范畴与认知能力同步发展。从思维维度来说，认知深化包括三个维度，即横向广度上的、纵向深度上的以及横纵交叉叠合的。词义范畴的延伸是认知深化的结果。

横向广度维度上同步发展，表现在概念空间的平行建立和词义的平行发展方面。“感”“觉”词各自词源义不同，除民国—现代汉语时期出现交叉叠合外，在各个历史时期都平行发展着彼此的词义范畴，都建立了心理行为、心理状态、动作行为、生理域四个概念空间。虽然概念空间相同，但组内成分之间彼此平行，没有交叉涵盖关系。这都是因为客观世界中人类生活范围的不断扩大，人们面临的事物增多，认知能力得到了深化，词义范畴增多，各类成分也随之增加。此外，客观向主观、心理向生理这是“感”“觉”两词同步延伸的方向。

纵向深度上也在同步发展，有序分化。主要表现在不断分化出下位范畴和词义范畴概念空间延伸蕴涵共性。“感”“觉”词族词的词义虽不同，但作为一个成分的词义范畴而言，都是在基本范畴（basic category）的基础上形成的下位范畴（subordinate category）。如“感”词泛指抽象的震动、触动心理行为，其下位范畴为：思想触动——感慨，情绪触动——恨，社会情感触动——感谢等。新事物的涌现使得客观事物区别性特征需要通过增加信息来识别，因此双音节词产生，这样人们对常见事物认知范畴的掌握在向下位层次延伸。也就是说，双音化使基本范畴层次的认知重心下移。同时这种分化延伸不是无序的，而是有蕴涵共性的，即前文所说的概念空间发展轨迹、演化方向、演化过程蕴涵相同。

横纵向上交叉叠合却是历时的，好些词语的词义范畴之间具有涵盖和交叉关系。如，“感”词本身既涵盖“感动”义，又涵盖“感应”义。再如，“感”词族中，“感叹”“感泣”既是感后行为，又是感后结果。它们一方面与基本范畴“感”之间形成上下位关系，另一方面自身主要构成相互平行或彼此交叉的、具有同等地位（都是下位关系）的关系。又如“感悟”与“觉悟”，则是“感”词、“觉”词的概念空间中都有的思维次范畴，而后来共同延伸出的生理感知域和主观评价域的交叉叠合，产生出新词“感觉”。

通过词义范畴延伸的确定，可以观察大脑处理经验知识的方式。认知能力和词义扩展延伸的结果是，人类的整体认知能力增强了，汉语词汇系统也随之得到了丰富。这种丰富在两汉以后就是通过范畴词不断专化成概念词来实现的。如词汇系统“感”词族，均指与“震动、触动”相关的心理经验，但在词义范畴化的过程中，相关能指成分同时提取了一些非直接相关的经验特征，包括感后结果、感后行为、感后思维、感的程度和量级等。也就是说，各成分除了提取文化性经验特征外，更主要的是附加了一些别的经验因素，从而形成以“震动、触动”这一基本词义特征为中心的各组词义范畴。这些词义范畴和相应的经验特征，以词族的方式，形成各自的网络体系；而以“震动、触动”的基本词义特征为中心，则形成一个更大的、具有整合特征的网络体系。因此，可以说词族就是词义内部系统和外部体系的外部表征。

词义范畴的延伸与认知深化是相互影响的：认知能力的提高为词义范畴的丰富提供基础，词义表达的精确性又反过来为认知能力的加深提供了途径。这种互动过程不仅提高了汉民族的集体认知水平，也为现代汉语词汇系统的形成奠定了基础。人类的认知能力和词义范畴是同步扩展的，加上构词法的发展，形成两种分化方式：词的自我分化——一词多义；词的关系分化——复杂概念。简单概念反映简单现象，复杂概念反映复杂现象。人类对客观世界和自我认识的深化，就会使人选择不同的方式更精准地表达语义，从而形成汉语词族内外体系的词汇系统。

本章以“感”“觉”词族的词义范畴为考察对象，考察汉语词义范畴的扩展和延伸过程，从而说明现代汉语词汇系统形成的历时机制。我们认为，认知向横向、纵向、交叉向等多维度的思维深化，使词汇词义、词义范畴系统朝蕴涵共性的方向延伸。也就是说，词义范畴延伸不是随机的，是受到民族认知思维的制约的。理论依据是认知语言学的范畴理论、语义地图理论，研究方法是自下而上的，即从词族现象入手，上升到对词义范畴的形成与认知深化的关系的讨论，最后落到起支配作用的认知思维上。结论是，汉民族集体认知能力的发展和范畴化手段，在汉语词义范畴的扩展和延伸以及整个现代汉语词汇系统形成中发挥了决定性作用。概念空间和语义地图表明其蕴涵关系，而蕴涵关系则是民族思维在语言上的投射。

第六章 “感到”“觉得”的词义特征与组配思维

由国家语言文字工作委员会发布的中国语言生活绿皮书《现代汉语常用词表》显示，“感”族词正序 50 个，“觉”族词正序 5 个，没有逆序。“感”“觉”词族中始源词“感”“觉”及使用频率最靠前的三个双音节词在常用词表中的使用排序依次为：“感到”310 次、“觉得”442 次、“感觉”685 次、“感”1439 次、“觉”2836 次。《现代汉语词典》（第 6 版）对这 5 个词的解释如下：

（1）感：①觉得；②感动；③对别人的好意怀着谢意；④中医指感受风寒；⑤感觉，情感，感想；⑥受外界某种因素影响而发生变化。

（2）感到：觉得。

（3）感觉：①客观事物的个别特性在人脑中引起的直接反映；②同觉得①；③同觉得②。

（4）觉：①（人或动物的器官）对刺激的感受和辨别，感觉；②同觉得①；③睡醒；④觉悟。

（5）觉得：①产生某种感觉；②认为。

可以看到，单音节词“感”和“觉”因在现代汉语中不能单独使用，所以排序较后。排序靠前的三个双音节词“感到”“感觉”“觉得”相互解释，都是表示“产生某种感官体验或心理情绪”的心理动词。5 个词语词义出现交叉、涵盖，同义、近义相互解释现象。那么，三词的语义差异在哪里？为什么常用词是“感到”“觉得”，而没有“感得”和“觉到”，这种组配规律反映汉民族什么思维特性？

目前研究中涉及上述三个双音节词的有董秀梅（1991）、孟建安（1997）、石兴慧（2005）、季安峰（2012）、李郁瑜（2013）等的研究，大都是对三个词的语义和语法等方面的比较分析。前两章从宏观、中观角度讨论“感”“觉”词族与民族思维的关系，本章从微观角度讨论“感到”“觉得”的组配规律与民族思维的关系。文中所选例句及统计数据均来自北京大学中文系汉语语言学研究中心 CCL 语料库。

第一节　“感到”“觉得”“感觉”的词义分布与词义特征差异

现代汉语中，“感到”“觉得”“感觉”是一组近义词，三者之间有很多相近的地方，语法上都是双音节，都是心理动词，能带形容词、动词、小句作宾语等；在很多句子中可以互换，词义上都表示某种感知体验或基于感知体验的看法、认识；且词义出现交叉、涵盖，同义、近义相互解释现象。尽管如此，三者之间还是有很多的差异，尤其是词义使用分布上。根据上述词典对三者词义的解释，本研究认为其词义范畴应涵盖三类：一是表示某种生理感知体验；二是表示某种心理感知体验；三是表示对事件、事理、现象的综合推理认知，即表示有某种想法，近乎“认为”。本研究对语料库中现代汉语“感到”“觉得”“感觉”的词义范畴使用倾向做了分析和统计（不计“感觉”名词用法），结果见表6-1。

表6-1　现代汉语“感到”“觉得”“感觉”的词义范畴使用分布

词义	认知	心理	生理
觉得	283，78%	51，14%	26，8%
感觉	64，29%	50，23%	104，48%
感到	38，19%	96，48%	66，33%

上表统计表明，三词在词义使用分布上各有特点。

“觉得”的词义主要分布在表示对事件、事理、现象的综合推理认知方面，占78%，并且这种认知一般是经过人的分析、综合、判断、推理等思维活动过程而产生的。其他表示心理感知体验的，占14%，表示生理感知体验的，占8%。

“感觉”的词义主要分布在表示主体自身的某种感官感受的生理体验方面，占48%，其他表认知的，占29%，表心理的，占23%。

“感到”的词义主要分布在表示主体自身产生某种心理或生理上的感知体验，尤其是表示某种心理感觉方面，占48%，并且这种感受主要是因为某种外界客观因素刺激、接触而引起的。因此，现代汉语三音节“XY感”词很多，如“自豪感”“幸福感”“恐惧感”“存在感”等。其他表示生理感觉的占33%，如“饥饿感”，表示认知的，占19%。

词义使用倾向性的差异源于词义侧面凸显不同。比较而言，虽然“感到”

“感觉”都有表示有某种感知体验的感觉之意，但“感到”更侧重于表示心理上的感受，而“感觉”则侧重于表示生理上的感受，且主要是“视觉、味觉、听觉、触觉”等方面的感官感受。具体语料如下：

(1) 一个一个的友伴群就出现了。初中学生以自己能被某个友伴群接纳而［感到］高兴、光荣和自豪。为了维持友伴群的友谊，会形成不成文的行为规范……

(2) 公平观点的：即应试教育偏向于性子静的人。因为性子静的人不容易［感到］烦躁，所以努力学习对他们来说也就没有这么痛苦了。

(3) 现文理渗透、理工综合，基础与应用相结合，使参加继续教育的人员［感到］只要参加学习，就一定有收获，“用中受益”。

(4) 可以说，目前在科技和科技教育越发达的国家，就越［感到］加强人文教育的紧迫性。

(5) 面对新知识、新技术、新产品大量而快速地涌现，人们不仅［感到］新奇无比，而且不知不懂的事物似乎也愈来愈多。

当“觉得”和“感觉”都表示产生某种生理或心理体验时，通常可以互换使用。但它们的差异在于，“觉得”侧重主体对事件、事理、现象的综合推理认知，但因为认知的程度不深，一般较为模糊和朦胧，因而主观性较强，具有不确定性。“感觉”则侧重于主体自身的生理—心理清晰感受和由此产生的某种观念。具体语料如下：

(6) 它的全部意义是某种直接领悟的东西给予的。“蓝”，作为［感觉］到的颜色，就是一个用直觉得到的概念。

(7) 通过行忠恕，他的自我、自私，都逐步减少了。一旦减无可减，他就［感觉］到再也没有人与我的分别，再也没有人与天的分别。

(8) 其所白，只得一白石；用手摸，则只“得其所坚”，只得一坚石。［感觉］白时不能［感觉］坚，［感觉］坚时不能［感觉］白。

(9) 就人类活动而论，一个人前进的极限是相对于他的主观［感觉］和客观环境而存在的。以艾萨克·牛顿为例，他［感觉］到，他对于宇宙的知识与整个宇宙相比，简直是一个在海边玩耍的小孩所有的对于海的知识。牛顿有这样的［感觉］，所以尽管他在物理学中已经取得伟大的成就，他的学问距离前进的极限仍然很远。可是，如果有一个学生，刚刚学完物理教科书，就［感觉］到凡是科学要知道的他都已经知道了，他的学问就一定不会有所前进……

此外，“觉得”与“感到”也有不同。“觉得”词义凸显侧面在于表达认知类，其所指代的一些评价、认识和意见都是认知主体在感知的基础上经过主观的心智思维后得出的。如果某种心理体验是经过分析推理得出的结论，如对事理、道义作出的判断与评价，则用“觉得”引出。

(10) 所以尽管有激烈的辩争，我们总［觉得］这种讨论是有益的。

(11) 我［觉得］现在动手写中国近代史，还不到时间。要有科学的中国近代史……

(12) 清王朝中央的恭亲王奕訢、文祥，从英法联军侵华战争中获得教训，［觉得］中国应该接受西洋文化之军事部分，以求“自强”。

在心理学中，使用“感觉”和“知觉”这两个术语，“感知”是对二者的统称。“感觉”和“知觉”都是事物直接作用于感觉器官产生的，同属于对现实的感性认识形式。人在实际生活中都是以知觉形式直接反映事物，就是说，客观现实是作为具体事物反映在意识中的，人很少有孤立的感觉。心理学研究中把“感觉”区分出来，并将“感觉”和“知觉”都视为心理活动，认为它们是思维、意识等的基础。“感觉”是较早的过程，由于它依赖于具体感觉通道、感受器对具体能量形式的转换方式，故而只是对客体的形、声、色等个别属性的反映。“知觉”则是建立在“感觉”的基础上的对客体的整体属性的反映。简而言之，根据现代心理学的研究，“感到”相当于“感觉”，“觉得”相当于“知觉”。因此“觉得”词义才凸显主观认知侧面。

第二节 “感”“觉”“得”“到”词义凸显特征与组配思维

吕叔湘（1963）、董秀芳（2004）指出，汉语里存在一些单音节半自由语素。也就是说，在古代汉语里本是可以自由运用的语素词，到现代汉语里成为已经不再能单用的语素，在某些句法过程中相当活跃，似乎同时活跃在词法与句法层面，处于自由语素和粘着语素之间的过渡阶段。前文分析表明，“感”“觉”在古代汉语中是可以独立充当句法功能的单音节心理动词，两汉以后，其衍生的众多语义经过范畴化、概念化后不断分化，并因复音构词固化为双音节词，“感”“觉”独立性逐渐减弱。现代汉语中，其成为单音节半自由语素。

同为半自由语素，为什么双音化使现代汉语中“感”组配的是“到”，“觉”组配的是“得”？历史上有没有出现过“感得”和“觉到”？其组配规律是偶然的，还是必然的？如果是必然的，反映汉民族什么思维特征？张博

（2012）指出，本义或词源义不同的词，尽管发展出相同的概念义，但往往或多或少地保留着某些基因型的语义特征，正是这些语义特征，有可能潜在地制约着词语的组合关系①。

关于“感”“觉”，前面几章都做过详细的分析。虽然都是表示心理行为的动词，但词义与词义凸显特征应有很多的差异。为了更好地分析它们之间的词义特征差异与组配规律，现将“感”“觉”同素词词族词义范畴分析简化如下：

一是现代汉语同素词“感”词族词义范畴包括动词、名词、形容词词义范畴。

“感”词族的动词词义范畴包括：①表负面心理状态之感愤、感愧；②表心理思维行为之感悟、感念；③表心理触动行为之感动、感应；④表社会情感心理行为之感激、感戴、感化；⑤表感后动作行为之感叹、感慨；⑥表人内心受外界影响的原因之感恩、感德；⑦表生理体验之感染、感冒；⑧表物体反应变化之感光；⑨表“感”的方式之善感、伤感 。

“感”词族的名词词义范畴包括：①表对人自身体验产生的感觉分类，如恶感、好感、快感；②表方式分类，如观感 、直感、外感、同感、流感；③表工具分类，如手感、质感、电感。

“感”词族的形容词词义范畴包括描述人感知自身和外部客观世界产生的心理状态，如敏感、性感、感人、感伤、感性等。

二是现代汉语同素词“觉”词族词义范畴也包括动词、名词和形容词词义范畴。

“觉”词族的动词词义范畴包括：①表“觉”后心理思维行为之悟觉；②表“觉”时伴随动作行为之觉察、察觉、发觉、惊觉、查觉；③表“觉”后结果之觉得、觉乎；④表“觉”的程度之倍觉；⑤表“睡醒”状态之觉醒。

“觉”词族的名词词义范畴包括：①表人或动物对刺激的感受与辨别；②表与体验部位感觉器官相应的感受与辨别的生理感知，如温觉、冷觉、痛觉；③表超感觉器官的感受与辨别的生理感知，如平衡觉、幻觉、错觉、知觉、先觉、直觉、自觉，这些都是来自对人自我认知的指称；④觉书，外交文书的一种。

“觉”词族的形容词词义范畴包括对感知世界状态的描述，如乖觉。

比较可知，从词本义指称的内涵来看，“感”为外物刺激产生触动、震动

---

① 张博. 张博词汇学论文集［M］. 北京：北京语言大学出版社，2012：231-232.

的心理行为，强调心理触动；“觉”为通过视域观察、学习后内心有所领悟和发现生成的醒悟、使明白等心理行为，强调心理意识思维。从词义所凸显的词义特征来看，“感”凸显外物刺激产生即时触动心理行为，具有瞬时性、触碰感知性；“觉”凸显意识、思维由不清晰、不明白到清晰、明白，有所获得的心理行为，具有过程性、思维获得性。从组配所凸显的词义范畴来看，与“感”组配的词，词义范畴表现为“感”后外在、心理、生理、情绪等行为，动词词义除②③⑥⑨项表示抽象、内隐的心理动作外，其他词义均具有外显行为特征，如“感愤”“感愧”“感叹”“感冒”等，无论是“愤怒”“惭愧”“叹息”，还是“感冒”，都是具体外显可视行为。名词词义都表对人自身体验产生的感觉分类，也都具有即时性特征。因为人的感知过程是瞬间的，受到刺激的同时就会引起生理、心理的反应。而与“觉”组配的词，词义范畴为“觉”后生理、心理、思维等内在行为，除动词词义范畴中②类词义具有一定的具体外显可视行为特征外，其余词义范畴都是抽象内隐特征。这说明虽然生理、心理、情绪都是两词共同涵盖的词义范畴，但“感”强调这些生理、心理、情绪的感受来源于人与外界的接触获得，强调外物刺激特征，而“觉”强调这些生理、心理、情绪的感受来源于人自己内心的思维获得，强调自我认知特征。显然，尽管感知类心理动词“感”“觉”都涉及生理感知、心理情绪、心理动作等词义范畴，但词义凸显特征不同，由此进行的构词组配也不尽相同。

“得”是会意字，早在甲骨文中就出现过，到春秋战国时期，更是一个常用词，本义为获得。张永康（1996）、曾晓鹰（2004）都曾作过讨论，认为现代汉语中“得”分化为词内构词词素“$得_1$”、动词“$得_2$”、能愿动词“$得_3$”、结构助词“$得_4$”。经王力（1980）考证，现代汉语结构助词“得”来自动词“得”，在汉代常置于动词后，意为“获得”。由于特定的韵律环境和位置作用，语义中心逐渐偏向前面的动词，“得”开始虚化。吴福祥指出：“汉语的‘得’由‘得’义主要动词到能性补语标记走过的是一条漫长而又复杂的语法化历程。据现有研究，这个语法化过程至迟在唐五代已完成。”①

《说文·至部》有“到，至也”的词义，本义是到达，动词。现代汉语中“到”可以用作行为动词，趋向动词和介词，是个语法功能比较发达的常用词。孙锡信（1992）、吴金花（2005）均认为动词“到”大约在唐五代时期虚

① 吴福祥．从“得”义动词到补语标记：东南亚语言的一种语法化区域［J］．中国语文，2009（3）：195-211.

化为虚词。陈练军（2008）认为：“唐代‘到’的发展主要体现在补语功能的发展迅速，现代汉语‘到’的主要用法在唐代都已基本产生。”① 罗耀华（2015）认为：“‘到’的语义沿着‘到达空间→到达时间→到达结果/程度’的轨迹发生虚化，隐喻起着重要作用。”② 张赪（2002）指出，介词“到”在唐五代时期出现，用于引进动作的归结点③。本研究的语料显示，“到”“得”在隋唐五代时期开始与“感”“觉”复音化为双音语形。那么“得”“到”的语法化与“感”“觉”组配的词汇化有什么关联？

语料库历时统计表明，“感到”“感得”“觉到”“觉得”，历史上都出现过。“觉到”出现于清朝，有 13 例，民国出现 4 例，现代汉语时期消失；“感得”出现于东汉，后逐渐增加，至现代汉语时期增至 75 例，虽然出现，且成词，但使用频率很低。“感到”“觉得”均出现于隋唐，后使用频率逐渐增加，并固化成词，一直沿用至今（语料包括从周朝到现代共 16 个时期，按时期抽取，示例不足 1000 个的，全部抽取，示例超过 1000 个的，只抽取到 1000 个）。语料示例数据和抽取数据统计，详见表 6-2。

表 6-2 “感到”“感得”“觉到”“觉得”历史文献朝代分布统计表

编号	朝代	感到		感得		觉到		觉得	
		（示例）个数	抽取个数	（示例）个数	抽取个数	（示例）个数	抽取个数	（示例）个数	抽取个数
1	周	0	0	0	0	0	0	0	0
2	春秋	0	0	0	0	0	0	0	0
3	战国	0	0	0	0	0	0	0	0
4	西汉	0	0	0	0	0	0	0	0
5	东汉	0	0	1	1	0	0	0	0
6	隋	0	0	0	0	0	0	0	0
7	唐	1	1	6	6	0	0	2	2
8	五代	1	1	41	41	0	0	0	0
9	北宋	2	2	31	31	0	0	175	175

① 陈练军.“到”语法功能的历时发展［J］. 周口师范学院学报，2008（3）：134-138.

② 罗耀华. 介词并入与“V+到”类结构的词汇化研究［J］. 语言研究，2015（2）：22-27.

③ 张赪. 汉语介词词组词序的历史演变［M］. 北京：北京语言文化大学出版社，2002：132-133.

续表

编号	朝代	感到		感得		觉到		觉得	
		（示例）个数	抽取个数	（示例）个数	抽取个数	（示例）个数	抽取个数	（示例）个数	抽取个数
10	南宋	0	0	2	2	0	0	5	5
11	元	0	0	2	2	0	0	9	9
12	明	0	0	17	17	0	0	228	228
13	清	33	33	9	9	13	13	1984	1000
14	民国	128	128	3	3	4	4	2214	1000
15	现代	71015	1000	75	75	0	0	73595	1000
总计		71180	1165	187	187	17	17	78212	3419

下面是对语素“得”“到”的词语搭配情况进行全面系统的考察。对语素“得”“到”位于词尾构成的“X得”“X到”后置式构词多角度考察，有助于我们认识两者在组配规律、词义凸显特征、使用倾向性、句法功能等方面的差异及深层次动因。

语料库考察发现，组成“X得”的语素“X”的词义范畴包括以下九类：

（1）感官义：看得、见得、听得、闻得、醒得、瞧得。

（2）心理义：记得、惊得、省得、算得、贪得无厌、认得、服得、觉得、怪得、气得、欲得、慌得、吓得、乐得、急得、激得、晓得、省得、唬得、谢得、恼得、信得、喜得、懂得；恨不得、少不得、巴不得、免不得、怪不得、顾不得。

（3）行为义：嫁得、生得、充得、剁得、按得、寻得、杀得、刮得、吃得、开得、骂得、洗得、摔得、笑得、震得、唱得、喝得、探得、访得、舞得、叫得、打得、猎得、卷得、耸得、娶得、搜得、闹得、哭得、换得、接得、杀得、救得、织得、躲得、聊得、解得、测得、讲得、谈得、说得、买得、写得、寻得、照得、打得、贬得、烧得、学得、站得、画得、刺得、死得。

（4）抽象行为义：止得、亏得、过得、经得、发得、禁得、积得、显得、幸得、约得、惹得、占得、战得、统得、请得、防得、查得、抵得、使得、做得、变得、夺得、干得、拼得、衬得、显得、落得、离得、值得、挡得、配得。

（5）获取义：取得、争得、学得、获得、赢得、查得。

（6）移动义：进得、出得、逃得、赶得、入得、追得、去得、跑得、走得、爬得、飞得。

（7）状态义：等得、待得、剩得、存得、共得、落得、破得、直得、难得、穷得、忽得、累得、病得、饿得（最后三个为生理状态）。

（8）否定、范围、限定义：不得、只得、才得、休得、可得、必得、须得、应得、颇得、方得、尚得、也得、已得、勿得、莫得、终得、毋得、未得、果得、遂得、即得、始得、犹得、本得、亦得、稍得、怎得、最得、相得、今得、仍得、焉得、仅得、皆得、终得、值得、免得、深得、独得。

（9）关联义：虽得、若得、却得、岂得、既得、因得、苟得、所得。

其中（1）—（7）中的“X”主要为动词，少数为形容词。动词如“洗得、摔得、笑得、震得、唱得、喝得”中的“洗、摔、笑、震、唱、喝”，形容词如“难得、穷得、累得”中的“难、穷、累”等。（8）—（9）中的“X”主要为副词和关联词。副词如“不得、只得、才得”中的“不、只、才”，关联词如“虽得、若得、却得、既得”中的“虽、若、却、既”。从词汇化程度来看，（1）—（7）中的“得”主要为结构助词或词内成分，活跃在词法层面；（8）—（9）中的“得”作为主要动词活跃在句法层面。

语料库考察发现，组成“X到”的“X”词义范畴包括：

（1）感官义：听到、觉到、览到、气到、见到、看到、闻到。

（2）心理义：感到。

（3）行为义：说到、斗到、杀到、待到、睡到、摸到、报到、赶到、梦到、捶到、掩到、拖到、踱到、接到、交到、铺到、带到、传到、递到、演到、驾到、打到、歌到、绕到、闹到、骗到、寄到、搜到、奔到、赚到、啼到、叙到、谈到、论到、起到、改到、换到、举到、背到、擦到、刮到、放到、涌到、写到、捉到、排到、撑到、谈到、开到、敲到。

（4）抽象行为义：请到、弄到、做到、达到、奉到、办到、信到、迷到、召到、谋到、呈到、调到、亲到、提到、找到、拥到、牵到、临到、用到。

（5）获取义：得到、受到、收到。

（6）移动（自主）：行到、入到、来到、进到、出到、驰到、回到、前到、去到、吹到、追到、逃到、送到、飞到、爬到、走到、移到、推到、长到、开到。

（7）接触义：碰到、遇到、触到。

（8）状态义：病到、等到、挨到、重到、多到、穷到、大到、苦到。

（9）增减义：降到、加到。

（10）否定、范围、限定等：直到、已到、每到、还到、复到、未到、方到、才到、及到、就到、将到、初到。

（11）关联：所到、既到、却到。

其中（1）—（9）中的“X”主要为动词，少数为形容词，动词如“追到、逃到、送到”中的“追、逃、送”，形容词如“重到、苦到”中的“重、苦”等；（10）—（11）中的“X”主要为副词和关联词。副词如“已到、每到、还到”中的“已、每、还”，关联词如“所到、既到、却到”中的“所、既、却”等。从词汇化程度来看，（1）—（9）中的“到”主要为结构助词或词内成分，活跃在词法层面；（10）（11）中的“到”作为主要动词活跃在句法层面。

语料库比较显示，从组配的倾向性来看，很多能用“得”组配的，也可以用“到”组配，很多能用“到”组配的，也可以用“得”组配，如感官义中有“看到、见到、听到、闻到”，也有“看得、见得、听得、闻得”，其他同类词义范畴均有不同程度的相同组配。

但“得”“到”的词义及使用、组配还是有差异的。比较可知，从词本义指称的内涵来看，“得”为“获得”，强调有所收获，“到”为“到达”，强调行为主体移动至某处所。从词义所凸显的词义特征来看，“得”为“获得”，凸显行为由无所获到有所获，具有过程性、获得性；“到”为“到达”，引进动作发生的处所、时间，凸显外物行为的终结点，具有瞬时性、终点性。从词义组配范畴而言，组成“X得”的语素“X”的词义范畴与组成“X到”的语素“X”的词义范畴大部分相同，只是与“得”组配的词义范畴还包括心理义，而“到”几乎没有，与“到”组配的词义范畴还包括增减义和接触义，而“得”没有。因而，“得”的组配具有内在心理性，“到”的组配则有外在触及性。

综合上述的“感”“觉”“得”“到”四词词义凸显特征，本研究发现“感”与“到”之间，“觉”与“得”之间，分别有很多的相似之处，列表比较见表6-3。

表6-3　“感”“觉”“得”“到”词义凸显特征束

觉	意识思维	过程	思维获得	自我认知	得	过程性	获得性	内在心理性
感	心理触动	瞬时	触碰感知	外物刺激	到	瞬时性	终点性	外在触碰性

本研究认为，“感到”“觉得”的出现是构词双音化趋势下，各构成词素的同类词义凸显特征并置类聚的结果。“感”的瞬时性、外显触碰感知性，与

“到”的外在归结点义凸显的瞬时、终点性特征同类匹配；“觉”的过程性、内隐思维获得性与“得”的过程获得义特征同类匹配。动词构成词素同类词义特征两两并置组配使“感”“觉”各自的词义特征得到了聚类强化。因此，“感”与“到”，“觉”与“得”组配最为和谐。这就能解释“得”多与有内隐过程性的心理义“记、惊、算、认、服、觉、怪、慌、吓、乐”等语素词组配，“到”多与外显瞬时性的接触义和增减义“碰、遇、触、降”等语素词组配。

但为什么又会出现“感得”和“觉到”，而且“感得”成词过，并一直沿用至现代汉语，只是使用频率不高，而“觉到”在清朝开始使用，至现代汉语时期消失。本研究认为，“觉”与“到”因词义凸显特征不同，匹配很不和谐，所以很快消失。而“感得”能够组配，是“得”出现的“致使”义使然。赵长才（2002）指出，“得”于魏晋六朝时期产生与“使”“令”“教”等相通的用法和功能，是弱式使令标记动词，因此，其语法功能就有进一步虚化的可能和趋势①。“得”特定的句法位置（处于两个谓词性成分之间）使得它只能朝连接两个谓词性成分的结构助词方向虚化。使令标记词“得”虚化为结构助词，原连动结构变为述补结构。他进一步指出，“得”是在由“获得”义引申为“达成、达到”义之后，进一步引申出“致使”义的。由此，我们认为，“得”产生“致使”义后，获得了与“到”相同的、表受事随着主体的动作而达到动作行为的归结点这一凸显特征，与“感”的“瞬时、触碰感知”词义特征匹配。因此，“感得”中的“得”是结构助词，与“感”组配成双音短语，当成双音节词使用。例如：

(13) 子胥祭了，发声大哭，[感得] 日月无光，江河混沸。忽即云昏雾暗，地动山摧。兵众含啼，人伦悽怆……

(14) 大设列馔珍羞，祭其王陵忠臣之母，赠一国太夫人。[感得] 王陵对天子面前披发哭其慈母。陵母从楚营内乘一朵黑云……

(15) 舜子是有道君王，[感得] 地神拥起，遂不烧毫毛不损。归来书堂院里，先念《论语》《孝经》……

(16) 认真的为师之道，使季羡林这个异邦青年即使在战争的离乱中也 [感得] 到了关怀备至的爱护和教诲。

(17) 虽作者自称“鸡零狗碎，不成系统”，读者 [感得] 的，却是

① 赵长才. 结构助词“得”的来源与“V得C”述补结构的形成 [J]. 中国语文，2002 (2)：123-129.

绰约多姿，美奂美轮。

(18) 因此，我们不但能从张承志的人物和生活场面中，[感得] 了绮丽中的严峻；而且能 [感得] 到这严峻中的热力，艰辛中的乐观主义——这是人民的群体中固有的……

此外，“感得”中的“得”作结构助词，而不是像“感到”“觉得”中的“到”“得”那样成为词内不可分析的词缀，除了在词义特征上与“感”不匹配外，在语音上，重读，在使用上，独立成词，不符合汉民族双音韵步心理，因而使用频率不高。冯胜利（1995）指出，汉语中两个音节构成一个音步，一个韵律词必须满足一个音步要求，即汉语中的韵律词是由两个音节构成，而一个复合词必须首先是一个韵律词。从历史上看，只有双音的句法单位才有可能词汇化，三音节词是在双音节词基础上再生的产物。这正反映了汉语构词在韵律上的制约。“感得”不是双音句法单位，无法成为韵律词，因而不符合汉民族双音韵步思维。

在与表心理义范畴的“X”词语组合中，“得”有动词“得到”义，如“记得”“认得”“觉得”，较之词源义“获得”，这个意义有一定的概括性；还有作为结构助词表示附加成分和中心语之间的结构关系，没有实在语义，如“慌得”“乐得”“吓得”；还有成为词缀，虚化为词内成分，变为词内不可分析的成分，如“怪得、懂得、恨不得、少不得、巴不得、免不得、怪不得、顾不得”等。在与表接触义、增减义范畴的“X”词语组合中，“到”作为介词用于引进动作的归结点。其他词义范畴的“X 到”组配中的“到”也是如此。

显然，“得”“到”自身的词义特征及语法化、词汇化过程与组配语素不无关联。理论上讲，“感到”“觉得”“感得”“觉到”可同期产生。但事实是“感到”“觉得”组配最为凝固，“感得”出现且成词，在现代汉语中使用频率很低。而“觉到”短暂出现就消失。

力量、解正明（2005）指出，“得”的句法演变经历了核心动词到次要动词、助动词（充当状语或补语）、结构助词、词内不可分析这样一个异常复杂的过程①。与之相应，词汇意义也发生演变，经历了由表示行为、表示心理活动、表示抽象语义、表示能愿、表示情态和无实在意义这样一个过程。“得”的语法意义也经历了与之相应的语法化过程：在连动结构中“得”首次获得功能重析，充当补语或状语作助动词时获得第二次功能重析，当“得”

① 力量，解正明. 单音动词“得”的语法化过程 [J]. 汉语学习，2005 (6)：40-43.

所有实在意义消失、只表结果关系，获得第三次功能重析，最后，作词内不可分析成分时，语法化过程才结束。罗耀华（2015）从介词并入角度讨论了“到”的词汇化和语法化过程，认为“到”经历了从独用的核心动词到连动结构中次要动词、趋向述补结构中的介词、词内不可分析的词缀这样一个过程①。与之相应，其词义演变过程是由表到达某处所时间到表运动趋向，再到表动作行为的归结点，最后是无意义的词缀这样一个过程。

显然，“得”“到”两词的句法、词义类别、词汇化、语法化路径、过程大致相同。在连动结构中，语义中心前移，后置词“得”或“到”开始虚化，“得”因同类词义特征与“觉”组配，并逐渐成为双音节词内不可分析的成分，同理，“到”与“感”组配，成为“感到”词内不可分析的成分。

本研究认为，“感”“觉”“得”“到”四词的组配是“感”“觉”词汇化与“得”“到”语法化共同作用的结果。组配表明，某些基因型语义特征束制约着词语的组合关系。“感到”“觉得”既是同类词义特征并置组合，又符合民族韵律的音步，因而固化成词。“觉到”因词义特征组配不和谐，所以消失，“感得”因“得”获得同类词义特征而组合，但因“得”语法化为结构助词，组合后不符合民族韵律特征，因而使用频率较低。

汉语构词活动大多是通过语素线性语义关联合成扩展双音节词义，结构构词法应运而生，造出复合词。线性组合上的重新分析和聚合类化都是认知深化的表现。复合构词法的认知思维是重新分析，创造出词汇词，如“感动”，词汇词根据词语模“感X”类化造出词法词。

前文提及，复音合成词主要来源于句法合成。词义在句法层面的组合是有规律的，心理动词“感”“觉”的构词搭配规律主要是聚类选择。

聚类选择指的是心理动词“感”“觉”在线性句法组合搭配时，优先选择的语词是与自身的语义特征相似的词素，形成同义聚类和同类聚类特征。

各类搭配词素中，心理动词“感”作为主要动词构成“感X”构式，优先与同有“瞬时触碰”词义特征的动词词素组合，形成同义类聚。同理，“觉”与“得”同类聚类组配。构词语素之间在线性组合关系上体现着词义特征类聚关系。从心理学角度来说，人们容易将相同或相似的东西看成一个单位。同义、同类语素最易组合成词，正是如此。

本章从微观的角度，讨论了“感”“觉”“得”“到”四词的词义特征与组

① 罗耀华. 介词并入与“V+到”类结构的词汇化研究［J］. 语言研究，2015（2）：22-27.

配思维。本研究发现，“感到”“觉得”组配既是句法层面的表意需要，又是词法层面聚类构词搭配使然。聚类构词是指构式“感 X”“觉 X”在线性句法组合搭配时，优先选择的后置语词是与自身的语义特征相似的词素，形成同义聚类和同类聚类特征，用以强化自身的词义特征。这说明，基因型词义凸显特征潜在地制约着词语组合关系。当然，词汇化的同时受到语言自身语法化和韵律化的影响。

语言既独立于某些思维形式，同时又包含在某些思维形式之中。深层的概念范畴是人类认知能力在语言层面上的投射，是民族认知思维的集中体现。语词语素化和韵律化、语词组配特征聚类化都是词汇化的制约动因。词汇学研究可从发生学和语言类型学角度探索语词组配认知动因，挖掘背后的民族文化内涵和民族认知思维特性。

结语：心智·思维·词族

语言既是民族文化的构成要素，也是民族成员进行思维和交流的工具。汉语不仅对汉文化内容和形式的生成、传承和发展起着至关重要的作用，而且持久深远地影响着汉民族认识自我、认识客观世界和开拓思维的方式。

关于汉语与民族认知思维的关系，国内学者作了很多讨论，如申小龙（2014）、徐通锵（2008）等。郦全民（2015）指出，由于缺乏严格的理论框架和坚实的经验证据，以往的研究主要停留在对两者之间的相关性进行唯象描述或主观猜测的层面，并未给出具有足够说服力的机制性解释。不过，近年随着认知心理学和认知科学的发展，特别是对语言与认知的心理机制和神经实现的研究，已经有可能对汉语如何影响国人的认知或思维方式的机制作出更为客观和科学的认识①。

本课题选择的视角聚焦于汉语的感知义心理动词“感”“觉”词。选择“感”词、“觉”词，是因为从发生学角度来说，语言源于心智意识，而人类的意识是通过自身的感官对实虚事物形成的直觉意象，通过联想过往的记忆加以主观想象所得的相关直观认知。也就是说，客观世界的现实性虽然对语言形成起着本源作用，但人的参与作用更为显著，因为语言不能直接反映客观世界，而是有人对客观世界的感觉和知觉介于其间。人类对世界的认知来自人类与客观世界的互动中的体验。我们的范畴、概念、推理和心智并不是对外部现实客观的、镜像的反映，而是由我们的身体经验所形成，特别是由我们的感觉运动系统所形成的。

感知是心智活动的基础，是人类认识客观世界和自我的起点。相应地，语言中存在着大量指称或描述这些感觉经验及其对象的词汇，我们称之为感知词汇（或认知词汇）。认知科学的发展使人类的感知问题成为研究的重点和热点。作为人类文化和思维认知的物质载体，汉语“感”“觉”词族是汉族人对自身和客观世界感知的心理动作、心理状态和心理结果的集中描述，是对自身和客观世界进行认知重组后词汇化的产物，凝结着整个感知事件的语义

① 郦全民. 论汉字的表征效应［J］. 中国社会科学，2015（2）：139-160.

框架，隐含着汉族人对感知情境的认知方式，其概念化过程反映汉民族范畴化认知思维个性。

本书研究的单位是词族。因为汉语的历时传承性和自身系统性的事实使得汉语具有强烈的泛时性①。汉语研究，尤其是现代汉语词汇语义的共时研究应有历时、历史视角。汉语词族是具有汉语历时特征的语义场，认知语言学认为，深层的概念范畴是人类认知能力在语言层面上的投射，是民族认知思维的集中体现。语言学终极目标是人类的心智，思维方式是心智的集中体现。民族文化心理制约语言的吸收同化，是语言生成和发展的生成机制。汉语构词发展历史表明，汉语的构词方法及其结果——词族与汉民族思维密切相关。词族研究应从发生学和认知—文化语言学角度探索词的深层意义，把分散的词语系统化、规范化，挖掘背后的民族文化内涵和民族认知思维个性。

汉语单音感知义心理动词词族研究表明，单音感知义心理动词均经历概念合成、语义取象、构形造字三个阶段。概念合成阶段的事件整体识解思维和感官凸显人本思维，语义取象阶段的意象、类化思维，构形造字阶段的人本思维和合二为一的整合思维，都是汉民族认知思维个性。以汉语感知义心理动词词族的语义取象为例：汉先民的原始思维的直观形象性特点，使得原始人类在认识客观世界中的新事物并为之命名时，总是从直观入手，根据以往的经验，借助于表象思维组成意象思维，抓住那些直接作用于人体感官的外观表象特征，概括而形成意象，并对许多的“象”进行加工处理，加以“类化”后，形成一种“类化意象”，形成“感知工具＋X”取象模式作为创作新词的理据。在这样一种认知模式下，新词与旧词之间即具有了某种表象或意象的相似性。抽象的感知义心理动词的形成和创制，无不渗透着汉先民对客观世界的观察和思考，是其自身的认知思维能力、认知思维水平和认知思维方式的生动体现。

汉语“感”“觉”同素词词族研究表明，词族具有系统性。共时平面词义范畴发展的类别、层次的对应性，词义引申、分化、虚化方向的一致性，合成词词素搭配选择表现的聚类性和原型性，“感”“觉”词词源义对词义造词和句法造词的管控性，都是汉语词汇系统性的具体体现。而词源义和词义系统性是语义组合具有规律性的根本原因，词族是词源义管控的词义系统性支配语义结合规律在构词层面的具体表现。

---

① 王东海，张志毅．现代汉语词汇语义共时研究的历时、历史视角［J］．江苏大学学报（社会科学版），2007（5）：33-39．

汉语“感”“觉”词族演化研究表明，汉语这种单音节、有声调、无形态的语言类型特征，必然导致汉语音节语素化特征。音节语素化，意味着词汇系统扩展，或者是将汉语单音节词降格为单音节语素进行词义扩展，或者是将汉语单语素复音词音节语素化，即取单语素复音词几个音节中的一个音节而赋之以复音词之整体意义，使该音节成为构词语素，或独立成为一个单音节词，或与其他语素构成一个复合词。这主要是指汉语自源多音节和外来多音节词语的单音语素化。汉语音节语素化特征说明，汉语音节只是在边界上管控着语素，并没有改变语素表意性的本质特征。而语言的最基本的功能就是表意性。因此，不管音节如何发展，词化活动必须围绕语素进行。

汉语“感”“觉”词族词义范畴延伸研究表明，词义范畴延伸和发展不是随机的，而是具有很多思维蕴涵共性的：虽然同为感知类动词的“感”“觉”词词源义不同，但其概念空间发展轨迹蕴涵相同；词义、词义范畴概念空间演化方向蕴涵相同；词义、词义范畴概念空间演化过程蕴涵相同；词义、词义范畴概念空间演化路径蕴涵相同。从思维维度来说，词义范畴延伸与认知能力深化是同步发展的。“感”“觉”词族在认知思维的横向广度、纵向深度以及横纵交叉叠合三个维度方面的深化表明，词义范畴的延伸是认知深化的结果。汉民族集体认知能力的发展和范畴化手段，在汉语词义范畴的扩展和延伸以及整个现代汉语词汇系统形成中发挥了决定性作用。概念空间和语义地图表明其蕴涵关系，而蕴涵关系则是民族思维在语言上的投射。

“感”“觉”“得”“到”四词的词义凸显特征与组配思维研究发现，“感到”“觉得”组配既是句法层面的表意需要，又是词法层面聚类构词搭配使然。聚类构词是指构式“感 X”“觉 X”在线性句法组合搭配时，优先选择的后置语词是与自身的语义特征相似的词素，形成同义聚类和同类聚类特征，用以强化自身的词义特征。这说明，基因型词义凸显特征潜在地制约着词语组合关系。

语言既独立于某些思维形式，同时又包含在某些思维形式之中。深层的概念范畴是人类认知能力在语言层面上的投射，是民族认知思维的集中体现。语词语素化和韵律化、语词组配特征聚类化都是词汇化的制约动因。词汇学研究可从发生学和语言类型学角度探索语词组配认知动因，挖掘背后的民族文化内涵和民族认知思维个性。

语言是人参与现实概念化在特定头脑中的语言建构和表达。“现实”是感知和认知的结果，民族个体对现实概念化的特定认知思维方式不同，固化的语言形态也会产生差异并形成类别。因此，民族认知思维研究注定要涉及语言形式识别。

心理语言学、认知语言学和神经语言学的研究表明，语言源于人类的心智。Searle 从心智角度进行的研究认为意识就是大脑的活动。20 世纪 70 年代兴起的认知语言学认为，存在于语言与客观现实之间的大脑预存概念结构决定了主体对认知对象的意义建构，认知语言学还包括对语言认知模式所作的探讨，如概念的空间合成与隐喻映射等理论。虽然认知语言学对人脑语言的技能的某些唯心主义的假设遭到许多质疑，但更多的研究毕竟从人脑的物质基础角度出发，深化了对语言心智属性的认识，将语言视为人脑认知的一部分。据此，可以认为，语言在形成具体表达式之前以某种思维状态存在于大脑中，这种思维状态被称为语言前思维阶段。前思维阶段的语言是深层的、隐形的“内部语言”，而最终的语言表达式是这些“内部语言”的语像。语言的本质属性应是心智属性。

语言虽然源于心智，但在具体的形成过程中，却因不同的族群性和区域性的思维方式差异形成不同的语言表现形式。如果在长期的应用过程中形成了一种具有较强稳固性的关系，即使变化也呈表里性，而绝不会出现单独变化，那么就会类化成不同的言语形态。卢梭指出：“言语（speech）区分了人与动物；语言（language）区分了不同的民族；人只要一开口，就会显示出他来自何处。”① 洪堡特认为：“民族的语言即民族的精神，民族的精神即民族的语言。”② 语言是表现民族思维方式差异的重大特征之一。语言是认知主体对客观事物和经验认识的一种编码，不同的民族，体验感知、认知方式、识解途径不同，编码的方式不同，也就提供了不同的语言形态。因此，应充分重视语言中的思维因素，只有通过在思维形式上进行广泛而深入、系统而具体的对比，才能认识不同民族思维的共性，辨别它们的个性。

既然最终的外部语言表达式是那些“内部语言”的语像，那么语言研究就应将语言外部体系（语言知识体系）和语言内部体系（包括语言心智属性）结合起来进行研究。当前对语言的认识主要集中在语言的外部结构或外部体系方面，如语音、词汇、句法、篇章、语言功能、语言意义等语言交流时的各种语言表现形式。其分支研究所涉及的语言结构各个层面及意义和功能丰

① 卢梭. 论语言的起源：兼论旋律与音乐的摹仿［M］. 洪涛，译. 上海：上海人民出版社，2003：1.

② 洪堡特. 论人类语言结构的差异及其对人类精神发展的影响［M］. 姚小平，译. 北京：商务印书馆，1999：52.

富了我们对语言作为一种意义表达工具和抽象思维工具的认识。但对于语言的内部体系却少有研究，因此导致我们虽然对语言的外部结构及其社会性有了比较清晰的认识，但对语言的内部体系却没有太多的了解。

本研究尝试探索“外部语言”感知义心理动词“感”“觉”词族与“内部语言”汉民族的心智、认知思维的关系，但是有些细节还有待借鉴类型学研究和其他学科进一步的挖掘。

参考文献

［1］白川静．常用字解［M］．苏冰，译．北京：九州出版社，2010.

［2］蔡永贵．试论汉字字族的时代特征［J］．宁夏大学学报（人文社会科学版），2010（1）：1-5.

［3］苍黎黎．《动词用法词典》中心理动词研究［D］．大连：辽宁师范大学，2012.

［4］曹晋．语义地图理论及方法［J］．语文研究，2012（2）：3-6.

［5］常敬宇．同素词简论［J］．语言教学与研究，1985（2）：50-58.

［6］陈宝勤．汉语词汇的生成与演化［M］．北京：商务印书馆，2011.

［7］陈昌来．应用语言学导论［M］．北京：商务印书馆，2007.

［8］陈浩．从语义地图看“悠”词义的演变及其在合肥方言中的词语现状［J］．皖西学报学院，2015（4）：89-93.

［9］陈建初．试论汉语颜色词（赤义类）的同源分化［J］．古汉语研究，1998（3）：16-22.

［10］陈建初．汉字形体在汉语语源研究中的地位［J］．湖南师范大学社会科学学报，1991（5）：120-123.

［11］陈练军．“到”语法功能的历时发展［J］．周口师范学院学报，2008（3）：134-138.

［12］陈练文．甲骨文心理动词研究［D］．武汉：武汉大学，2005.

［13］陈年福．甲骨文动词词汇研究［M］．成都：巴蜀书社，2001.

［14］陈年福．甲骨文词义论稿［M］．上海：上海古籍出版社，2007.

［15］陈平．论现代汉语时间系统的三元结构［J］．中国语文，1988（1-6）：401-422.

［16］夏征农．辞海［Z］．北京：中华书局，1987.

［17］丁力．从语言看显性思维与隐性思维的相互关系［J］．汉语学报，2015（3）：8-12.

［18］董为光．词义系统中的本源义［J］．语言研究，1998（2）：125-130.

［19］董秀芳．汉语的词库与词法［M］．北京：北京大学出版社，2004.

［20］董秀芳．词汇化：汉语双音词的衍生和发展［M］．北京：商务印书馆，2011．

［21］段玉裁．说文解字注［M］．上海：上海古籍出版社，1987．

［22］范晓．关于语言与思维的关系及其相关问题［J］．语言科学，2003（6）：73-85．

［23］冯胜利．论汉语的自然音步［J］．中国语文，1998（1）：40-74．

［24］符淮青．词义的分析和描写［M］．北京：外语教学与研究出版社，2006．

［25］葛本仪．实用中国语言学词典［Z］．青岛：青岛出版社，1992．

［26］顾嘉祖，陆昇．语言与文化［M］．上海：上海外语教育出版社，2002．

［27］谷衍奎．汉字源流字典［M］．北京：语文出版社，2008．

［28］桂诗春．新编心理语言学［M］．上海：上海外语教育出版社，2000．

［29］郭锡良．汉语的同源词和构词法［J］．湖北大学学报（哲学社会科学版），2000（5）：62-65．

［30］郭锡良．汉语史论集：增补本［M］．北京：商务印书馆，2005．

［31］《古汉语常用字字典》编写组．古汉语常用字字典［Z］．北京：商务印书馆，1981．

［32］《古汉语常用字字典》编写组．古汉语常用字字典［Z］．4版．北京：商务印书馆，2013．

［33］《古代汉语词典》编写组．古代汉语词典［Z］．北京：商务印书馆，1989．

［34］李国祥，杨合鸣．古代汉语词典［Z］．武汉：崇文书局，2010．

［35］何金松．复音虚词的结构和词族［J］．语文教学与研究，1979（3）：52-57．

［36］洪堡特．论人类语言结构的差异及其对人类精神发展的影响［M］．姚小平，译．北京：商务印书馆，1999．

［37］侯占虎．对“音近义通”说的反思：近年来汉语词源学研究趋势管窥［J］．古籍整理研究学刊，2002（4）：45-48．

［38］胡超．“花”词族概念框架研究［J］．宜春学院学报，2009（1）：128-130．

［39］胡伟．西汉文献心理动词研究［J］．殷都学刊，2012（1）：101-104．

[40] 黄德宽. 汉字构形方式：一个历时态演进的系统 [J]. 安徽大学学报（哲学社会科学版），1994 (3)：63-72.

[41] 黄寿祺，张善文. 周易译注 [M]. 上海：上海古籍出版社，2004.

[42] 黄希庭. 心理学导论 [M]. 北京：人民教育出版社，2006.

[43] 黄易青. 上古汉语同源词意义系统研究 [M]. 北京：商务印书馆，2007.

[44] 黄宇鸿. 《说文》叠体字的构形与意象思维 [J]. 古汉语研究，2004 (1)：73-76.

[45] 姜亮夫. 古文字学 [M]. 杭州：浙江人民出版社，1984.

[46] 雷缙碚. 甲骨文“施事”、“工具”、“受事”字符的表义功能比较 [J]. 哈尔滨师范大学社会科学学报，2014 (4)：83-85.

[47] 李恒威. 意识、觉知与反思 [J]. 哲学研究，2011 (4)：95-102.

[48] 力量，解正明. 单音动词“得”的语法化过程 [J]. 汉语学习，2005 (6)：40-43.

[49] 李圃. 甲骨文文字学 [M]. 上海：学林出版社，1995.

[50] 郦全民. 论汉字的表征效应 [J]. 中国社会科学，2015 (2)：139-160.

[51] 林春泽. 论语素对比研究 [J]. 外语学刊，2004 (6)：79-84.

[52] 林华勇，吴雪钰. 语义地图模型与多功能词“到”的习得顺序 [J]. 语言教学与研究，2013 (5)：10-18.

[53] 刘楚群. 近年新词语的三音节倾向及其理据分析 [J]. 汉语学报，2012 (3)：50-56；96.

[54] 刘楚群，龚韶. 词语族的构造理据及规范问题分析：基于“X 族”“X 奴”的对比分析 [J]. 语言文字应用，2010 (2)：42-48.

[55] 刘叔新. 汉语描写词汇学 [M]. 北京：商务印书馆，1990.

[56] 刘又辛，张博. 汉语同族复合词的构成规律及特点 [J]. 语言研究，2002 (1)：60-65.

[57] 刘正光. 语言非范畴化 [M]. 上海：上海外语教育出版社，2006.

[58] 卢梭. 论语言的起源：兼论旋律与音乐的摹仿 [M]. 洪涛，译. 上海：上海人民出版社，2003.

[59] 卢植. 认知与语言：认知语言学引论 [M]. 上海：上海外语教育出版社，2006.

[60] 罗耀华. 介词并入与“V＋到”类结构的词汇化研究 [J]. 语言研

究，2015（2）：22-27.

［61］吕叔湘. 现代汉语单双音节问题初探［J］. 中国语文，1963（1-6）：10-23.

［62］苗守艳.《列子》心理动词语义研究［D］. 石家庄：河北师范大学，2005.

［63］彭宣维. 认知发展、隐喻映射与词义范畴的延伸：现代汉语词汇系统形成的认知机制［J］. 北京师范大学学报（社会科学版），2004（3）：46-52.

［64］任德山，李伯钦. 康熙字典［M］. 北京：九州出版社，2014.

［65］申小龙. 传统词源学论纲［J］. 浙江社会科学，1997（2）：43；117-125.

［66］申小龙. 汉字人文精神论［M］. 南昌：江西教育出版社，1995.

［67］申小龙，等. 汉字思维［M］. 济南：山东教育出版社，2014.

［68］沈孟璎. 汉语新的词缀化倾向［J］. 南京师大学报（社会科学版），1986（4）：93-99.

［69］沈孟璎. 试论新词缀化的汉民族性［J］. 南京师大学报（社会科学版），1995（1）：35-42.

［70］沈掌荣. 语义地图模型理论质疑［J］. 浙江海洋学院学报（人文科学版），2013（6）：61-67.

［71］施光. 蕴涵着性别歧视观念的伊斯兰经典［J］. 江苏外语教学研究，2003（1）：23-25.

［72］苏新春. 汉语词义学［M］. 北京：外语教学与研究出版社，2008.

［73］孙常叙. 汉语词汇［M］. 北京：商务印书馆，1956.

［74］孙敏庆. 俄语感知动词语义研究［D］. 哈尔滨：黑龙江大学，2014.

［75］孙维张. 词义三角与语言思维的类型［J］. 吉林大学社会科学学报，1985（6）：42-48.

［76］孙雍长. 汉字构形的心智特征：上［J］. 古汉语研究，1994（2）：80-85；59.

［77］孙雍长. 汉字构形的心智特征：下［J］. 古汉语研究，1994（3）：5-9.

［78］滕华英. 近 20 年来汉语同源词研究综述［J］. 江汉大学学报（人文科学版），2007（6）：70-73.

［79］万世雄．词的音义比较关系和词族［J］．湖北师范学院学报（哲学社会科学版），1992（4）：78-82；90.

［80］王东海，张志毅．现代汉语词汇语义共时研究的历时、历史视角［J］．江苏大学学报（社会科学版），2007（5）：33-39.

［81］王洪刚．词的理据性和词汇习得的策略性探究［J］．东北师大学报（哲学社会科学版），2006（3）：105-109.

［82］王力．同源字典［Z］．北京：商务印书馆，1982.

［83］王宁．训诂学原理［M］．北京：中国国际广播出版社，1996.

［84］王宁．汉语词源的探求与阐释［J］．中国社会科学，1995（2）：167-178.

［85］王宁．关于汉语词源研究的几个问题［J］．古籍整理研究学刊，2001（1）：30-34.

［86］王文斌．英语复合词的内在句法、语义及认知构建［J］．外语学刊，2005（2）：39-43；112.

［87］王小潞，李恒威，唐孝威．语言思维和非语言思维［J］．浙江大学学报（人文社会科学版），2006（3）：29-36.

［88］王作新．《说文解字》复体字的组合与系统思维［J］．北方论丛，1997（5）：102-105.

［89］魏博辉．论语言对于思维方式的影响力：兼论语言对于哲学思维方式的导向作用［J］．河南大学学报（社会科学版），2013（4）：14-20.

［90］魏海平．基于语义地图模型的对外汉语教学研究：以汉英人体名量词为例［J］．西南农业大学学报（社会科学版），2013（11）：158-163.

［91］维果斯基．思维与语言［M］．李维，译．杭州：浙江教育出版社，1997.

［92］吴福祥．从“得”义动词到补语标记：东南亚语言的一种语法化区域［J］．中国语文，2009（3）：195-211.

［93］吴福祥．多功能语素与语义图模型［J］．语言研究，2011（1）：25-42.

［94］吴福祥．语义图与语法化［J］．世界汉语教学，2014（1）：3-17.

［95］吴福祥，张定．语义图模型：语言类型学的新视角［J］．当代语言学，2011（4）：336-350；380.

［96］吴金花．处所介词“到”的产生［J］．福建师范大学学报（哲学社会科学版），2005（4）：105-107.

［97］吴慧．论汉字构形的整体联系性［J］．重庆邮电大学学报（社会科学版），2007（1）：116-119．

［98］吴为善．认知语言学与汉语研究［M］．上海：复旦大学出版社，2011．

［99］吴为善．汉语节律的自然特征［J］．上海师范大学学报（哲学社会科学版），2003（2）：100-106．

［100］武振玉．两周金文心理动词试论［M］//吉林大学中国文化研究所．华夏文化论坛：第四辑．长春：吉林大学出版社，2009：181-185．

［101］夏军．试析《说文》表动词会意字的取象—表词模式［M］//教育部人文社会科学重点研究基地，华东师范大学中国文字研究与应用中心，华东师范大学语言文字工作委员会．中国文字研究：第二十辑．上海：上海书店出版社，2014：132-138．

［102］中国社会科学院语言研究所词典编辑室．现代汉语词典［Z］．6版．北京：商务印书馆，2012．

［103］徐静．语言·思维·语义［J］．贵州民族学院学报（哲学社会科学版），2010（5）：113-116．

［104］徐锴．说文解字系传［M］．北京：中华书局，1987．

［105］徐盛桓．语言研究的心智哲学视角："心智哲学与语言研究"之五［J］．河南大学学报（社会科学版），2011（4）：1-12．

［106］徐通锵．汉语字本位语法导论［M］．济南：山东教育出版社，2008．

［107］徐通锵．历史语言学［M］．北京：商务印书馆，1991．

［108］许慎．说文解字［M］．北京：中华书局，2013．

［109］许慎．说文解字［M］．北京：中华书局，1963．

［110］杨逢彬．殷墟甲骨刻辞词类研究［M］．广州：花城出版社，2003．

［111］杨敏．试论语言思维［J］．外语学刊，2004（6）：97-101．

［112］杨敏．语言心智体系假说［J］．外语与外语教学，2009（1）：22-25．

［113］杨树达．积微居小学述林［M］．北京：中国科学院出版社，1954．

［114］杨绪明．"词簇"与"词族"考辨［J］．西南民族大学学报（人文社科版），2009（5）：184．

［115］杨绪明．新词语的族聚特征及其社会文化心理［J］．语言教学与研究，2014（1）：105-112．

［116］叶南．当代汉语自源性类词缀化及其逆同化现象［J］．西南民族大学学报（人文社科版），2014（9）：180-185．

［117］尹德谟．论语言与思维的关系［J］．西华大学学报（哲学社会科学版），2005（4）：47-50．

［118］于根元．应用语言学概论［M］．北京：商务印书馆，2003．

［119］于正安．《荀子》心理动词研究［J］．黔西南民族师范高等专科学校学报，2002（3）：35-40；44．

［120］袁健惠．认知隐喻学视野下的同源词词源结构阐释［J］．贵州大学学报（社会科学版），2009（1）：122-124．

［121］曾素英，陈妮．中西思维方式与语言逻辑比较［J］．湖南科技大学学报（社会科学版），2004（4）：114-117．

［122］曾晓鹰．先秦“得”字研究［J］．贵阳师范高等专科学校学报（社会科学版），2004（4）：74-78．

［123］曾昭聪．汉语词源研究的现状与展望［J］．暨南学报（哲学社会科学版），2003（4）：99-107．

［124］张博．汉语同族词的系统性与验证方法［M］．北京：商务印书馆，2003．

［125］张博．同源词·同族词·词族［J］．固原师专学报，1991（3）：9-12．

［126］张博．张博词汇学论文集［M］．北京：北京语言大学出版社，2012．

［127］张浩．思维发生学：从动物思维到人的思维［M］．北京：中国社会科学出版社，1994．

［128］张赪．汉语介词词组词序的历史演变［M］．北京：北京语言文化大学出版社，2002．

［129］张敏．“语义地图模型”：原理、操作及在汉语多功能语法形式研究中的运用［M］//北京大学汉语语言学研究中心《语言学论丛》编委会．语言学论丛：第四十二辑．北京：商务印书馆，2010．

［130］张明辉．认知类动词的界定［J］．宁夏大学学报（人文社会科学版），2011（1）：32-38．

［131］张萍．《史记》中心理动词的语法、语义研究［D］．太原：山西

师范大学，2010.

[132] 张世禄. 汉语同源词的孳乳 [J]. 扬州大学学报（人文社会科学版），1980 (3)：20-24.

[133] 张舜徽. 说文解字约注 [M]. 郑州：中州书画社，1983.

[134] 张相平. 关于词族及同族词问题的思考 [J]. 宁夏大学学报（人文社会科学版），2001 (3)：15-19.

[135] 张晓玲. 《醒世姻缘传》心理动词研究 [D]. 济南：山东大学，2008.

[136] 张洐，许梦麟. 通假大字典 [Z]. 哈尔滨：黑龙江人民出版社，1993.

[137] 张永康. 说“得” [J]. 萍乡学院学报，1996 (1)：55-66.

[138] 张志毅，张庆云. 词汇语义学 [M]. 北京：商务印书馆，2005.

[139] 赵长才. 结构助词“得”的来源与“V 得 C”述补结构的形成 [J]. 中国语文，2002 (2)：123-129.

[140] 赵倩. 语义取象对词义组合与发展的影响 [J]. 大理学院学报，2011 (7)：48-52.

[141] 赵世举. 试论词汇语义对语法的决定作用 [J]. 武汉大学学报（人文科学版），2008 (2)：173-180.

[142] 赵文慧. 指类句衍生修辞的心智哲学视角 [J]. 河南工业大学学报（社会科学版），2017 (2)：73-78.

[143] 赵维森. 确立文字思维在思维研究中的应有地位：兼论文字思维与语言思维的不同特点 [J]. 南京社会科学，2001 (12)：82-86.

[144] 赵艳芳. 认知语言学概论 [M]. 上海：上海外语教育出版社，2001.

[145] 赵艳芳，周红. 语义范畴与词义演变的认知机制 [J]. 郑州工业大学学报（社会科学版），2000 (4)：53-56.

[146] 郑振峰. 从汉字构形的发展看汉字的性质 [J]. 古汉语研究，2002 (3)：27-30.

[147] 周光庆，杨合鸣. 古代汉语教程 [M]. 武汉：华中师范大学出版社，2001.

[148] 周光庆. “教”族词的形成发展及其文化意蕴 [J]. 古汉语研究，2005 (4)：75-81.

[149] 周光庆. 从认知到哲学：汉语词汇研究新思考 [M]. 北京：外语

教学与研究出版社，2009.

[150] 朱芳毅.《说文解字》心理动词语义网络研究 [D]. 桂林：广西师范大学，2008.

[151] 邹韶华，张俊萍. 试论动词连用的中心 [M] //中国语文杂志社. 语法研究和探索：九. 北京：商务印书馆，2000.

后　记

光阴荏苒，日月如梭。转眼我在桂子山研读了五个春秋。本书即将付梓之际，既有喜悦更有感慨，最想向给予我指导和帮助的老师、亲人、同窗好友表达最诚挚的谢意。

感谢我的导师李向农教授。蒙恩师不弃，收我为徒，使我再回桂子山求学。恩师学养深厚，造诣高远，使我耳濡目染，受益匪浅。尽管本人才思愚钝，知短识浅，恩师仍谆谆教导，多次督促我博览群书，主动上进。从研究选题、结构框架再到具体动笔乃至标点符号，无不饱含恩师心血。恩师高屋建瓴，然我资质鲁钝，能力有限，未达先生之期望，甚为惭愧。感谢师母汤莉老师，在生活中时时关心我和我家人的健康与发展。

感谢华中师范大学语言学学术团队。华师语言学学术团队享誉海内外，其注重语言事实，讲求观察充分、描写充分、解释充分的“泥土”派学术风格，深深地感染着我、激励着我。求学期间，我得到储泽祥教授、吴振国教授、刘云教授、罗耀华教授、朱斌教授等诸多师长的指导。他们客观严谨的治学态度、深重厚实的学养让我获益匪浅，备受鞭策。在此深表感谢！

感谢同事邵则遂教授的指导和鞭策，他的关心让我不敢懈怠，只能奋力向前；感谢同窗王宇波、张言军、饶琪、李玉晶、韩晓云、赵敏昊、孟丽、刘雯、钱颖、韦钰等博士们的鼓励和帮助，他们的体贴，让我感到求学之路并不孤独。

特别感谢中南财经政法大学张洁教授的指点，她的国际化视野让我对民族思维有了更具体的认识。

感谢既是朋友又是榜样的华中师范大学王勇教授和黄念然教授，他们的才智和学识、睿智使我视野开阔，受益良多。

谨以本书对以上师友、对妻儿致以真挚谢意！

2023 年 8 月